슬픔과 상실은 취약한 존재인 인간이 피할 수 없는 일종의 어둠이다. 실존의 어둔 밤이 찾아오면 익숙했던 세상이 돌연 낯설어진다. 질서정연했던 낮의 세계가 스러지고 반갑지 않은 손님인 혼돈과 공허가 모습을 드러낸다. 그 막막함 속에서 사람이 할 수 있는 것은 기도밖에 없다. 즉흥적이고 자발적인 기도도 물론 중요하지만, 전례서 속에 담긴 기도를 드리는 순간 기도는 우리를 형성해 주는 힘이 되고, 신앙의 뿌리와 연결시켜 준다. 티시 해리슨 워런은 인생의 어둔 밤을 지나온 자기의 내밀한 경험과 기도의 체험을 날줄과 씨줄로 삼아 아름다운 신앙의 태피스트리를 짰다. 가슴이 먹먹하지만 아름다운 책이다. "하나님은 우리의 취약함을 거두어 가시지 않는다. 그분은 그 안으로 들어오신다." 이 한 문장 속에 깃든 신앙의 신비만 알아도 삶이라는 거센 물살을 넉넉히 헤쳐 나갈 수 있을 것이다.

김기석 청파교회 담임목사, 『모호한 삶 앞에서』 저자

아직 산소통을 매지 않고 마스크 낀 채로 살아가니 다행이라 해야 할까. 언제까지 오지 않는 손님을 기다리며 텅 빈 테이블을 바라보고, 언제까지 유튜브와 넷플릭스 영상 앞에 앉아 슬프게 하루를 보내야 할까. 인생이라는 전쟁터에서 회복 탄력성은 어떻게 얻을 수 있을까. 기도의 현장은 상처 입기 쉬운 '취약한'(vulnerable) 일상이다. 아버지의 갑작스런 죽음 앞에서, 두 차례의 유산을 겪은 후, 너무도 평범하여 주목하지 않는 순간에, 게릴라전이 성행하는 우간다에서, 죽음에 맞짱 떠야 할 때 우리는 기도할 수 있는가. 시편과 복음서부터 초대교회 이야기를 거쳐 이 코로나 시대까지, '연약한'(weak) 앎힘을 확장시키는 밤기도의 의미를 곁에 있는 듯한 저자에게서 조근조근 듣는다.

김응교 숙명여자대학교 교수, 『손모아』 저자

날이 이미 저물었을 때, 예수께서는 홀로 거기에 계셨다(마 14:23). 예수님의 모범을 따라 초기 교회 신자들이 가정에서 밤기도를 드렸다는 것을 우리는 밤기도를 권고하는 3세기 교회 문헌을 통해 확인할 수 있다. 밤은 이제 오늘도 아직 내일도 아닌 시간이며, 어제의 일들이나 내일의 일들로부터 비껴서 하나님을 향할 수 있는 시간이다. 어둠과 침묵과 고독의 시간인 밤은 우리를 하나님께 보다 쉽게 이끌 수 있다. 하지만 밤은 주님께서 제자들을 향하여 시험에 들지 않도록 깨어서 기도하라고 하신 시간이기도 하다. 『밤에 드리는 기도』를 통해, 저자는 어둡고, 두렵고, 절망스럽고, 외로운 시간일 수 있는 밤에 드리는 기도가 어떻게 하나님과 더욱 깊고 성숙한 친밀함으로 우리를 이끌 수 있는지를 살아 있는 경험을 통해 증언해 준다.

김홍일 성공회 사제, 한국샬렘영성훈련원 원장

예고 없이 들이닥치는 상실은 우리를 캄캄한 밤의 시간으로 내몬다. 은유로서의 밤이다. 나도 언젠가 그 캄캄한 시간에 섰던 적이 있다. 밤의 은유는 또한 하나님의 부재다. 계시지 않은 분에게 기도할 수는 없다. 아버지의 갑작스러운 죽음과 연이은 유산으로 저자는 '기도할 수 없는 사제'가 되었고, 기도할 수 없는 사제가 된 저자가 『밤에 드리는 기도』를 썼다. 기도할 수 없는 시간의 기도라니 형용모순이다. 그 역설의 연결고리를 찾고자 간절한 마음으로 읽었다. 길은 교회의 전통이 가르친 기도에 있었다. 은유로서의 밤이 오기 전, 저자는 성공회 기도예식에 따르는 기도, 특히 밤기도를 '그저 좋아서' 드렸다. 그에게 일상의 밤기도는 영혼의 근육이 되었다. 책을 읽다 말고 그 기도, '밤기도'를 베껴 적어 책상 앞에 붙였다. 마지막 장을 덮기 전에 그 기도가 내 혀에 붙었다.

정신실 정신실마음성장연구소 소장, 『슬픔을 쓰는 일』 저자 우리가 밤에 교회의 예전 기도-밤기도-로 기도하는 이유는, 그 기도가 무엇을 말할지 모를 때 우리에게 말을 주고, 우리 자신이 줄 수 있는 것보다 더 좋은 말을 우리에게 주기 때문이다. 이 작은 책은 손 위에서 거룩한 빛을 발한다. 이 책을 읽고, 음미하고, 무엇보다 밤의 고요 속에서 기도하는 티시 해리슨 워런에게 합류하라. 잘 기도하는 사람들은 정직하고, 취약하고, 좌절하고, 소망에 차 있고, 배우려 하고, 무엇보다 듣는 사람들이다. 이 모두가 이 책에 나타나 있다. 그렇지만 이 책의 아름다움에만 사로잡히지 말고, 주제 자체에 사로잡힘으로써 기도의 사람이 되기를 바란다.

스캇 맥나이트 노던 신학교 교수, 『금식』 저자

피조물로 사는 일은 수많은 밤 곧 알 수 없는 것, 불확실한 것, 볼 수 없는 것의 어둠에 직면하는 것이다. 하나님은 그분의 은혜 안에서 어둠을 몰아내겠다고 약속하시지 않는다. 그분은 밤에 우리와 함께 있겠다고 약속하신다. 강함과 취약함을 동시에 드러내는 이 시적인 글에서, 티시 해리슨 워런은 어둠에 직면할 수 있게 돕는 선물로 밤기도를 받아들이도록 우리를 초대한다. 기도는 보이지 않는 곳으로 우리의 손을 밀어 넣고, 그리하여 그 손을 맞잡아 주시는 그리스도의 손을 발견하는 방법이다.

제임스 스미스 캘빈 대학교 교수, 『하나님 나라를 욕망하라』 저자

엘리자베스 엘리엇과 바버라 브라운 테일러 같은 성공회 신학자-시인-수필가 전통 위에서, 티시 해리슨 워런은 신정론의 사시사철 푸름의 문제를 개인적 경험을 통해 탐구한다. 이 책이 펼쳐 놓는 성공회 기도서의 기도들이 그러하듯, 이 사랑스러운 책은 세상에 드리운 그림자가 계속 길어지기만 하는 듯이 보일 때도 우리에게 그리스도의 빛을 건넨다.

웨슬리 힐 펜실베이니아 트리니티 목회연구원 조교수, *Spiritual Friendship* 저자

오랜 전통인 밤기도가 전해 주는 빛을 비춤으로써, 이 책은 우리 모두가 공유하는 인간 삶의 아름답고도 위태로운 실재를 부드럽고 빈틈없이 살펴본다. 그리고 우리를 위해 기독교의 궁극적인 질문, 곧 우리를 지금처럼 취약하게 만드셨고 당신 스스로를 우리처럼 취약하게 만드신 하나님을 사랑하고 그분께 사랑받는다는 것은 무엇을 의미하는가를 조명한다.

앤디 크라우치 『컬처 메이킹』 저자

지난 몇 년간, 성인들의 기도는 나의 가장 깊은 두려움과 하나님을 향한 최고의 소망을 표현할 언어를 주었을 뿐 아니라 내가 혼자가 아님을 일깨움으로써 큰 위안을 주었다. 티시 해리슨 워런은 어둠의 계곡을 통과하며 걸었고, 이 기도들에 매달림으로써 예수님께 매달렸으며, 이제 어렵게 얻은 지혜의 보물을 내놓는다. 이 책을 읽는 동안 나는 밤에 파수하는 친구 곁에 앉아 있는 것 같았고, 하나님의 인내하시는 임재를 상기할 수 있었다.

앤드루 피터슨 싱어송라이터, *Adorning the Dark* 저자

『밤에 드리는 기도』는 시련의 도가니에서 형성되는 지혜의 빛나는 예시다. 스스로 기도할 수 없음을 깨달은 사제로서, 티시 해리슨 워런은 자신의 지독한 취약함 안에서도 하나님을 발견하며, 삶이 선하지 않을 때도 하나님은 여전히 선하시다는 믿음을 고집스럽게 붙든다. 삶이 거꾸로 뒤집힐 때마다 나는 반복해서 이 책으로 돌아올 것이다. 고통을 겪는 친구의 손에도 이 책을 쥐어 줄 것이다. 『밤에 드리는 기도』는 눈물 흘릴 때조차 찬송하게 하는 책이다.

젠 폴락 미셸 *Surprised by Paradox* 저자

티시가 다시 한번 해냈다! 언젠가 프레드릭 비크너가 말하길, 훌륭한 작가들은 "자신의 삶에 주의를 기울인다"고 했다. 이 기준으로 볼 때 티시 해리슨 워런은 정말로 매우 훌륭한 작가다. 그녀는 자신의 삶에서 나온, 때로는 흔하고 때로는 마음이 무너지는 이야기를 뛰어난 세심함에 더 뛰어난 통찰력을 가미하여 들려준다. 잠들기 전 사용하는 저녁 기도 예식인 밤기도에서 발견되는, 세월이 가치를 증명하는 훌륭한 어구들이 책 전체의 윤곽을 잡아 준다. 잘 썼을 뿐 아니라 아주 정직한 이 책은 우리 자신의 삶에서 이 기도들을 사용하기 시작하도록 우리를 고무시킬 것이다. 그런 일은 나에게도 일어났다. 이 책을 읽는 것은 타닥거리는 모닥불 앞에 앉아 친구와 의미 있는 대화를 나누면서, 그렇게 하기를 잘했다고 분명하게 느끼는 것과 같았다. 티시는 이렇게 젊다는 것이 믿기지 않을 정도로 지혜롭다. 자신의 삶과 신앙에 대한 그녀의 탐구에 감사하며, 또한 이 특별한 책에 대해 정말 감사한다.

제임스 브라이언 스미스 프렌즈 대학교 교수, 『선하고 아름다운 하나님』 저자

오늘날 티시 해리슨 워런만큼 목양적이고 예언적이며 시적으로 글을 쓰는 작가는 드물다. 시대를 막론하고, 삶의 깊고 어두운 면에 대해 쓰면서도 우리가 이 책에서 발견하는 만큼의 소망과 은혜 그리고 아름다움을 함께 담아내는 작가 역시 아주 드물다. 『밤에 드리는 기도』는 삶에 깃든 어둠 속에서 날마다 당신을 이끌어 갈 빛을 가져다줄 것이다.

캐런 스왈로우 프라이어 사우스이스턴 침례신학교 교수, *On Reading Well* 저자

『밤에 드리는 기도』를 통해, 티시 해리슨 워런은 다시 한번 일상적인 것에서, 특별히 누군가는 당연시하거나 소홀히 여길 만한 것에서 아름다움과 경이를 독창적으로 캐낸다. 성무일과(Divine Office)에 익숙한 이들에게는 밤기도가 그런 것이다. 티시는 어디서든 어떻게든 우리 자신이 경험하는 밤뿐만 아니라 우리 영혼의 어두운 밤 한가운데도 함께하시는 하나님의 임재가 함축하는 바를 충분히 살핀다. 밤기도를 통해 우리는 밤중에 있는 다른 이들을 위해 기도하고 그들을 기억하는 일에 이끌리게 된다. 티시가 쓰듯이, "기독교 제자도는 바른 것에 주의를 기울이고 우리의 삶과 세상에서 하나님의 일하심을 의식하는 법을 평생 훈련하는 것이다." 바로 이것이 정확하게 티시가 이 책을 통해 그토록 훌륭하게 하는 일이며, 그녀는 우리에게도 그렇게 하라고 손짓한다. 더없이 아름다운 제안이다.

말리나 그레이브스 *The Way Up Is Down* 저자

이 책은 아름다운 글과 심도 깊은 신학적 묵상의 보기 드문 조합이다. 만족스럽지 않은 진부하고 쉬운 답 이면에 여전히 존재하는 신앙의 그림, 어렵게 얻은 믿음의 그림을 그린다. 이것은 단지 기도에 관한 책이 아니다. 이 책은 거듭해서 그 자체로 기도가 된다. 결국 이 책은 크고 작은 상실의 한복판에서 그리스도인으로 사는 것이 무엇을 의미하는지에 대한 묵상이다. 강력하게 추천한다.

이서 매컬리 *Reading While Black* 저자

밤에 드리는 기도

IVP(InterVarsity Press)는
캠퍼스와 세상 속의 하나님 나라 운동을 지향하는
IVF(InterVarsity Christian Fellowship)의 출판부로
생각하는 그리스도인을 위한 문서 운동을 실천합니다.

Originally published by InterVarsity Press
as *Prayer in the Night* by Tish Harrison Warren.
ⓒ 2021 by Tish Harrison Warren.
Translated and printed by permission of InterVarsity Press
P. O. Box 1400, Downers Grove, IL 60515, USA. www.ivpress.com.

This Korean edition ⓒ 2021 by Korea InterVarsity Press
156-10 Donggyo-ro, Mapo-gu, Seoul 04031, Republic of Korea.

밤에 드리는 기도

삶의 어둠 속에서 믿음의 언어를 되찾는 법

티시 해리슨 워런
백지윤 옮김

Ivp

레인, 플래너리, 어거스틴에게.
모든 어두운 밤마다
하나님이 너희 곁을 지켜 주시고
날마다 너희를 가르치시기를,
오로지 사랑에 의지하여.

사랑하는 주님,

이 밤에 일하는 이, 파수하는 이, 우는 이의 곁을 지켜 주시고,

잠자는 이를 위해 당신의 천사들을 보내소서.

주 그리스도여, 병든 이를 돌보소서.

피곤한 이에게 쉼을 주시고,

죽어 가는 이에게 복을 주시고,

고난을 겪는 이를 위로하시고,

고통에 시달리는 이를 불쌍히 여기시고,

기뻐하는 이를 보호하소서.

주님의 사랑에 의지하여 기도합니다. 아멘.

- 성공회 기도서

차례

저자의 글 15

1부 어둠 속에서 기도하기

들어가며 19

1. 밤기도를 찾아서 27
   - 해질녘
2. 사랑하는 주님, 지켜 주소서 44
   - 고통과 임재

2부 취약함의 방식

3. 우는 이 67
   - 탄식
4. 파수하는 이 93
   - 주의력
5. 일하는 이 112
   - 회복

3부 취약함의 분류학

6. 잠자는 이를 위해 당신의 천사들을 보내소서 135
   — 우주와 일상다반사

7. 주 그리스도여, 병든 이를 돌보소서 153
   — 체현

8. 피곤한 이에게 쉼을 주시고 169
   — 약함과 침묵

9. 죽어 가는 이에게 복을 주시고 185
   — 재

10. 고난을 겪는 이를 위로하시고 203
    — 위안

11. 고통에 시달리는 이를 불쌍히 여기시고 226
    — 수그러들지 않음과 계시

12. 기뻐하는 이를 보호하소서 246
    — 감사와 태연함

4부 완성

13. 주님의 사랑에 의지하여 기도합니다 265
    — 새벽녘

감사의 글 282
토론을 위한 질문과 실천 제안 286
주 303

일러두기

1. 본문에 나오는 성경 본문은 새번역성경을 사용하였고, 일부 다른 역본일 경우 따로 표시했습니다.
2. 본문에 인용된 성공회 기도서의 밤기도는 옮긴이가 직접 번역한 것입니다.

✦ 저자의 글

2020년 부활절 주간을 시작하면서 이 책의 원고를 완성하고 불확실한 세상으로 내보냈다. 팬데믹이 전 세계로 퍼지는 가운데 사망률은 증가하고 있었고, 미국에 있는 우리 대부분은 자가 격리 명령 아래 있었다. 나는 이 책에서 팬데믹을 구체적으로 언급하지 않기로 결정했다. 내가 이 원고를 쓸 당시에는 코로나19가 존재하지 않았고, 책이 출간될 무렵이면 어떤 독자라도 코로나19의 현실과 그것이 세상에 끼친 영향력에 대해 이 책에서 줄 수 있는 것보다 훨씬 더 많은 통찰력을 지니고 있을 것이다. 지금 필요한 것은 느리게 작동하는 지혜이며, 그러한 지혜를 조금이라도 더 세밀하게 제공하기엔 나는 이 비극의 시작 지점으로부터 너무 가까이에 있다.

앞으로 무슨 일이 일어날지는 알지 못하지만, 나는 이 특정 재앙 안에서 우리를 기다리고 있는 것이 무엇이든 그게 마지막이 아닐 것임을 안다. 우리는 또 다른 자연재해와 전 지구적 재난에 직면할 것이다. 그리고 황폐함뿐만 아니라 고통이 더욱 흔해질 것이며, 독자들은 그러한 것들을 생각하며 이 책을 읽게 될 것이다. 현재의 위기가 끝난 뒤에도 오래 이어질 개인적 고통, 취약함, 불안, 상실 등의 이야기를 말이다.

그래서 책을 세상으로 내보내며, 나는 이 책이 빛과 진리를 담아내고 그럼으로써 그것에게 주어진 일을 할 수 있기를 기도한다.

1부

어둠 속에서 기도하기

✦

어둠, 즉 밤은 늘 하나님이 세상을 버리셨음을 보여 주는…
그리고 남자와 여자가 길을 잃었음을 보여 주는 상징이다.
어둠 속에서 우리는 아무것도 볼 수 없으며,
우리가 어디에 있는지 더 이상 알지 못한다.
– 위르겐 몰트만(Jürgen Moltmann), 『절망의 끝에 숨어 있는 새로운 시작』(*In the End – The Beginning*)

✦

선악에 대한 이해는…
우리가 어렸을 때 느끼던 밤에 대한 두려움 안에서,
야수의 송곳니에 대한 공포와
어두운 방에 대한 무서움 안에서 얻게 된다.
– 체스와프 미워시(Czeslaw Milosz), 『하루 더』(*One More Day*)

✦ **들어가며**

한밤중에 나는 피범벅이 된 채 응급실에서 기도하고 있었다.
 피츠버그에 살기 시작한 지 한 달도 되지 않은 때였다. 나는 혹한의 밤과 잿빛 진창으로 변한 눈 한복판에서 유산을 겪고 있었다.
 그날 이른 저녁, 우리는 새로 사귄 지인의 집에서 식사를 했다. 그들의 딸이 우리 딸들과 같은 학교에 다녔다. 나는 유산이 시작된 지 이틀째였는데, 의사가 그 주를 계획대로 지내라고 했기 때문에 그 식사 자리에도 참석했다. 남편 조너선이 서로에 대해 거의 모르는 타인과 어색한 한담을 늘어놓을 무렵, 나의 자궁이 수축하기 시작했다. 숨을 쉬기도 어려웠다. 나는 긴급치료센터에 가야 할 것 같다고 말했다. 사람들이 상처를 꿰매는 것 같은 대수롭지 않지만 긴급한 조치가 필요할 때 응급실 대신 가는 곳이 긴급치료센터다. 나는 최대한 명랑하고, 극적이지 않은 상황처럼 보이기 위해 노력하고 있었다.

조너선은 우리를 초대한 이들에게 조금 일찍 식사를 마쳐야 할 것 같다고 말하면서, 사실 저녁 식사 자리에 어울릴 만한 말이 아닌 것 같아서 미리 언급하지 않았지만, 내가 유산 과정 중에 있으며 일주일 동안 천천히 하혈하는 것이 정상인데 지금 통증과 함께 너무 빨리 피를 흘리고 있다고 이유를 설명하기 시작했다. 나는 일어선 채로 그들에게 사과를 했는데, 남부 여자는 어색한 사회적 상황에서는 사과가 강박적으로 나오기 때문이다. 그런데 갑자기 피가 쏟아졌다. 말 그대로 콸콸 흘렀다. 나는 마치 총상 환자처럼 보였다.

집주인들이 급히 건넨 수건 두 장으로 남편이 나를 감쌌고, 비틀거리는 나를 차에 태우면서 소리쳤다. "병원이 어디죠?" 우리는 위층에서 놀고 있는 아이들에게 인사도 하지 못하고 떠났다. 성도 정확히 기억하지 못하는 사람들에게 우리 아이들을 맡기고서 말이다.

밖은 어두워져 있었다. 우리는 희미한 도시 불빛과 술집으로 걸어가는 말쑥한 대학생들 사이를 뚫고 나아갔다. 병원으로 가면서 나는 정신이 혼미해지는 것을 느꼈다. 두 장의 수건 모두 피로 금세 흥건해졌고, 조너선은 어쩔 줄 모르며 기도했다. "티시를 도와주세요! 숨 쉬어. 오 하나님." 그는 빨간불도 모두 무시하고 달렸다. 그는 가는 길에 내가 죽을 거라고 생각했다.

그러나 우리는 병원에 무사히 도착했다. 목숨에는 지장이 없었지만, 수술이 필요했다.

병실은 간호사들로 가득했고, 다들 일반적인 상황보다 출혈량이 훨씬 많고 불편한 상황임이 분명하다고 말했다. 그렇지만 모두 이 상황을 침착하게 대하는 듯했고, 마치 내가 학교 과학전람회에 출품된 특별히 잘 준비된 프로젝트라도 되는 듯이 심지어 약간 흥미로워하는 것 같기도 했다. 그들은 수혈을 위해 주삿바늘을 꽂고, 나에게 가만히 누워 있으라고 했다. 그때 나는 간호사들 사이에서 어쩔 줄 몰라 하는 조너선에게 소리쳤다. "밤기도! 밤기도로 기도해야겠어."

위기의 한복판, 사람들로 가득한 병실에서 기도 예전을 드리겠다고 큰 소리로 요구하는 것은 (나에게도) 일반적인 일은 아니다. 그러나 그 순간, 나는 수혈만큼이나 확실히 그것이 필요했다.

나의 직접적인 명령에 마음이 놓인 조너선은 스마트폰에서 성공회 기도서 앱을 실행하면서 간호사들에게 미리 당부했다. "우리 두 사람 모두 사제고, 이제 기도를 드릴 거예요." 그런 뒤 그가 먼저 시작했다. "주님은 우리에게 평화로운 밤과 완벽한 끝을 허락하신다."

심장박동기의 메트로놈 박자에 맞추어, 우리는 밤기도 예식 전체를 끝까지 마쳤다. 수축과 함께 혈액이 내 안에서 파도처럼 빠져나갈 때마다 나는 기도문을 외웠다.

"우리를 주님의 눈에 사랑스러운 존재로 지키소서."

"주님 날개 그늘 아래 우리를 숨기소서."

"주여 자비를 베푸소서. 그리스도여, 자비를 베푸소서. 주여, 자비를 베푸소서."

"주님, 이 밤의 모든 위험으로부터 우리를 보호하소서."

우리는 이렇게 기도를 마쳤다. "전능하고 자비로우신 주님, 성부 성자 성령이여, 우리에게 복을 주시고 우리를 지키소서. 아멘."

"아름답네요." 간호사 중 한 명이 말했다. "전에는 한 번도 들어본 적 없어요."

* * *

어째서 나는 병실 형광등 아래에서 갑자기 그리고 간절하게 밤기도로 기도하고 싶었던 걸까?

기도하고 싶었지만, 내 안에서는 단어들을 끌어낼 수 없었기 때문이다.

"도와주세요! 하혈이 멈추게 해 주세요!"라고 기도하는 것이 거룩하지 않거나 충분히 세련되지 못하다는 게 아니다. 나는 피로 흥건한, 종잇장처럼 얇은 환자복을 입고 있었다. 격식을 차릴 시간은 아니었다. 나는 치유를 원했다. 하지만 단순한 치유 이상의 것이 필요했다. 이 위기의 순간을 좀더 커다란 무언가 안에 위치시키는 것이 필요했다. 그렇다. 바로 교회의 기도 안에서, 더 정확하게는 하나님의 광대한 신비, 하나님의 능력이 갖는 확실성, 하나님의 선하심에 대한 재확인 안에서 말이다.

죽은 내 아기, 망가진 내 몸과 더불어 모든 것이 어떻게 될지 알 수 없었던 바로 그 순간, 나는 다시금 선택해야 했다. 나를 사랑하시고 나를 위해 존재하시는 하나님에 관해 내가 설교했던 것들이 정말로 참인지를 말이다. 그렇지만 나는 완전히 지쳐 있었다. 상심이 너무 컸다. 자발적이고 열렬한 믿음을 불러낼 만한 힘이 남아 있지 않았다.

하나님을 신뢰할지에 대한 나의 결정은 단순한 인지력의 발동이 아니었다. 나는 주일학교 즉석 퀴즈를 통과하려는 게 아니었다. 나 자신의 허약함, 취약성 그리고 약한 믿음을 붙잡아 줄 수 있을 만큼 충분히 큰 진리 안으로, 확실한 만큼 부정할 수도 있는 진리 안으로 들어가고자 노력하고 있었다. 그러나 언어도, 확실성도 찾을 수 없는 곳에서 눈물과 피로 녹초가 되어 버린 내가 어떻게 그러한 진리를 향해 손을 뻗을 수 있었겠는가?

그 밤, 나는 교회의 관습을 받아들임으로써, 구체적으로는 기도를, 시간에 따라 드리는 예전을 받아들임으로써 하나님의 선하심과 사랑의 실재를 붙잡았다.

교회 역사에서 대부분의 시간 동안, 그리스도인들은 기도를 일차적으로 자기표현이나 하나님과의 일대일 대화의 수단이 아니라, 하나님께 나아가는 전승된 방법, 교회가 그분과 나누는 친교의 지속적 흐름에 합류하는 방법으로 이해했다.[1] 병원에 있던 그 순간, 나는 '나의 신앙을 표현'하고, 분주한 간호사들로 가득한 병실에서 나의 흔들리는 헌신을 선언하려던 게 아니었다. 혹은 (리처드 도킨스Richard Dawkins의 표현대로) 나의 '하늘 요정'이 나를 구하러 오도록 빌려던 것도 아니었다.[2] 기도를 통해, 나는 하나님이 나의 혼돈과 고통 한가운데 계심을, 앞으로 무슨 일이 닥치든 그리하실 것임을 감히 믿었다. 나는 내가 그 순간 느꼈던 것보다 더 크고 더 오래 지속되는 실재에 손을 뻗고 있었다.

가장 신실한 기도부터 가장 그렇지 못한 기도까지, 내가 드렸던 모든 기도는 부분적으로 마가복음에 나오는 고백이었다. "내가 믿습니다. 믿음 없는 나를 도와주십시오"막 9:24. 바로 그것이 그 밤 내가 몸에 배어 있던 밤기도의 언어를 반복함으로써 드린 기도였다. 또한 내가 연약함 가운데 있던 셀 수 없이 많은 밤마다, 교회는 그 고대의 목소리로 응답했다. "여기 말들이 있다. 그것으로 기도해라. 그 말들은 너를 붙잡아 주기에 충분히 강하다. 이것이 너의 믿음 없음을 도와줄 것이다."

나는 신앙이 느낌보다 기예에 가깝다고 믿게 되었다. 기도는 그 기예에서 가장 주요한 연습이다.

하나님과의 관계가 우리의 노력으로 성취할 수 있는 무엇이라거나, 기독교에도 성취의 위계질서가 존재해서 바느질이나 농구

> 나는 신앙이 느낌보다 기예에 가깝다고 믿게 되었다.
> 기도는 그 기예에서 가장 주요한 연습이다.
>
> ―

에 뛰어난 사람이 있는 것처럼 신앙에도 뛰어난 엘리트 그룹 같은 것이 있다는 말이 아니다. 은혜는 그리스도인의 삶에서 처음이자 마지막 단어고, 우리 모두는 자비가 절실히 필요한, 깊이 사랑받는 존재다.

신앙은 선물로 온다. 그리고 어떤 기예가든 자신의 작업에는 기적 같은 뭔가가 있다고 말할 것이다. 매들린 렝글^{Madeleine L'Engle}은 모든 훌륭한 예술 작품은 예술가를 넘어서고 예술가보다 훌륭하다고 했다. 그녀는 이렇게 말한다. 셰익스피어는 "그가 쓸 수 있는 것보다 더 잘 썼다. 바흐는 그가 아는 것보다 더 깊고 더 진실한 곡을 썼다. 렘브란트의 붓은 인간 영혼에 대해 그가 이해할 수 있던 것보다 더 많은 것을 캔버스 위에 남겼다."[3] 정원사는 수선화가 자라게 만들 수 없고, 제빵사는 이스트와 설탕의 연금술 같은 영광을 강제할 수 없다. 그런데 우리에게는 그것을 좋게 느끼든 아니든 실천할 수 있는 은혜의 수단이 있고, 그것이 우리를 이끌어 간다. 작가, 양조업자, 무용수, 도예가 같은 기예가들은 자신의 자리에 나와 작업하고, 그러면서 신비에 참여한다. 자비의 섬광, 은혜의 선물을 기다리면서 그들은 좋은 날이든 나쁜 날이든 기예를 반복해서 이어 간다.

가장 깊은 불안과 어둠의 순간, 떨리고 약해지는 순간마다 우리는 이 기도의 기예 안으로 들어간다. 대개 우리가 기도를 멈추지 않는 이유는 기세등등한 승리나 어떤 의심도 없는 신뢰 때문이 아니라, 기도가 우리를 형성하기 때문이다. 그것은 다시 우리 안에서 일하고, 우리가 누구이며 무엇을 믿는지를 변화시킨다. 기도의 표본은 우리를 우리 자신에게서 그리고 시간에 묶여 있는 우리의 순간에서 끌어내, 오래도록 자신의 백성 안에서 또한 그들을 통해 행하시는 그리스도의 길고 긴 이야기 안으로 들어가게 한다.[4]

그 밤에 기도하면서 나는 내가 선포했던 것들, 즉 하나님이 나를 아시고 사랑하시며 이 끔찍한 순간도 구속받을 것임을 믿고 싶었다. 나는 그것을 믿었고, 또한 믿지 않았다. 이 오래된 기도의 예배를 향해 손을 뻗는 것은, 그 기도가 나를 수술용 메스 아래로 데려가기를, 그리하여 수술을 하듯 내 안에서 일하고 내 마음을 바로잡아 주기를 바라는 소망의 행위였다. 어쩌면 내가 이렇게 말했을 수도 있다. "밤기도, 즉시 처치."

1. 밤기도를 찾아서

※ — 해질녘

모든 면에서 어두운 한 해였다. 1월 초, 화창한 나의 고향 텍사스주 오스틴에서 피츠버그로 이사하면서 한 해가 시작되었다. 일주일 후, 떠나온 텍사스에서 아버지가 한밤중에 돌아가셨다. 지평선의 산맥처럼 언제나 견고하게 우뚝 솟아 있던 아버지가 갑자기 사라지셨다.

한 달 뒤, 나는 유산 및 과다출혈로 실려 간 응급실에서 밤기도로 기도했다.

슬픔은 켜켜이 쌓여 갔다. 나는 향수병에 시달렸다. 아버지를 잃은 고통은 모든 것을 뒤흔들어 놓았고, 여진이 계속되었다. 음울한 시절이었고, 우리는 우울한 농담처럼 피츠버그Pittsburgh를 '피츠-오브-데스페어-버그'Pitts-of-despair-burgh(절망의 구덩이 동네 정도로 번역할 수 있다―옮긴이)라고 불렀다.

다음 달에 우리는 다시 임신을 확인했다. 기적 같았다. 그러나 초기에 하혈이 시작되었고 임신이 불안정해졌다. 나는 '의학적 이유의 활동 제한' 처분을 받았다. 오랫동안 서 있거나 몇 블록 이상은 걸을 수 없었고 4.5킬로그램 이상의 물건을 드는 것도 금지되었다. 이는 당시 네 살이던 내 아이도 안을 수 없다는 의미였다. 매일 많은 시간을 침대에서 보내면서 나의 정신은 점점 희미하고 어두워졌다. 하혈은 두 달 동안 거의 끊임없이 계속되었고, 양이 너무 많아져서 유산이나 또 다른 과다출혈이 우려될 때마다 병원을 가야 했다. 결국 7월 말, 임신 중기 초입에 우리는 또다시 아기를 잃었다. 아들이었다.

그 길었던 해의 가을이 지나가면서 해가 짧아지고 서리가 내릴 무렵, 나는 기도할 수 없는 사제가 되어 있었다.

하나님께 어떻게 나아가야 할지 더 이상 알 수가 없었다. 말하고 싶은 것, 답을 알 수 없는 질문이 너무 많았다. 고통의 깊이가 내 말의 능력을 뒤덮어 버렸다. 더욱 고통스러운 것은, 하나님을 어떻게 신뢰해야 하는지 확신이 들지 않기 때문에 기도할 수 없다는 사실이었다.

마르틴 루터$^{Martin\ Luther}$는 하나님의 선하심에 대한 어떤 순수한 확신조차 시드는 신앙의 황폐한 시절에 대해 썼다. 그것은 루터가 "하나님의 왼손"이라고 부른 것이 우리에게 찾아오는 시간이다.¹ 하나님은 우리에게 낯설고, 혼란스럽고, 어쩌면 심지어 무서운 존재가 된다.

나는 나의 의심과 슬픔의 물결에 휩쓸려 허우적대고 있었다. 나의 남편에게 2017년에 대해 묻는다면, 그는 간단히 이렇게 말할 것이다. "우리를 살아남게 해 준 것은 밤기도였어요."

+ + +

'콤플레토리움'*completorium* 혹은 '컴플리션'*completion*의 영국식 단어인 '컴플린'*Compline*은 하루 중 가장 마지막에 드리는 기도 예식이다. 이는 밤 시간을 위해 만들어진 기도 예배다.²

전깃불이 존재하지 않는 세상, 횃불이나 양초의 어둑한 불빛 아래의 세상, 보이지 않는 공포가 도사린 그림자로 뒤덮인 세상, 도둑이 침입했을 때 누구도 호출할 수 없고 구급차도 부를 수 없는 세상, 어둠 속에는 들짐승이 숨어 있고, 모두에게 악령과 귀신, 다른 밤의 존재들이 생생한 가능성으로 여겨지던 세상을 상상해 보라. 바로 이것이 기독교에서 밤 시간에 기도하는 관습이 생긴 문맥이었고, 이러한 것들이 이 기도의 감정적 어조를 형성했다.

역사의 많은 기간 동안 밤은 그야말로 두려운 시간이었다.

로저 에커치*Roger Ekirch*는 밤의 역사에 대한 매력적인 연구를 시작하면서 이렇게 말한다. "어둠이 낳는 의심과 불안은 과장하기 어렵다."³ 18세기에 에드먼드 버크*Edmund Burke*는 "모든 시대, 모든 나라에서 어둠만큼 보편적으로 끔찍하게 여겨지는 개념"도 없다고 말했다.[4] 셰익스피어의 주인공 루크리스Lucrece는 "위안이 살해되는 밤, 지옥의 형상"이라는 유명한 탄식을 한다.[5]

밤 시간은 기독교 전통에서도 의미심장한 상징이다. 하나님이 밤을 만드셨다. 지혜서에 따르면, 매일 우리가 어둠의 시간을 대면하는 것은 하나님이 그렇게 만드셨기 때문이다. 그러나 요한계시록에서 우리는 모든 것의 마지막에 "다시는 밤이 없[을]" 것이라고 듣는다계 22:5; 참고. 사 60:19. 그리고 예수님 자신은 어둠 속의 빛으로 칭해지신다. 그분은 어둠이 이길 수 없는 빛이다.

16세기 십자가의 성 요한Saint John of the Cross은 하나님이 잘 보이지 않거나 멀리 계신 것처럼 보이는 슬픔, 의심, 영적 위기의 시간을 가리켜 "영혼의 어두운 밤"이라는 문구를 처음 썼다.[6] 우리가 이 문구에 공감하는 이유는 밤이 우리의 두려움과 의심을 전형적으로 예시하기 때문이다. '영혼의 힘겨운 낮', '영혼의 흐린 아침' 같은 표현은 그와 같은 지속력을 갖기 힘들다.

이제 우리로서는 상상하기 힘들게 된 완전한 어둠 속에서, 그리스도인들은 밤중에 침대에서 일어나 심야기도vigil를 드렸다. 3세기 북아프리카의 신학자인 테르툴리아누스Tertullian는 가족들이 잠자리에서 일어나 함께 기도하는 '밤중 모임'을 언급한다.[7] 동방의 대바실레이오스Basil the Great는 그리스도인들에게 "밤이 시작될 때, 우리는 우리의 휴식이 침범당하지 않기를 구하고…이 시간에는 또한 시편[91편]을 낭독해야 한다"라고 가르쳤다.[8] 가족의 정기적 관습이던 심야기도가 사라진 뒤에도 오래도록 수도사들은 밤중에 일어나 짧은 시간 기도하는 일을 계속했고, 함께 시편을 부르며 어둠의 위협에 대비했다. 수 세기 동안 그리스도인들은 교회가 제공하는 신뢰할 수 있는 기도문을 사용하여, 매일 알 수 없는 밤의 위험에 대한 두려움에 맞서고 자신들의 취약함을 고백했다.

물론 모두가 밤에 두려움을 느끼는 것은 아니다. 나에게는 밤 시간을 탐닉하며 그 순전한 아름다움, 사색적 고요함, 사유와 기도를 위한 여유를 즐기는 친구들이 있다.[9] 앤 브론테$^{Anne\ Brontë}$는 그녀의 시 "밤"^{Night}의 첫 부분에서 "나는 밤의 고요한 시간을 사랑한다"고 선언한다.[10]

밤에 관해 사랑할 거리는 많다. 나이팅게일의 노래와 촛불, 반짝거리는 도시, 온 하늘에 슬그머니 떠올라 타닥거리는 모닥불처럼 빛을 발하는 별들, 태양이 지평선으로 내려가면서 붉게 물든 하늘에 남기는 여운의 자태. 그러나 우리 모두는 어둠이 너무 깊거나 오래 지속되면 위험에 취약해지는 것을 느끼기 시작한다. 우리가 밤에도 두려워하지 않고 여기저기 돌아다닐 수 있는 것은 많은 경우 불빛이 존재하기 때문이다. 스위치만 딸깍하면 우리는 대낮처럼 잘 볼 수 있다. 그러나 깊은 숲이나 문명에서 멀리 떨어진 곳에 가면, 여전히 밤이 가져오는 거의 원초적인 위험과 무력감을 느끼게 된다.

깊은 어둠 속에서는 우리 중 가장 강한 사람도 작아지고 무방비 상태가 된다.

현대의 특징인 윙윙거리는 전구와 24시간 드라이브스루에도 불구하고, 어둠이 내려올 때면 우리는 자기만의 독특한 방식으로 취약함과 대면한다. 공포 영화가 보통 밤에 상영되는 데는 이유가 있다. 우리는 여전히 '마녀의 시간'witching hour에 대해 말한다. 새벽 네 시에 관한 문학 및 대중문화 기록을 보관하는 웹사이트 '새벽 네 시의 박물관'The Museum of Four in the Morning의 큐레이터이자 시인인 존 리브스John Rives는 새벽 네 시를 "하루 중 가장 끔찍한 시간"이라고 부른다.[11] 그는 이 꼭두새벽이 장르와 문화, 시대를 가로지르는 의미로 가득 찬 대중적 약칭이라고 말한다.

밤은 단지 시계상의 특정 시간만이 아니다. 우리 중 얼마나 많은 이들이 누워 자다가 잠이 깨서, 다음 날을 걱정하거나 문제가 발생할 여지가 있는 모든 일을 생각하거나 슬픔을 곱씹느라 다시 잠들지 못하는가?

우리 몸은 매일 어둠을 대면한다. 그래서 우리는 매일 우리의 참 모습과 마주하는 것을 연습한다. 우리는 민낯에 노출되고 삶을 통제할 수 없으며 죽을 것이다.

낮에는 주의가 산만해진다. 어떤 순간에는 생산적이기도 하다.

밤에는 혼자라고 느낀다. 심지어 여러 사람이 잠자고 있는 집

> 매 24시간마다, 밤은 우리에게
> 우리 자신의 취약함을 수용하는 연습을 할 기회를 준다.

에서도 그렇게 느낀다. 나 자신이 작게 느껴지고 필멸의 존재임이 다가온다.

밤의 어둠은 슬픔과 불안을 증폭시킨다. 해가 지면, 우리의 인생이 짧다는 것과 크고 작은 상실로 채워져 있다는 것을 다시 기억하게 된다.

우리 모두는 아주, 매우 취약한 존재다.

우리는 취약함을 우리가 선택하는 무엇처럼 말할 수 있다. 우리는 우리의 가장 참된 자아를, 즉 우리의 이야기나 의견 혹은 감정을 나누거나 덮어 둠으로써 취약함을 '스스로에게 허락할' 것인지 말 것인지 결정한다. 이런 측면에서 취약함은 감정 노출 혹은 정직함을 의미한다. 그러나 내가 가리키는 종류의 취약함은 그런 것과 다르다. 내가 가리키는 것은 인정하든 하지 않든 우리 모두가 지닌 비선택적 취약함이다. '취약한' vulnerable 이라는 단어는 '상처를 입다'라는 의미의 라틴어에서 왔다.[12] 우리는 상처 **입을 수** 있다. 우리의 몸과 정신과 영혼은 다치고 파괴될 수 있다. 남녀노소 가릴 것 없이 우리 모두는 죽는 날까지 이런 종류의 취약함을 지닌다.

그리고 매 24시간마다, 밤은 우리에게 우리 자신의 취약함을 수용하는 연습을 할 기회를 준다.[13]

* * *

밤기도로 언제부터 기도하기 시작했는지는 기억나지 않는다. 뭔가 극적인 시작이 있었던 것은 아니다. 어두운 예배당에 느지막이 슬쩍 들어가 조용히 앉아서 밤기도로 기도하는 것을 들은 적이 여러 번 있었는데, 그때마다 완벽한 하모니를 이루며 울려 퍼지는 기도들을 감상했었다.

사제가 두 명이나 있는 가정에서 성공회 기도서는 여분의 컵받침처럼 여기저기 놓여 있다. 잊힌 밤들의 역사 속에서 길을 잃었던 나는, 어느 밤 그중 하나를 집어 들어 밤기도로 기도했다.

그때 이후로 밤기도를 계속 기도해 왔다. 그것이 어떤 새로운 실천이라는 인식도 거의 하지 않은 채로, 나는 밤기도를 점점 더 자주 기도하기 시작했다. 일주일에 몇 번, 그저 좋아서였다. 그것은 내게 아름답고 위안을 주었다.

수도원의 기도 패턴은 대부분 6세기에 베네딕투스^{Benedict}와 그를 따르는 수도사들에 의해 정립되었다. 그들은 하루에 여덟 번 기도했다. 마틴스^{Matins}(동트기 전), 라우즈^{Lauds}(해가 뜰 때), 프라임^{Prime}, 터스^{Terce}, 섹스트^{Sext}, 논^{None}, 베스퍼스^{Vespers}를 하루 내내(약 세 시간 간격으로) 기도했다. 마지막으로 잠자기 전 드리는 기도가 컴플린(밤

기도)이었다.[14]

성공회 기도서는 이러한 여덟 번의 표준 기도 시간을 아침과 저녁 두 번의 기도 '예식'office으로 압축했다. 그러나 일부 성공회 교인들은(로마가톨릭과 루터교, 그 외의 평신도들 역시) 밤기도를 고정적으로 계속 드렸다. 결국 성공회 기도서는 저녁기도(베스퍼스)와 밤기도(컴플린) 예배를 추가하여, 두 번의 기도 예식을 네 번의 기도 예식으로 확장했다.[15]

대부분의 기도 예식처럼, 밤기도는 죄의 고백, 시편 및 다른 성경 본문 낭독, 미리 쓰인 기도문 교독, 그리고 침묵 혹은 즉석 기도의 시간으로 이루어진다.

* * *

인생의 대부분 시간 동안, 나는 다른 종류의 기도가 존재한다는 것을 알지 못했다. 기도는 오직 하나만을 의미했다. 내 안에 떠오르는 말로 하나님께 이야기하는 것. 기도는 쉼 없이 말하고 각본이 없고 자기표현적이고 즉흥적이고 독창적인 것이었다. 나는 여전히 매일 이런 식으로 기도한다. '자유 형식' 기도는 훌륭하고 꼭 필요한 기도 방식이다. 그러나 나는 평생 신앙을 유지하기 위해서는 다른 방식의 기도들도 배울 필요가 있다고 믿게 되었다. 기도는 침묵과 외침, 창조성과 반복, 독창적인 것과 전해 받은 것, 상상력과 이성 모두를 담아낼 충분한 공간이 있는 광대한 영역이다.

내가 성공회 교회에 데려왔던 한 친구는 우리의 예전이 얼마나 (그녀의 표현대로 하면) "다른 사람들의 기도"에 갇혀 있는지 지적했다. 그 친구에게 기도란 자신의 생각, 느낌, 필요를 담아내는 자기 고유의 표현이어야 했다. 그러나 인생을 살아가면서 우리의 신앙 열정은 차오르기도 하고 기울기도 할 것이다. 이는 그리스도인의 삶에서 정상적인 부분이다. 교회에서 대대로 내려온 기도와 관습은, 오락가락하는 우리 자신의 시각이나 자기표현보다 훨씬 더 견고하게 우리를 신앙과 묶어 준다.

기도는 우리를 형성한다. 그리고 다른 방식의 기도는, 여러 유형의 물감과 캔버스, 색깔과 빛이 화가에게 도움이 되는 것처럼 우리를 도와준다.

내가 기도할 수 없는 사제였을 때, 교회의 기도 예식은 다시 기도할 수 있도록 나를 가르치기 위해 하나님이 사용하신 고대의 도구였다. 스탠리 하우어워스Stanley Hauerwas는 자신이 '다른 사람들의 기도'로 기도하기를 좋아하는 것에 대해 이렇게 설명한다. "복음주의는 끊임없이 바퀴를 새롭게 발명해야 한다는 부담 아래 있으며, 이것은 단지 당신을 지치게 할 뿐이다." 그가 자신을 기도 예식 실천 옹호자로 부르는 이유는 다음과 같다.

우리는 만들어 낼 필요가 없다. 우리는 이러이러한 기도문으로 기도하리란 것을 안다. 함께 시편을 낭독하리란 것을 안다. 이러이러

> 교회로부터 받은 기도를 사용하여 기도할 때,
> 즉 시편 기자와 성인들의 기도, 주기도, 매일의 기도 예식으로 기도할 때,
> 우리는 우리 안에서 알고 믿고 소리 높일 수 있는 것을 넘어서 기도하게 된다.

한 성경 본문이 낭독되리란 것을 안다.…반복으로서의 기독교에 대해서는 할 말이 아주 많으며, 나는 언제나 새로운 뭔가를 해야 한다고 생각하도록 끊임없이 우리를 유혹하는 세상에서 살아남을 수 있게 그리스도인들을 형성해 주는 반복이 복음주의 안에 충분하지 않다고 생각한다.[16]

교회로부터 받은 기도를 사용하여 기도할 때, 즉 시편 기자와 성인들의 기도, 주기도, 매일의 기도 예식으로 기도할 때, 우리는 우리 안에서 알고 믿고 소리 높일 수 있는 것을 넘어서 기도하게 된다. '다른 사람들의 기도'는 나를 제자로 양육해 주었다. 즉, 그 기도들은 어떻게 내가 다시 믿을 수 있는지 가르쳐 주었다. 교회사를 훑어보면 '렉스 오란디, 렉스 크레덴디' *lex orandi, lex credendi* 즉 기도의 법이 곧 신앙의 법이라는 것이 분명해진다.[17] 아무리 덧없고 연약할지라도 우리는 기도 안에서 그러한 우리의 작은 믿음으로 하나님께 나아가며 진리로 더 깊이 걸어 들어가는 법을 배운다.

내 힘이 소진되고 내 언어가 메말랐을 때, 나는 나를 이끌어 가

는 신앙의 길에 의탁해야 했다. 내게는 다른 사람들의 기도가 필요했다.

* * *

2017년에 영혼의 어두운 밤이 찾아왔을 때, 나는 밤 시간이 두려웠다. 밤의 고요함은 나 자신의 외로움과 연약함에 대한 감각을 고조시켰다. 불이 켜지지 않은 시간에는 오직 나 자신의 두려움과 속삭이는 의심 외에 아무것도 없는 공허한 공간이 드러났다. 우리는 종종, 우리가 사랑하는 누구라도 그 밤에 죽을 수 있으며 사랑하는 모든 이가 언젠가 죽을 것이라는 사실을 무시함으로써만 하루를 온전히 버텨 낼 수 있다. 밤에는 그 부정할 수 없는 엄연한 사실을 어쩔 수 없이 응시하게 된다.

따라서 나는 긴 어둠의 시간을 반짝거리는 화면으로 채웠다. 많은 양의 기사와 소셜 미디어를 소비하고, 넷플릭스를 연달아 보고, 시사물을 마구 읽어 대다가 얕은 잠에 빠졌다. 그만두려고 노력하면, 그러는 대신 밤새 눌리고 겁에 질린 채로 우두커니 앉아 있었다. 마침내 나는 울기 시작하고 끔찍한 기분을 느끼다가 결국 온갖 스크린과 여흥거리로 되돌아갔다. 슬픔보다는 그게 차라리 나았기 때문이다. 어쨌든 더 쉬운 것 같았고, 덜 무겁게 느껴졌다.

매일 밤 나의 인터넷 소비 패턴은 중독자나 다름없었다. 슬픔

> 내게는 상실과 죽음에도 움츠러들지 않는 것처럼 보이는 위로가 필요했다.

과 두려움에 직면하면, 그런 나를 무감각하게 만들어 줄 어떤 것으로 고개를 돌렸다. 강박적으로 컴퓨터를 켜면 몇 시간 동안은 죽음이나 아버지, 유산이나 고향에 대한 그리움, 고통 가운데 하나님이 임재하시는지에 대한 나의 혼란에 대해 생각하지 않을 수 있었다.

나는 심리상담가를 만나기 시작했다. 밤의 슬픔과 불안에 대해 말했을 때, 그녀는 나에게 전자 기기를 끄고 자신이 '편안함을 주는 활동'이라 부르는 것—긴 목욕, 책, 한 잔의 와인, 기도, 침묵, 혹은 일기 쓰기—을 매일 밤 해 보라고 도전했다. 스크린은 금지였다. 나는 수백 일 동안 그 날수만큼이나 이 도전에 실패했다.

그러나 나는 천천히 밤기도로 돌아가기 시작했다.

내게는 슬픔과 두려움을 담아낼 언어가 필요했다. 위로가 필요했지만, 그것은 그저 세상의 모든 것이 빛난다거나 안전하다거나 괜찮다고 하지 않는 종류의 위로였다. 내게는 상실과 죽음에도 움츠러들지 않는 것처럼 보이는 위로가 필요했다. 그리고 죽음으로 둘러싸여 있는 밤기도가 있었다.

그 기도는 이렇게 시작한다. "전능하신 주님이 우리에게 평화로운 밤과 완벽한 끝을 허락하신다." '도대체 무엇의 완벽한 끝이라는 거지?' 나는 생각했다. '그날 하루? 그 주? 나의 인생?' 우리는 기도한다. "오 주님, 주님의 손에 저의 영혼을 맡깁니다." 예수님이 죽으실 때 하신 말씀이다. "오 주님, 어둠 속에서 우리의 빛이 되어 주시고, 주님의 큰 자비로 이 밤의 모든 위험에서 우리를 보호하소서." 나 혼자 남겨질 때 어떻게 해서든 마주치지 않으려고 노력하는 바로 그것, 곧 밤에 도사리는 위험을 인정하기에 우리는 이렇게 기도한다. 밤기도는 이렇게 끝난다. "깨어 있을 때는 그리스도와 함께 파수하게 하시고, 잠들 때는 평화롭게 쉬게 하소서." '레퀴에스카트 인 파케'*Requiescat in pace*(평화롭게 쉬소서). RIP.

밤기도는 어둠 속에서 하나님께 말을 건다. 그리고 바로 이것을 나는 배워야 했다. 불안과 취약함의 어둠, 의심과 환멸 속에서 기도하는 것 말이다. 나에게 불안과 슬픔을 표현할 수 있는 언어를 제공해 주고, 나로 하여금 교회의 교리들을 고통의 산뜻하고 간편한 해독제가 아닌 어둠 속의 빛으로, 좋은 소식으로 다시 마주할 수 있게 해 준 것은 밤기도였다.

물에 가라앉고 있을 때는 구명 밧줄이 필요한데, 상황이 나아질 수도 있다는 단순한 낙관주의는 비통함 속에서의 구명 밧줄이 될 수 없다. 우리는 그것이 참이 아닐 수도 있음을 알기 때문이다. 우리에게는 단지 두려움이나 고통을 잠시 완화해 주는 것이 아닌, 우리 자신의 부서지기 쉬운 연약함이 드러나는 호된 시련의 도가니에서 하나님과 함께 걷는 법을 가르쳐 주는 실천들이 필요하다.

지난한 그 한 해 동안, 나는 인간의 끔찍한 취약함과 하나님이라는 실재 양쪽 모두를 어떻게 붙잡아야 하는지 알 수 없었다. 그 과정에서 내가 발견한 것은, 견고해 보이는 다른 것이 거의 없을 때 하나님을 붙들 수 있도록(혹은 하나님께 붙들릴 수 있도록) 해 주고, 만족스러운 어떤 답도 찾을 수 없을 때도 기독교의 이야기를 붙들 수 있도록 해 준 것이 교회의 기도와 관습이었다는 사실이다.

나의 열망과 고통, 소망을 담아냈던 이 특정한 기도문은 밤기도 예식이 끝나 갈 무렵 나온다. 나는 이 기도를 사랑하게 되었고, 이제는 어찌 된 일인지 내 몸의 일부 같다. 우리 가족이 너무 자주 기도하다 보니 우리의 여덟 살짜리 아이도 말 그대로 줄줄 외우는 기도이기도 하다.

사랑하는 주님, 이 밤에 일하는 이, 파수하는 이, 우는 이의 곁을 지켜 주시고, 잠자는 이를 위해 당신의 천사들을 보내소서. 주 그리스도여, 병든 이를 돌보소서. 피곤한 이에게 쉼을 주시고, 죽어 가는 이에게 복을 주시고, 고난을 겪는 이를 위로하시고, 고통에 시달리는 이를 불쌍히 여기시고, 기뻐하는 이를 보호하소서. 주님의 사랑에 의지하여 기도합니다. 아멘.

이 기도는 성 아우구스티누스^{St. Augustine}의 것으로 널리 알려져 있지만,[18] 그가 쓰지 않은 것이 거의 분명하다. 이 기도는 아우구

스티누스가 죽고 수 세기가 지난 뒤 갑자기 등장한 것으로 보인다. 이 기도는 조용히 전통의 일부로 들어온 선물이고, 한 가족이 이 영광스럽고 통렬한 신앙의 신비를 적어도 조금 더 오래 견디게 해 주었다.

매일 밤 이 기도를 드리면서, 나는 얼굴들을 보았다. "죽어 가는 이에게 복을 주시고"라고 기도하면서는 내 아버지의 삶의 마지막 순간을 혹은 나의 잃어버린 아들들을 떠올렸다. 나는 일하는 사람들에게도 복을 주시고, 병원에서 나를 에워쌌던 분주한 간호사들을 기억해 달라고 기도했다. "기뻐하는 이를 보호하소서"를 기도하면서, 방에서 부엉이와 플라밍고 인형을 안고 안전하게 자고 있을 딸들을 생각했다. "고난을 겪는 이를 위로하시고"를 기도하면서는, 최근 남편을 잃고 슬픔 속을 헤매는, 나라 반대편에 계신 엄마를 보았다. "피곤한 이에게 쉼을 주시고"를 기도하면서는 잠든 남편의 얼굴에 패인 주름살을 눈으로 더듬었다. 그리고 우리 모두가 크고 작은 방식으로 감당하고 있는 세상의 집단적 슬픔에 대해, 즉 우리의 숨을 앗아 가는 공포와 모두의 삶에서 일반적이고 일상적인 상실들에 대해 생각했다.

식물학자가 산책로를 따라 난 서로 다른 참나무의 이름을 열거하듯, 이 기도문은 인간의 취약함이 속한 구체적 범주들을 열거한다. 약한 사람이나 궁핍한 사람을 위해 뭉뚱그려 기도하는 대신, 우리는 우리가 살아가는 특정한 실재들 앞에, 비불멸성과 연약함의 고유한 예시들 앞에 잠시 멈추어 그 각각으로 하나님을 초대한다.

이 책은 내가 사랑하는 이 기도에 대한 묵상이다. 이 책은 어둠을 부정하지 않은 채 어떻게 신앙의 길을 계속 걸을 수 있는지에 관한 것이다. 우리 각자가 짊어진 끔찍하고도 흔한 고통과, 그 한 가운데서도 하나님을 믿는다는 것이 무엇을 의미하는지에 관한 이야기다.[19]

2. 사랑하는 주님, 지켜 주소서

✳ ― 고통과 임재

아이였을 때, 나는 어둠 속에 도사린 것들을 무서워했다. 옷장 속의 괴물, 나뭇가지들이 지붕을 긁으며 내는 귀신 소리, 문 앞에 와 있을 악당들 같은 것 말이다.

그때는 방에서 뛰쳐나와 자고 있는 엄마 아빠 사이로 뛰어들 수 있었다. 그러나 이제 성인이 되었고 매일 밤 우리 침대로 꿈틀거리며 기어드는 다섯 살짜리 아이가 있는 나에게 안전한 장소란 도대체 어디인가? 옷장 안의 상상 속 괴물은, 암에 대한 두려움이나 속이 뒤집히는 실망감, 직장에서의 해고, 계속 곱씹게 되는 힘든 대화, 아이를 어떻게 양육해야 하는지, 어떻게 해야 인생을 잘 살 수 있는지, 하나님을 어떻게 신뢰해야 하는지에 대한 불확실함보다 피해 숨기가 오히려 쉬워 보인다.

오버더라인^{Over the Rhine}이라는 밴드는 한 노래에서 이렇게 묻는다. "내가 자고 있을 때, 누군가 문을 지킬까?"[1] 매일 밤 나는 이 질문을 던진다. 누군가 나를 지키고 있을까?

하나님이 우리를 지키신다는 것이 무엇을 의미하는가?

* * *

살면서 듣고 잊어버린 수천 번의 설교 가운데, 잊을 수 없는 한 문장이 있다.

대학 시절 어느 우중충한 일요일이었다. 몇 개월 전, 우리 교회의 세 살배기 남자아이가 물에 빠져 죽었다. 교회는 아직도 슬픔 속에서 휘청거리고 있었고, 나는 하나님을 신뢰하는 것에 관한 헌터 목사님의 설교를 들으며 앉아 있었다. 그는 말했다. "하나님이 여러분에게 나쁜 일들이 일어나지 못하게 막아 주실 거라고 신뢰해서는 안 됩니다." 나는 아연실색했다.

헌터 목사님이 말한 것은 자명했다. 나쁜 일들은 언제나 일어나며, 지금처럼 그때도 나는 그것을 알았다. 그러나 그의 말은 매우 충격적으로 다가왔다. 내면 깊은 곳 무언의 장소에서, 나는 하나님이 나에게 일어날 나쁜 일들을 막아 주시기를 바라고 있었던 것이다. 그것이야말로 그분이 하셔야 할 일이고, 그것은 그분이 나에게 빚진 일이라는 듯 말이다. 헌터 목사님의 말에 담긴 단순한 진리는 내 앞에 분명하고도 끔찍하게 버티고 서 있었다.

> 그러나 하나님이 우리에게 나쁜 일이 일어나는 것을
> 막아 주실 거라고 신뢰할 수 없다면,
> 그분에 대한 신뢰 자체가 어떻게 가능한가?

물론, 하나님은 우리에게 일어날 나쁜 일들을 많이 막아 주신다. 우리는 자신도 모르는 사이 고통스러운 일들을 어떻게 피할 수 있었는지 전부 알지는 못한다. 우리가 개입되지 않은 사고들, 간발의 차이로 피한 부상들, 시작하지 않은 파괴적인 관계들, 우리가 모르는 사이 백혈구가 우리 몸에서 조용히 퇴치해 낸 질병들.

그러나 헌터 목사님의 요점은, 하나님이 우리에게 나쁜 일들이 일어나는 것을 모두 막아 주시지는 않는다는 것이었다. 하나님이 그렇게 해 주실 거라고 신뢰해서는 안 된다. 그렇게 약속하신 적이 없기 때문이다. 그렇게 하시는 것은 명백히 그분의 임무가 아니다. 우리의 창조주는 우리를 취약한 채로 남겨 두신다.

그러나 하나님이 우리에게 나쁜 일이 일어나는 것을 막아 주실 거라고 신뢰할 수 없다면, 그분 자체를 어떻게 신뢰할 수 있는가?

바로 이것이 내가 떨쳐 낼 수 없던 질문이었고, 밤의 공허한 침묵을 따라다니던 질문이었다.

2017년의 몇 개월에 걸쳐 나는 슬픔과 상실에 대해, 내 부모님과 결혼 생활에 대해, 신체적 트라우마와 우울증에 대해, 밤 시간과 '편안함을 주는 활동'에 대해 심리상담가와 이야기를 나누었다. 그녀는 나를 보며 물었다. "이 모든 일에서 하나님은 어디 계신가요?"

나에게 나쁜 일들이 일어나는 것을 막지 않으실 때도 하나님이 나를 돌보고 계신다고 믿을 수 있을까? 내가, 혹은 내가 사랑하는 이들이 다치는 것을 하나님이 허락하실까 봐 두려울 때도 그분을 신뢰할 수 있을까? 세상의 거대한 집단적 슬픔을 둘러볼 때, 여전히 하나님을 인자하거나 인애로운 분으로 알 수 있는가? 누군가 나를 살펴 주고 있을까? 지켜 주고 있을까?

내가 직면했던 그 신학적 씨름에는 긴 역사와 이름이 있다. 바로 신정론^{theodicy}이다.

신정론은 추상적인 '고통의 문제', 즉 세상에서 끔찍한 일들이 끊임없이 일어날 때도 하나님이 어떻게 선하시고 전능하실 수 있는지의 논리적 딜레마를 가리킨다. 또한 고통에 직면하는 것이 종종 불러오는 신앙의 위기를 지칭하기도 한다.[2]

신정론과 씨름하는 것이 처음은 아니었다. 그러나 내가 힘들게 보냈던 그해에, 어쩌면 그저 나이가 더 들었기 때문에, 해결되지 않았던 질문들은 더욱 맹렬하게 되돌아와 길고 어두운 밤마다 울부짖었다.

신정론은 단지 차가운 철학적 수수께끼가 아니다. 그것은 가장 기분 나쁜 의심의 엔진이며, 때로 신앙을 완전히 시들게 할 수 있다. 최근 한 설문은 밀레니얼 세대와 Z 세대가 가장 일반적으로 말하는 불신앙의 이유가 "하나님이 선하다면 세상에 그토록 많은 악과 고통을 허락한다고 믿기 어려운 시간을 보냈기" 때문임을 보여 주었다.

이러한 씨름은 점점 더 흔해지고 있다. 지난 몇 세대보다 훨씬 더 많은 젊은이들이 이제 신정론에 관한 좌절감과 혼란을 토로한다.³ 불가지론이나 무신론으로 걸어가는 이들 중 많은 수는 어떤 논리 정연한 증거 때문에 그렇게 하는 것이 아니라(하나님의 존재에 대한 반박 불가한 증거나 그 반대 증거는 없기 때문에), 만약 하나님이 존재한다고 해도 그는(혹은 그녀는 혹은 그것은) 신뢰할 수 있는 존재가 아닐 것이라는 심오한 느낌에 근거해서다. 그것은 항의로서의 불신앙이다.⁴ 사뮈엘 베케트^(Samuel Beckett)의 희곡 『막판』^(Endgame, 동인)에서, 함이라는 인물은 이렇게 야유하며 하나님의 존재를 거부한다. "나쁜 자식! 그는 존재하지 않아!"⁵

만약 하나님이 없다면, 고통의 문제는 사라진다. 프랜시스 스퍼포드^(Francis Spufford)는 그의 책 『변명하지 않는』^(Unapologetic)에서 이렇게 지적한다. "신이 부재한다 해도 물론 고통은 여전히 존재한다. 그러나 문제 될 것은 없다. 고통은 그냥 일어나는 일일 뿐이다."⁶ 그러나 그는 말한다.

일단 만물의 하나님이 그림 안에 들어오면, 물리학과 생물학, 세계사가 어떤 절대적 의미에서 그의 책임이 되고, 모든 것이 차례대로 사랑과 보호의 결핍을 날카롭게 외친다.…문제의 가장 쉬운 출구는 저자 자신을 내다 버림으로써 문제가 되는 기대 자체를 폐기하는 것이다.[7]

사랑의 하나님이 없다면 신정론에 대한 질문들은 증발하겠지만, 우리의 고통에 담긴 어떤 구속적 의미도, 우리의 고통을 위치시킬 수 있는 어떤 초월적 이야기도 마찬가지로 증발해 버린다. 더 중요하게는, 이런 식으로 고통의 문제를 폐기할 때 우리는 '선함의 문제'에 부딪힌다.[8] 철학자 알래스데어 매킨타이어Alasdair MacIntyre는 고통이 불러오는 긴장을 완화하기 위해 하나님을 거부할 때, 그와 함께 선함도 사라진다고 썼다. 모든 것을 아우르는 어떤 의미가 부재한 채 뭔가를 '선하다'고 부르는 것은 단순히 '이것 만세!' 혹은 '나는 이것이 좋아!'라고 말하는 것이다. 물론 그것도 충분히 괜찮을 수 있겠지만, 진정한 아름다움, 인애, 온유, 경이가 참되고 궁극적인 토대에 참여하고 그러한 토대를 가리킨다는 우리의 심오한 직관은 무시된다.[9]

  누구도 우리를 지켜 주지 않는다면, 누구도 밤에 우리를 살펴 줄 것이라고 신뢰할 수 없다면, 좋든 나쁘든 일어나는 모든 일은 순전히 혼돈과 운, 그리고 생물학적 우연이 된다. 그러나 초월적 하나님에 대한 믿음은 우리가 고통의 문제를 떨쳐 버릴 수 없음을 의미한다. 따라서 신정론의 문제에 답하고자 애쓰는 수없이 많은 책, 수백 명의 사람들이 제공하는 반응과 해결책이 있으며, 그중 많은 수가 아주 훌륭하고 지혜롭다.

그러나 그 모든 시도에도 불구하고 우리는 만족하지 못한다. 우리의 의문들은 계속된다.

궁극적으로 신정론은 단순히 x값만 찾으면 되는 우주적 대수 방정식이 아니기 때문이다. 그것은 거의 태고부터 있었다. 외침. 통증. 인간의 심장 깊은 곳으로부터의 항변.[10]

오 하나님, 어디 계십니까? 누군가 우리를 지키고 있나요? 누군가 보고 있나요? 그러면 이유를 말해 주세요! 왜 이런 악이, 이런 비통이, 이런 고통이 있는 겁니까?

나는 신정론을, 우리 자신의 몸서리치는 취약함과 우리가 신뢰할 수 있는 하나님에 대한 소망 사이의 실존적 대결로 보게 되었다.

하루가 끝나 갈 때까지도—내 경우, 말 그대로 밤의 어둠 속에서—신정론의 문제는 답을 들을 수 없다. 플래너리 오코너 Flannery O'Connor는 신정론의 문제를 두고 "해결해야 할 문제가 아니라 견뎌야 할 신비"라고 썼다.[11]

때로 우리는 신비에 대해 마치 풀어야 할 암호처럼, 즉 완전히 알 수 있지만 아직 우리가 알아내지 못한 무엇처럼 말한다. 그러나 진정한 신비는 근본적으로 우리의 이해를 넘어서는 것들을 불러낸다. 신비는 불가사의한 실재와의 조우이며, 세상이 놀랍고 예측 불가한 하나님의 임재 안에 잠겨 있기에 모든 가능성이 요란한 소리를 낸다고 인정하는 것이다. 에이버리 카디널 덜레스$^{Avery\ Cardinal}$ $_{Dulles}$는 신비는 "유한한 정신에게 완전하게 알려질 수 없으며", 그 이유는 신비의 "빈곤함이 아니라 부요함" 때문이라고 썼다.[12]

고통의 문제에 대한 깔끔한 대답을 들을 수 없는 한 가지 이유는 고통과 상함이 근원적으로 반이성적이기 때문이다. 그리스도인들은 악과 고통을 '반反창조' 세력으로 이해한다.[13] 악과 고통은 이성과 질서의 영역에 들어맞지 않는데, 그것이 이성을 좌절시키고 질서를 와해하기 때문이다. 고통에 대한 깔끔한 합리적 설명이 존재한다면, 고통은 반드시 우주의 질서 어딘가에, 실재의 본질적 일부에 들어맞아야 한다. 그러나 초기 교회는 고통과 악을 부조리하고 설명할 수 없는 기형, 선하고 참된 것의 끔찍한 부재로 이해했다.[14]

그러나 고통의 문제에 대한 적절한 답을 얻을 수 없는 두 번째이자 훨씬 더 중요한 이유는, 우리가 일차적으로 **답**을 원하는 것이 아니기 때문이다. 모든 것을 말하고 행한 뒤, 우리는 단순히 하나님이 스스로를 설명하시고, 허리케인이나 코감기가 그분의 전체적인 구속 계획에 어떻게 들어맞는지에 대한 이야기를 들려주시기를 원하지 않는다. 우리는 행동을 원한다. 우리는 모든 것이 바로잡히는 것을 보기 원한다.[15]

그 중심에서 신정론은 우리의 고통에 주의를 기울이고 행동을 취할 만큼 관심을 갖는 하나님, 그리고 모든 것을 새롭게 하실 하나님을 향한 갈망을 의미한다. 그것은 떨쳐질 수 없으며, 우리 모두가 뼛속들이 공유할 뿐 아니라 매일 그리고 매일 밤 깊어지는 통증이다.

내가 가장 좋아하는 C. S. 루이스Lewis의 책 『우리가 얼굴을 찾을 때까지』*Till We Have Faces*, 홍성사에서, 주인공 오루알은 신들에 대한 불만을 쓴다. 우리는 그녀의 고통에 대한 이야기들을 듣는다. 추하게 태어난 것, 어릴 때 엄마를 잃은 것, 여동생을 가장 참된 친구이자 가장 깊이 사랑하는 사람으로 발견하지만 그마저 잃게 되는 것, 꼬리를 물고 이어지는 슬픔이 고통스럽고 자세하게 열거된다.

오루알은 답을 요구한다. 그녀는 신들에게 소명할 것을 요구한다.

책의 마지막 부분에서 고발 목록을 여전히 손에 쥔 채, 오루알은 환상 중에 하나님을 만난다. 그녀는 변화되고, 책은 이렇게 끝마친다. "주님, 왜 답을 말씀하지 않으시는지 이제 알겠습니다. 주님은 주님 자신이 답이십니다. 주님의 얼굴 앞에서 의문들은 사라집니다. 다른 어떤 답이 충분하겠습니까? 말은 오직 말이고, 다른 말과의 싸움으로 이끌려 갈 뿐입니다."[16]

가장 깊은 고통 속에서, 우리는 단지 다른 말과 싸우는 말을 원하는 것이 아니다. 우리는 일들이 바로잡히기를 원한다.

그리스도인들은 고통의 실재를 늘 알았다. 그들은 백신이나 현대 의약품 없이 전쟁이나 전염병을 겪었고, 죽음이 문 앞에 있을 때, 고통이 기승을 부리고 불가피할 때, 밤이 끔찍하도록 어둡던 때를 살았다. 그러나 수백만의 신실한 사람들은 이 모순을 고집스럽게 오래 붙잡았다. 곧 하나님은 선하고 강하시다는 것, 그리고 세상에서 끔찍한 일들이 으레 일어난다는 것을 말이다.

교회는 언제나 이러한 역설을 알았지만, 그 긴장을 해소하는 대신 지속되게 했다. 우리는 수천 년 동안 이 코드가 불협화음을 내는 것을 내버려 두었다. 오직 하나님 자신이 마지막 조화로운 음을 내실 때만 그것이 해결될 것이라고 언제나 믿으면서.

이 모든 것에서 하나님은 어디에 계시는가?라는 나의 가장 심오한 질문은 나의 갈망이 그 목적지에 이를 때까지 견딜 수 있기를 바라는 통증이다. 나는 정의를 원한다. 나는 부활을 원한다. 나는 온전함을, 안녕을, 회복을 원한다. 이러한 의문들이 하나님의 얼굴 앞에서 사라져 버리고 하나님이 마지막 하나까지 모두 바로잡으실 때에야 비로소 우리는 온전히 만족할 것이다.

그러나 우리는 아직 거기에 이르지 못했다. 우리는 그 사이의 시간을 살아간다. 이 사이의 시간에 우리는 그러한 신비를 어떻게 견딜 수 있는가? 그리스도인인 우리는 어린아이들이 고통받고, 결혼 생활이 무너지고, 불의가 휘몰아치고, 압제자들이 위세를 떨치고, 좌절과 공허를 마주하고, 병에 걸리고, 모두가 결국 죽는 세상을 어떻게 살아갈 수 있는가? 우리는 이 모든 일들이 일어나지 않도록 막지 않으시는 하나님을 어떻게 신뢰하는가? 우리는 어떻게 감히 그분에게 지켜 주시기를 구하는가?

* * *

목회자로서 나는 삶에서 가장 취약하고 인간의 한계를 절감하는 순간에 교리가 반드시 필요함을 알게 되었다. 다른 모든 것이 사라질 때, 무신론자로부터 수도사에 이르기까지 우리 모두는 세상과 우리 자신에 대해, 그리고 하나님에 대해 우리가 믿는 바를 의지하게 된다.

내 친구 줄리(헌터의 아내)는 예술가다. 우리 집 부엌에는 그녀가 그린 수채화가 걸려 있다. 수년 전, 줄리의 아주 어린 아들이 수술을 받아야 했다. 아이의 몸에 칼을 대야 하는 부모가 그러하듯 그들 역시 불안해했다. 간호사들이 젖먹이 아들이 누운 침대를 수술실로 밀고 들어가기 전, 줄리는 헌터를 보며 말했다. "우리는 하나님이 선하신지 아닌지 바로 지금 결정해야 해. 이 수술 결과가 나올 때까지 결정을 미룬다면 우리는 하나님을 늘 시험대 위에 올려놓게 될 테니까."

하나님이 진짜인지 아닌지의 문제가, 혹은 하나님이 다정한 분이신지 무관심한 분이신지 아니면 나쁜 자식인지의 문제가 오로지 우리의 삶 혹은 세상의 기쁨과 슬픔의 균형에 의해서 결정된다면, 우리는 하나님이 누구시며 어떤 분이신지에 대해 어떤 것도 말할 수 없을 것이다. 증거는 솔직히 결정적이지가 못하다. 만약 내 짧은 인생과 감정의 이야기가 하나님의 성품을 결정한다면, 그분은 지킬과 하이드일 것이다. 하나님에게 접근하는 이런 방식은 끝나지 않는 포커 게임이 된다. 고래의 점프가 만들어 내는 숨 막히게 아름다운 물보라마다, 나는 광활한 들판을 전소시키는 산불로 받아친다. 제왕나비 무리의 이동에는, 진드기가 옮기는 라임병을 내민다. 아이의 첫 번째 미소에 황홀해하는 엄마들이 있는가 하면, 마지막 숨을 힘들게 내쉬는 신생아의 또 다른 엄마들이 있다. 고무적인 인간의 모든 선한 행동에 대해서는, 약한 사람을 괴롭힐 계획을 세우는 또 다른 인간이 있다. 가장 행복한 삶으로부터 가장 비극적인 삶에 이르기까지 우리 모두의 삶에서, 하나님의 선하심에 대한 정황 증거는 둘로 나뉜다. 아름다움이 있고, 끔찍함이 있다.

하나님이 우리를 사랑하시고, 부재중인 집주인이 아니시며, 혹 더 나쁘게는 괴물이 아니시라는 어떤 확실한 표지가 없다면, 우리는 인간의 취약성과 하나님의 미쁘심을 동시에 붙들 수 없다. 그러나 그러한 표지를 우리의 삶이나 세상의 정황에서 점을 치듯 알아낼 수는 없다. 우리는 하나님이 누구시며 어떤 분이신지에 대해 우리가 믿는 바를 결정해야 한다. 누군가 우리와 함께 깨어서 지켜 주고 있는지 아닌지를 결정해야 한다. 불가피하고 심지어 거슬리게도 그것은 교리에, 우리가 반복해서 돌아가는 기본

> 신정론과 관련된 우리의 질문에
> 조금이라도 가까이 접근하는 기독교적 답변이 있다면,
> 그것은 바로 이야기다.

원칙들에, 우리의 삶을 정의하는 이야기에 기초한 결정이다.

프랜시스 스퍼포드는 이렇게 쓴다. "우리에게 잔인한 세상의 문제를 해결해 줄 논거는 없지만, 우리에게는 이야기가 있다."[17] 바로 그렇기 때문에 우리가 믿는다고 혹은 믿지 않는다고 주장하는 것이 무엇이든, 가장 취약한 순간에 표면에 불가피하게 드러나는 것은 우리가 우리의 삶을 쌓아 올린 토대가 되는 이야기다.

기독교는 취약함, 상실, 고통에 대한 간결한 설명이 아니라, 이야기 곧 역사 속의 진짜 이야기를 제공한다. 『가톨릭교회 교리서』 *Catechism of the Catholic Church*는 이렇게 진술한다. "기독교 메시지의 어떤 측면도 부분적으로 악[과 인간의 고통]의 문제에 대한 답이 아닌 것이 없다."[18] 어둠 속 하나님의 임재에 관한 우리의 의문들을 구체화하려면 구속사의 전체 이야기가 필요하다. 고통의 문제에 대한 깔끔한 해결책은 없지만, 그러한 질문들이 중요하지 않거나 최종적 의미에서 답을 얻을 수 없기 때문은 아니다. 신정론과 관련된 우리의 질문에 조금이라도 가까이 접근하는 기독교적 답변이 있다면, 그것은 바로 이야기다.

의사들이 아들의 연한 피부에 칼을 대는 동안, 줄리는 병원 대기실에 앉아 수술 결과에 상관없이 하나님을 신뢰할 수 있을지 결정하는 일에 전력을 다했다. 그녀는 기독교가 하나님의 선하심에 대해 주장하는 바를 믿을 것인지 결정해야 했다. 그녀는 포커 게임을 멈추고 자신의 카드들을 접은 뒤, 하나님을 신뢰하기로 결정했다. 자신이나 자신의 아들에게 나쁜 일들이 일어나지 않을 것이라고 보장하지 않으시는 하나님을 말이다.

그러나 이것은 임의로 한 결정이 아니었다. 즉, 어둠 속에서의 한 차례 도약이 아니었다. 줄리는 반대되는 증거에도 불구하고 하나님의 선하심을 인정하기 위해 스스로를 단순히 고양시킨 것이 아니었다. 그녀는 증거에 주의를 기울였으나, 그것은 자신의 삶의 증거도, 세상의 모든 선의 총합과 모든 악의 총합을 비교한 집계도 아니었다. 그 대신 그녀는 예수님의 삶을 보았다. 다음에 어떤 일이 일어날지 알지 못한 채로 하나님을 신뢰할지를 결정하기 위해 줄리가 닻을 내린 곳은 바로 이 이야기였다.

교회는 하나님이 어떤 분이신지 알고 싶으면 예수님을 보면 된다고 늘 선포해 왔다. "질고를 아는 자"사 53:3, 개역개정, 슬픔을 모르지 않는 사람, 영세 기능공, 크고 작은 고통을 알았고 대체로 홀로 죄인으로서 죽었던 사람을 말이다.

수수께끼와도 같이, 하나님은 우리의 취약함을 거두어 가시지 않는다. 그분은 그 안으로 들어오신다.

예수님은 우리의 어둠으로 들어오시기 위해 밤이 존재하지 않는 곳을 떠나셨다. 물집과 소화불량, 어긋난 관계와 친구의 죽음, 폭압적 제국과 가난의 굴욕, 폭력의 공포와 만나셨다. 어느 밤, 그분은 극심한 고통을 피하게 해 달라고 땀을 핏방울처럼 흘리며 아버지께 구하셨다. 친구들이 잠들어 있는 동안 어둠 속에서 홀로 흐느끼셨다. 그분은 "내 뜻대로 되게 하지 마시고, 아버지의 뜻대로 되게 하여 주십시오"눅 22:42 라고 말씀하셨고, 곧이어 고문당하고 죽으셨다.

하나님은 하나님 자신에게 나쁜 일이 일어나는 것을 막지 않으셨다.

예수님께 주의를 기울이는 것은, 우리의 창조주가 고통을 느끼셨고 문제를 겪으셨고 질고를 아셨음을 아는 것이다. 그러나 고통 가운데서 우리가 품는 소망은 그저 성경 안에 냉동 보존된 어느 고대인의 전기를 응시하는 것이 아니다. 복음 이야기는 단순히 종교적 주문이나 역사의 유물이 아니다. 그 이야기는 살아 있으며 진행 중이다. 예수님의 사역은 매일 우리의 삶 속에서 지금도 계속된다. 따라서 우리가 어려움을 겪을 때, 예수님은 단지 옛날 옛적 먼 과거에 지금 우리의 자리에 있어 본 누군가가 아니다. 우리는 그분이 현재 시제에서 여기에 우리와 함께 계심을 발견한다. 그분은 우리의 고통에 동참하신다. 우리가 고통 속에서 그리스도의 생명의 충만함에 신비롭게 동참하는 것처럼 말이다.

그러나 순전한 의지로 행하거나 인지력을 발동하여 기독교 이야기나 그리스도의 계속되는 임재를 받아들이는 것은 아니다. 슬픔 가운데 갖는 소망은, 엄연한 사실이나 더 나쁘게는 기계적 대답처럼 들고 다니는 뭔가가 아니다. 내가 기독교 이야기를 신뢰하는 방식은, 북미의 5대호(湖) 가운데 슈피리어호가 가장 크다거나, 빵이 밀가루와 이스트로 만들어진다는 것을 믿는 방식과 똑같지 않다. 우리가 살아가는 그 이야기는 어떤 방식으로든 우리가 그 안으로 들어가는 이야기다. 즉, 우리는 우리 자신의 작은 삶과 이야기를 하나님과 그분의 교회의 더 큰 이야기 안에서 발견한다.

우리는 우리보다 앞서간 이들로부터 전해 받은 실천과 기도를 통해 이를 발견한다. 우리는 놀랍고 좌절하게 하며 거침없이 자비로우신 실제 하나님을 알게 하는 믿음의 기예를 이어받고 배운다. 현재 시제로 말이다.

몇 년 전, 뉴햄프셔에서 휴가를 보내면서 조너선과 나는 변덕스러운 날씨로 악명 높은 워싱턴산을 등반했다. 그 산은 화창하고 따뜻하다가도 몇 시간 만에 눈이 내릴 수 있는 곳이다. 바람도 아주 심해서, 한때 지구상 가장 빠른 돌풍 기록을 세웠을 정도다. 등산을 하면서 우리는 바람에 날려 갈 수도 있겠다고 생각했다(그날 찍은 사진 중에 바람에 날린 머리카락이 내 얼굴을 완전히 덮지 않은 사진은 단 한 장도 없다). 그리고 안개도 너무 짙고 두터워서 등산객들

> 깊은 어둠의 시간에,
> 내가 예수님의 길에서 벗어나지 않도록 지켜 준 돌무덤은
> 교회의 기도와 실천이었다.
> ―

이 길을 잃거나 죽는 경우도 있었다. 그 때문에 선량한 뉴햄프셔 사람들은 등산로를 따라 돌무덤을 만들어 두었다. 경로를 대략 지시해 주는 우뚝 솟은 거대한 돌무더기다. 안개가 내리고 날씨가 위험해질 때, 등산객들은 방향감각이 없는 상태로도 돌무덤에서 돌무덤으로 걸어서 산 아래쪽이나 정상의 피난처까지 무사히 올 수 있다.

깊은 어둠의 시간에, 내가 예수님의 길에서 벗어나지 않도록 지켜 준 돌무덤은 교회의 기도와 실천이었다.

내가 기도할 수 없을 때 교회는 말했다. "여기 기도가 있습니다." 내가 믿을 수 없을 때 교회는 말했다. "식탁으로 와서 배를 채우십시오." 내가 예배할 수 없을 때, 교회는 믿음의 언어를 노래하여 나를 감싸 주었다.

전해 내려온 기도와 예배의 방식, 즉 예전의 관습은 고대의 교회가 우리를 위해 이정표를 세우는 방법이다. 이를 통해 우리가 이 신비를 견디도록 돕고 이 신앙의 길을 계속 가게 해 주며 우리를 집으로 인도해 준다.

나에게 신정론은 결코 '해결되지' 않았다. 사실 그것은 지금 여기에서 해결될 수 없다. 많은 면에서 나는 여전히 안갯속을 헤매고 있다. 그러나 나는 따라갈 이정표를 찾았고, 그 이정표는 이 예측할 수 없는 미친 날씨 속에서 다른 많은 사람들을 안내했다.

* * *

직물 디자이너인 친구가 있다. 그 친구는 여러 종류 가운데 항해용 깃발을 만드는데, 멋스럽기도 하지만 거기에는 우연한 시가 있기 때문이다. 메릿 티어스$^{Merritt\ Tierce}$에 따르면, "국제 선박 신호기의 전체 세트는 40개의 깃발로 이루어져 있다. 영어 알파벳의 각 글자, 각 숫자, 그리고 특별한 기능을 수행하는 대체 신호라 불리는 네 개의 깃발이다."[19]

깃발 각각이 혹은 서로 다른 조합으로 게양됨으로써 그 의미가 달라진다. 흰색에 푸른 십자표가 있는 깃발 뒤로 네 가지 색깔의 삼각형으로 된 깃발이 따라오면 '바람은 어떤가?'라는 의미다. 노란색과 빨간색의 삼각형은 '사람이 물에 빠짐'을 의미한다. 경주를 가리키는 조합과 강풍을 경고하는 조합이 있다. 티어스는 이렇게 쓴다.

> 우리 인간, 우리 자신들이라는 배에도 그런 깃발을 올려 우리의 아늑하거나 손상된 상태, 우리가 현재 향하고 있는 곳, 우리의 갈망과

결핍을 소통할 수 있으면 좋겠다. 내 친구의 무선통신기가 고장 나더라도, 그는 적어도 '이-화창한-날-나는-괴로워하고-있어' 깃발을 올릴 수 있고, 나는 '내가-너와-함께-산책-하면서-얘기를-들어 줄게' 깃발을 올릴 수 있다. 우리는 이 모든 말을 하지 않고서도 서로를 보고 이해하고 행동할 수 있을 것이다.[26]

무선통신기와 디지털 교신, 인공위성과 GPS가 있는 오늘날에도 선박들은 다른 모든 것이 작동하지 않을 경우를 대비해 여전히 깃발을 싣고 다닌다. 물론 사용하는 경우는 아주 드물다. 배에 실린 깃발들은 비행기에 실린 산소마스크와 약간 비슷하게, 일이 아주 심각하게 잘못되었을 때 필요해지는 물건들이다. 망망대해 한복판에서 혼자 표류하는 당신에게 남겨진 것이라고는 도움을 요청하기 위해 펄럭이는 사각형의 작은 천밖에 없다면, 상황은 더 이상 나빠질 수 없을 만큼 나빠진 것이다.

이제 배 위에서 방향을 잃고 무서움에 떨면서 표류하는 당신 자신을 상상해 보라. 해는 저물어 가고, 누구에게든 연락할 수 있는 방법은 오직 바로 이 순간을 위해 받은 깃발밖에 없다. 그 외에 할 수 있는 일을 알지 못하므로, 당신은 깃발을 올린다. 밝은 흰색 바탕에 빨간 X가 그려진 깃발이다.

그러고는 배 한 대를 본다. 멀리 있지만 가까이 오고 있다. 그 배 역시 깃발을 올려 응답한다. 흰 바탕에 밝은 빨간색 다이아몬

드가 그려진 깃발, 그 뒤로 노란색과 빨간색 두 삼각형으로 이루어진 깃발, 마지막으로 빨간색 동그라미가 표시된 흰 사다리꼴이 그려진 깃발이다.

이것이 내 친구가 자신의 침대 벽에 걸어 놓으려고 만든 깃발 조합이다. 그 의미는 이러하다. **내가 밤 동안 너의 곁을 떠나지 않을게.**

다른 무엇을 할 수 있을지 모르는 채로 내가 슬픔 가운데 표류하고 있을 때 교회의 기도, 특히 밤기도는 밤에 나부끼는 나의 깃발이 되었다.

하나님이 우리에게 주시는 소망은 이것이다. 그분은 우리가 어둠과 의심, 두려움과 취약함 속에 있을지라도 우리 곁을 떠나시지 않는다. 그분은 나쁜 일들이 일어나지 않게 해 주겠다고 약속하시지 않는다. 밤이 오지 않을 것이라거나 무섭지 않을 것이라고, 혹은 우리가 즉시 해안으로 끌어올려질 것이라고 약속하시지 않는다.

그분은 우리가 혼자 남겨지지 않을 것이라고 약속하신다. 그분은 밤에 우리와 함께 깨어 계실 것이다.

스퍼포드는 이렇게 쓴다. 궁극적으로 "우리는 자신을 설명할 수 있는 창조주를 구하지 않는다. 우리는 슬픔의 시간에 친구를, 혼돈의 시간에 참된 심판자를, 절망의 시간에 우리가 가까스로 붙드는 것보다 더 넓은 소망을 구한다." 그는 우리가 고통에 깊이 시달릴 때는 어떤 설명도, 이유도, 대답도 우리의 비통한 마음을 달래지 못한다고 말한다. "약간이라도 효과가 있는 유일한 위안은 당신 자신이 사랑받고 있음을 느끼는 것이다. 아마도 그 최대한의 효과는 당신이 견딜 수 있도록 돕는 것이고, 만약 견딜 수 없다면 자신을 전적으로 증오하지 않으면서 실패하거나 포기할 수 있게 돕는 것이다."[21]

결국 나는 바로 이것을 알아야 했다.

2부

취약함의 방식

깊이 그 어둠을 응시하며
오래도록 나는 그곳에 서 있었다.
의아해하며, 두려워하며, 의심하며….
– 에드거 앨런 포(Edgar Allan Poe)

그리고 우리는 현재 시제에 살기에
이치에 맞는 유일한 소망은
모두 빛의 근원에 의존한다.
– 푸가지(Fugazi), "자막"(Closed Captioned)

3. 우는 이

💧 — 탄식

자고 먹고 춤추고 섹스하고 텔레비전을 보고 술집에 가고 지하철을 타고 초조해하고 트위터를 하고 목욕을 하고 책을 읽고.
   이 중 어떤 것으로도 우리의 밤은 채워질 수 있다.
   그렇다면 이 기도는 어째서 꼭 집어서 일하거나[work] 파수하거나[watch] 우는[weep] 이의 곁을 지켜 주시기를 기도하는가? 나도 정말 모르겠다. 이는 분명 밤에 하는 모든 활동의 범위를 집약하려는 의도는 아닐 것이다.
   그러나 미려한 두운을 이루는 이 세 단어는 나를 형성했다. 내가 밤마다 이 기도를 드리게 되자, **일하고 파수하고 우는** 것은 밤에 하는 일들을 대표할 뿐 아니라 우리 모두가 그토록 해를 당하기 쉬운 세상을 신실하게 통과하며 걷는 방식을 대표하기 시작했다. 이 단어들은 신정론의 이 신비를 어떻게 견딜 수 있는지 내가 더 잘 이해하도록 도와주는 견고한 지지대가 되었다.

예수님은 일하고 파수하고 눈물을 흘리심으로써 어둠에 반응하셨다. 그리고 우리는 동일한 일을 받아들임으로써 그분에게 동참한다.

우는 것에서부터 시작해 보자.

* * *

내가 겪은 어려움은 통상적인 것 이상이 아니었다. 내가 경험한 상실과 슬픔은 평범하다.

물론 나는 불평할 수 있었다(그리고 때로 그렇게 한다). 나는 실망과 슬픔, 때로는 트라우마도 겪었다. 유년기의 고통과 현재의 실망을 다루기 위해 상담소를 들락거렸다.

그러나 감사할 일도 아주 많다. 나는 나를 소중히 여기는 부모님 밑에서 자랐다. 석사 학위도 있다. 다음 끼니를 어떻게 해결할지 걱정해 본 적도 없다. 너무 예쁜 자녀들이 있다. 비교적 건강한 편이다. 내가 사랑하는 사람들로부터 사랑받는다. 나는 운이 좋다.

2017년에 힘든 한 해를 보내면서도, 나는 내가 겪고 있는 슬픔이 유별난 일이 아님을 알았다. 우리 모두 어느 시점에는 부모님을 잃는다. 임신의 4분의 1가량이 유산으로 끝난다. 대부분의 사람들이 이사를 하고 향수병에 걸리고 외로움을 느낀다. 그렇지만 이러한 경험이 일반적이라는 것을 안다고 해서, 그것을 통과하면서 겪는 고통이 줄어들지는 않는다.

인생 대부분의 시간 동안, 특별히 텍사스에서의 성장 배경과 타고난 성격 덕분에, 나는 인생의 선함을 생각하면서 내겐 슬픔에 관해 많은 이야기를 할 자격이 없다고 생각했다. '더 나빴을 수도 있었어'가 우리 가족의 가훈이었다. 가난하게 자라서 내게는 생소한 어려움들을 겪으셨던 아버지는 종종 이렇게 말씀하셨다. "신발이 없어서 슬펐어. 발이 없는 사람을 볼 때까지는 말이야." 그런 뒤 잠깐 멈추고 웃으면서 이렇게 말씀하셨다. "그래서 내가 그의 신발을 가졌어. 그 사람은 신발이 필요 없잖아, 발이 없으니까!"

아버지는 이런 말씀도 하셨다. "입술에 큰 상처가 났지만 그냥 계속 휘파람을 불었단다." 이 말은 우리 집의 전설이 되었다. 골절, 사고, 수술. 계속 '휘파람'을 불라는 아버지의 말씀이 소환되지 않을 만큼 큰 부상은 있을 수 없었다. 아버지는 우리가 제시할 수 있는 어떤 부상보다 더 큰 상처가 입술에 났었으니, 필경 우리에게 말하지 않은 입술 트라우마를 분명 겪으셨을 테다.

워커 퍼시^{Walker Percy}는 남부 문화가 금욕주의와 기독교를 섞어 놓은 일종의 혼합주의라고 썼다.[1] 이처럼 내 부모님은 금욕주의를 최대한 발휘하여 쓴웃음을 지으며 인생을 참아 오셨다.

이것이 다 나쁜 것은 아니라고 생각한다. 온갖 불만을 달래 주는 일에 점점 더 헌신하는 문화에서, 삶에 대한 바르고 온전한 것을 명명하고, 장애물에도 불구하고 계속 전진하고, 더 넓은 시각을 갖고, 어려움을 직시하면서 웃을 수 있는 것은 깊은 지혜를 준다.

그러나 슬픔에 저항하는 일에는 어두운 면이 있는데, 우리 각자에게 일상적으로 일어나는 일임에도 무거운 짐처럼 느껴지는 평범한 고통과 상실을 슬퍼하는 법을 배울 수 없다는 것이다. 다른 누군가에게 보다 더 나쁜 일이 일어나는 한(늘 그렇듯), 나는 슬퍼하고 눈물을 흘리고 애통해할 자격이 없는 것처럼 느꼈다.

오랫동안 나는 애통하는 것이—적어도 공개적으로, 그리고 어떤 조건도 없이 그렇게 하는 것은—오직 비할 데 없는 비극에 직면한 사람들에게만 허락된다고 생각했다. 우리 같은 나머지 사람들은 비교적 대수롭지 않은 슬픔들을 그럭저럭 헤쳐 나간다. 계속 휘파람을 불며 말이다.

또한 나는 슬픔을 하나의 시절처럼, 통과해서 지나가는 어떤 비극이라고 생각하곤 했다. 사람들은 보통 사랑하는 사람을 잃으면 1-2년 정도 슬퍼하는 것 같았다.

분명 특정한 깊은 슬픔의 시절이 존재한다. 슬픔은 부분적으로는 삶에서 겪는 중대한 손실에 대한 반응이다. 애통의 시간이 있다. 그러나 나는 슬픔을 다르게 이해하게 되었다. 나는 슬픔을, 선한 동시에 잔인한 세상에서 인간으로 살아가는 일상적 경험의 일부로 바라보게 되었다. 어떤 면에서 슬픔은 우리에게 상수다. 그

> 나는 슬픔을, 선한 동시에 잔인한 세상에서 인간으로 살아가는 일상적 경험의 일부로 바라보게 되었다.

것은 우리의 취약함에 대한 실제적이고 올바른 반응이다.

나는 더 이상 슬픔을 단순히 비극에 대한 반응으로만 정의하지 않는다. 슬픔은 어디에나 있다. 우리 모두는 매일 이런저런 방식으로 슬픔 속을 걷는다. 우리는 고통과 상실을, 소소한 실망과 괴로운 기억을 품고 살아간다.

나는 모든 것이 가장 행복할 때조차 슬픔의 통증을 맛본다. 아침 일찍 아이들이 내 침대로 재잘거리며 기어올라 팔로 나를 감쌀 때면 찰나의 환희를 느낀다. 그러나 심지어 그때도 내 뇌의 어떤 부분에서는 그림자를 일견한다. 그것은 말한다. "잠깐만, 이건 오직 짧은 시절 동안만 지속될 거야." 꽃은 시들고 풀은 마른다. 우리가 사랑하는 모든 것은 사라진다. 여전히 나는 이러한 순간들에 깊은 기쁨을 누린다. 취약함과 상실이 이것들을 소멸시키지는 않는다. 나는 정확하게 내가 슬퍼하고 있다고 느끼지는 않는다. 그리고 대부분 나는 슬픔을 거의 인식하지 못한 채 평범한 하루를 이어 간다. 나는 잠에서 일어나 아이들이 학교 갈 준비를 하도록 도와야 한다.

그러나 슬픔은 노쇠한 반려견처럼, 모든 방의 모서리에 조용히 드러누운 채로 언제나 거기 있다.

  우리의 밝고 빛나는 삶, 폭발하는 기쁨, 좋은 직장, 사랑에는 언제나 죽음의 그림자가 윤곽을 드리우고 있다. 슬픔이 격렬하고 피할 수 없게 되살아나고 날카로워지는 때가 있고, 희미해지는 때가 있다. 그러나 그것은 모든 인간 경험의 백색 소음으로 남아 있다.

  사제로서 나는 매주 이것을 본다. 우리 가운데 가장 행복해 보이는 사람들조차도 나를 비틀거리게 할 만큼의 고통을 짊어지고 있다. 교회에서 사람들 앞에 서면, 내가 아는 그들의 이야기가 보인다. 여기 모든 것을 가진 것처럼 보이는 멋진 여성이 있다. 그녀의 사랑하는 아들은 중독자고, 그녀는 자신의 사랑으로도 아들을 구할 수 없음을 아는 채로 살아간다. 여기 완벽한 가족을 가진 것처럼 보이는 남성이 있다. 그는 자신이 아버지를 결코 기쁘게 하지 못할 것이라는 고통으로 여전히 비틀거린다. 여기 부러워할 만한 직업을 가진 여성이 있다. 그녀는 아이를 너무도 갖고 싶어 하지만, 얼마나 많은 유산을 경험했는지 세는 것도 멈췄다. 나의 회중은 아름답고 평범하지만, 일요일마다 우리가 모이는 이 한 공간에는 천국을 침묵시킬 만큼 충분한 슬픔이 있다.

  나는 모임마다 5분에서 10분 정도의 침묵으로 시작하는 영성 지도자를 안다. 침묵 속에 앉아 있기란 많은 이들에게 새로운 경험인데, 그녀는 자신이 만난 거의 모든 사람이 이 짧은 몇 분 동안 울기 시작한다고 말했다. 대부분 그 이유를 말로 설명하지는 못하지만, 그 텅 빈 침묵 속에서 각자 안에 있던 음소거된 슬픔이 눈에서 쏟아진다.

물론 슬픔의 상존하는 실재가 우리가 늘 슬픔을 느낀다는 의미는 아니다. 신체의 순환계나 중간 이름만큼이나 슬픔이 우리의 일부로 존재하는 것은 맞지만, 우리는 복잡한 사람들이며 기쁨과 슬픔을 동시에 느낄 수 있고, 느낀다. 그 둘 다 참된 것들을 증언하기 때문이다. 감사하게도, 상처 입은 세상에서도 우리는 여전히 영광, 모험, 넘쳐 흐르는 충만함, 심지어 희열을 맛본다.

그렇다면 우리는 어떻게 해야 하는가?

하나만 말하면, 우리는 우는 법을 배워야 한다. 우리 중 많은 이들에게 이것은 자연스럽게 다가오지 않는다. 우리는 슬픔을 자각하고 인정하고 경험하는 것을 스스로에게 허용해 주어야 한다. 그런데 우리는 개인으로서, 문화로서, 교회로서 모든 종류의 방법을 통해 이것에 저항한다.

밤기도 예식의 이 기도는 우리가 슬픔을 무시하도록 허락하지 않는다. 이 기도는 우리에게 우는 이들을 상기시킨다. 우리 모두는 매일 밤 사람들이 울고 있으며, 어느 밤에는 우리 역시 울고 있을 것임을 알기 때문이다.

* * *

한 친구의 가족이 와해되고 있었다. 언제나 낙관주의자인 그는 어느 날 말했다. "나는 기꺼이 비통해하겠지만, 더 이상 슬프고 싶지는 않아. 슬퍼하는 데 지쳤어." 나는 하마터면 웃을 뻔했다. 그의 비극 때문이 아니라 그의 정서에 공감했기 때문이다.

우리는 그저 슬프고 싶지 않을 뿐이다. 그것을 피하기 위해서라면 거의 무엇이든 할 것이다. 그리고 슬퍼야만 한다면, 적어도 적절해 보이는 시간에 그 슬픔이 끝나길 바란다. 우리는 슬픔이 끝이 있는 임무이기를 원한다. 우리 영혼의 오븐 타이머가 땡 소리를 내면 다른 뭔가로 옮겨 갈 수 있는 것처럼 말이다. 그러나 슬픔은 그런 식으로 작동하지 않는다. 슬픔을 통제하려는 것은 날씨를 통제하려는 것과 다름없다. 슬픔은 단순히 상실에 대한 지적 활동이나 인지 능력이 아니다. 슬퍼하는 것은 감정적으로 살아 있음에 대한 대가다. 심지어 거룩함의 대가이기도 하다. 그리스도인은 스스로 애통하는 사람이 되어야 한다. 그것이 거래의 일부다. 애통은 예수님이 '복되다' 하신 사람들을 규정하는 특징이다.

시인이자, 메이플라워호를 타고 미국으로 건너온 청교도였던 메리 앨러턴^{Mary Allerton}은 사산아를 낳은 뒤 시 한 편을 썼다. 그 시는 이렇게 시작한다.

지금은 슬퍼할 시간이, 시간이 없다.
오직 추위 속에서 일할 시간밖에는.[2]

앨러턴이 이 시를 쓴 지 거의 400년이 지난 후, 나는 자신의 슬픔에 대해 말하는 한 여성과 함께 교회의 내 사무실에 앉아 있었다. "너무 슬픈데, 슬퍼할 시간이 없어요." 그녀는 말했다. "할 일이 너무 많아요. 그냥 계속 앞으로 나갈 뿐이에요." 그 닮은꼴에 나는 사뭇 놀랐다. 여기 400년의 간격을 두고, 완전히 다른 환경에서 자기도 모르는 사이에 거의 정확하게 같은 말을 하고 있는, 동일한 아픔을 공유한 두 여성이 있다.

대부분의 미국인들은 슬픔에 저항하는 성향을 물려받았다. 그런 성향은 우리의 국가적 유전자 안에 들어 있고, 우리가 헤엄치며 사는 물과 같다. 미국은 낙관주의를 선호하고, 진보, 분주함, 생산성을 앞세우는 경향이 있다.[3] 일단 계속하라. 우리는 미묘한 방식으로 '슬퍼할 시간은 없다'고 배운다.

헨리 나우웬 Henri Nouwen은 그의 책 『위로의 편지』 *A Letter of Consolation*, 가톨릭출판사를 시작하며, 어머니가 돌아가신 뒤의 몇 개월에 대해 이야기한다. 그때 그는 자신이 삶을 일과 활동으로 채워 왔음을 깨달았다. 나우웬은 이렇게 쓴다.

바쁜…삶은 분명 나 자신의 내면의 울부짖음을 듣도록 격려하지 않았다. 그러나 어느 날, 약속들 중간에 사무실에서 잠깐 쉬고 있는데, 나는 갑자기 어머니의 죽음 이전과 이후로 내가 단 한 방울의 눈물도 흘리지 않았음을 깨달았다. 그 순간 나는, 세상이 나를 너무도 강하게 붙잡은 나머지, 내 삶에서 가장 개인적이고 가장 친밀하며 가장 신비한 사건조차 온전히 경험하도록 허락하지 않고 있음을 보았다. 마치 내 주변에서 이런 목소리가 들려오는 것 같았다. '계속 앞으로 가야 해요. 삶은 계속됩니다. 사람들은 죽습니다. 그렇지만 당신은 계속 살고 일하고 투쟁해야 합니다. 과거는 재생될 수 없어요. 앞에 있는 것을 보세요.' 나는 이런 목소리에 순종했다.…그러나 그 순간, 만약 내가 나의 어머니와 나 자신을 정말로 진지하게 여긴다면 이런 목소리는 지속되지 않으리란 것을 알았다.[4]

나우웬은 6개월 동안 수도원에 들어갔고, 그 고요함의 시간 동안 어머니나 다른 어떤 상실에 대해서 의식적으로 생각하지 않을 때조차 조용히 눈물을 흘리고 있는 자신을 발견했다. 기도와 느림 안에서 그의 내면으로부터 뭔가가 떨어져 나갔다.

아버지가 돌아가신 뒤, 나는 일주일 휴가를 얻어 텍사스를 방문했다. 7일 내내 모임과 장례식 준비로 바빴다. 그런 뒤, 곧바로 직장으로 돌아와 추가적인 강연 행사와 글쓰기 프로젝트를 맡았고, 새 교회 목회에 전념했다. 속도가 느려지는 밤 시간이 되면 묻혀 있던 슬픔이 제 소리를 들어 달라고 요구했지만, 보통 나는 듣기를 거부했다. 이 모든 일과 활동은 나우웬처럼 "나 자신의 내면의 울부짖음"을 피할 수 있게 해 주는 그럴싸한 중독들이었다.

그러나 슬픔을 위한 공간을 만들어 내지 않는 한, 우리는 하나님의 사랑의 깊이를 알 수 없으며, 하나님이 고통으로부터 빚어내시는 치유도, 애통하는 것이 어떻게 지혜와 위로 심지어 기쁨을 가져오는지도 알 수 없다.

슬픔을 위한 공간을 만들지 않는다면, 슬픔은 그냥 사라지지 않을 것이다. 슬픔은 완강하다. 어떻게든 자기 소리를 듣게 만들 것이고, 그렇지 않으면 우리는 그것을 조용하게 만들기 위해 전력을 다해야 할 것이다. 직접적으로 마주하려 하지 않는다면, 슬픔은 옆길로, 항상 슬픔으로 인식되지만은 않는 길들을 통해 올 것이다. 폭발적인 분노나 통제할 수 없는 불안, 강박적인 피상성, 뇌리를 맴도는 괴로움, 억제되지 않는 중독으로 말이다. 슬픔은 그 목적을 달성할 때까지 잠들지 않는 유령이다.

수년 동안, 조너선은 낮은 수위의 분노를 거의 지속적으로 품고 살았다. 그것은 그 자신뿐만 아니라 우리의 결혼 생활을 형성했고, 우리 가정의 화약고 같은 금기 사항이었다. 치료사 진저를 만나면서 그의 분노는 천천히 옅어지기 시작했다. 그와 가까운 사람들은 모두 그가 분명히 깊이 자라 가는 것을 보았다. 그는 여전히 열정적인 사람이고 지금도 평온함의 전형은 아님을 스스로도 인정하겠지만, 분명 노하기를 더디 하는 법을 배워 가고 있다.

기묘하게도, 분노가 줄어들면서 그는 울었다. 처음에는 거의 매번 눈물을 터뜨렸다. 너무 자주 너무 공개적으로 그러다 보니, 어느 일요일 교회의 한 친절한 여성이 손수건 선물을 들고 나타날 정도였다. 그것은 치유의 표지였다. 진저는 분노 아래에는 언제나 두려움이나 슬픔, 혹은 둘 모두가 있다고 말해 주었다. 오랫동안 무시되어 온 적체된 슬픔이 이제 자신의 소리를 들어 달라고 요구하고 있었던 것이다. 조너선은 묻어 두었던 상실감을, 심지어 알지 못했던 무언의 고통을 슬퍼하고 있었다. 분노는 오래된 상처들 위로 덧난 딱지처럼 굳어져 있었고, 피를 약간 흘리지 않고는 나을 수 없었기에 눈물이 피처럼 흘렀다.

이제 그는 덜 자주 울지만, 좀더 기꺼이 운다. 그의 눈물은 표면에 좀더 가까워졌다. 마침내 그는 스스로에게 손수건을 선물했다.

지난 몇 년 동안 '분노 문화'에 대한 많은 토론이 있었고, 그러한 문화가 어떻게 반대 의견을 잠재우며 덜 온화하고 더 양극화된 사회로 이끄는지에 대한 논의가 있었다. 분노 문화에 대한 기독교의 반응이 그것을 모방하거나 영속시키는 것이 되어서는 안 되겠지만, 또한 우리는 감정을 전부 부정하는 어떤 순수한 형태의 계몽된 논리를 선호하면서 분노를 그저 규탄하기만 해서도 안 된다. 우리에겐 정말로 속이 뒤집히는 일과 애통해야 할 상실과 탄식할 것들이 많이 있다. 분노 문화에 대해 교회가 해야 할 예언자적 증언은, 세상의 (과거와 현재 모두의) 고통과 불의에 대하여 그리고 우리 자신의 죄와 깨어짐의 실재에 대하여 함께 눈물 흘릴 줄 아는 사람들이 되는 것이다. 우리는 사람들이 정치적 신랄함과 독설적 댓글을 통해 내뿜는 분노 아래의 두려움과 슬픔에 귀

기울이는 법을 배워야 한다.

일상의 삶을 다룬 첫 책 『오늘이라는 예배』*Liturgy of the Ordinary*, IVP 를 출간한 뒤 전국 각지에서 온 사람들과 함께 하루를 보내는 방식—우리의 시간, 일, 습관, 실천—을 탐험하는 워크숍을 인도하면서, 나는 사람들에게 불안하거나 외롭거나 슬플 때 습관적으로 하게 되는 일이 무엇인지 물었다.

나는 우리가 고통을 느낄 때마다 감각을 마비시키는 여흥거리를 얼마나 쉽게 집어 들도록 자신을 길들이는지 보고 또 보았다. 불편한 취약함 속에 자리를 잡는 대신, 우리는 술로, 일로, 소셜 미디어로, 영화로, 오락거리로, 심지어 정치 토론으로 달려간다. 이 가운데 어떤 것도 그 자체로 나쁘지는 않다. 내가 이야기를 나누었던 이 사람들이 힘든 하루를 보낼 때마다 마약을 사용하는 것도 아니지 않은가. 그럼에도 불구하고, 그들은 "슬퍼할 시간이 없어요"를 100가지의 다른 방법으로 말하고 있었다.

우리가 분노 문화를 원치 않는다면, 단지 논리정연한 문화나 주의를 산만하게 하는 문화, 감각을 마비시키는 문화, 분주한 문화가 되는 것으로는 안 된다. 우리는 탄식하는 문화를 만드는 법을 배워야 한다.

교회로서 우리는 속도를 늦추고, 빈 곳을 채우지 않고 남겨 두는 법을 배워야 한다. 애통할 시간을 만들어야 한다.

* * *

하나님의 백성과 관련하여 내가 가장 좋아하는 묘사 중 하나는 에스라서에 나오는 눈에 잘 띄지 않는 구절에서 발견된다. 포로기가 끝나 갈 무렵, 성전의 기초가 마침내 놓였다. 성대한 경축 행사가 열렸고, 이스라엘 사람들은 예배드리고 하나님의 회복을 기념하기 위해 함께 모였다. 이것은 그들이 그토록 기다려 왔던 순간, 그들이 구속받은 구체적 현장이었다. 그러나 에스라는 우리에게 이렇게 말해 준다. "그러나 첫 성전을 본 나이 많은 제사장들과 레위 사람들과 가문의 우두머리들은, 성전 기초가 놓인 것을 보고, 크게 통곡하였다. 또 다른 쪽에서는, 많은 사람들이 기뻐하며 즐거이 노래하였다. 환성과 통곡이 한데 뒤섞여서, 소리가 너무나도 크고 시끄러웠다.…어느 누구도 환성인지 통곡인지 구별할 수 없었다"스 3:12-13. 품위 따위는 집어치워라. 이들은 경축과 상실에 대한 애곡을 동시에 할 줄 아는 사람들이었다. 이 의기양양한 회복의 순간조차 상처는 남아 있었고, 그것으로 눈물을 흘리기에 충분했다.

바로 이것이 하나님이 모든 것을 바로잡으실 때까지 삶이 보여 줄 모습이다. '이미'와 '아직'을 동시에 살아가는 중간기의 삶. 우리는 성전의 기초가 놓인 것을 보았다. 바울은 실제로 예수님을 "기초"라고 부른다.고전 3:11 우리에게 주어진 이 믿음의 삶에는 너무도 압도적인 아름다움이 존재한다. 가장 평범한 하루에도 우리가

> 우리의 임무는 세상의 깨어짐과 장차 올 것에 대한 약속을
> 아주 정직하게 명명하는 실천들을 받아들이는 것이다.

받는 거의 상상할 수 없는 은혜가 있다. 그러나 모든 것이 아직 새로워진 것은 아니다. 상실은 여전히 여기 있다. 아름다움과 고통은 억지로 떼어 놓을 수 없도록 서로를 휘감고 있다. 에스라서에서 하나님의 백성이 보인 반응은, 이 모든 것을 인정하고 그중 어떤 것도 부정하거나 폄하하지 않으면서 소망과 상실 두 가지 모두가 철저히 참되다고 선포하는 것이었고, 그런 만큼 누구도 기쁨의 환성과 슬픔의 통곡을 구분할 수 없었다.

우리는 혼자서는 이렇게 하는 법을 배우지 못한다. 고통과 기쁨 가운데 어느 하나도 머리카락 한 올만큼도 축소하지 않은 채 온전하게 그 두 가지 소리를 모두 내는 법을 배우기 위해, 우리는 기독교의 공동체적 실천이 필요하다. 『머드하우스 안식』*Mudhouse Sabbath*, 복있는사람에서 로렌 위너Lauren Winner는, 그리스도인들이 얼마나 자주 부활과 소망을 선포하는 데 빠른지 주목하며 이에 대해 박수를 보낸다. 그러나 또한 말한다. "교회들이 상대적으로 잘하지 못하는 것은 슬퍼하는 일이다. 우리는 슬픔과 상실의 길고 지치는 과정을 위한 예식이 부족하다."[5] 이 어두운 세상을 통과하며 신실하게 걷기 위해서는, 아무리 비극적이고 아무리 흔하더라도

우리가 겪는 상실을 슬퍼하는 일이 필요하다. 우리는 우는 이와 함께 우는 것이 필요하다. 우리의 임무는 세상의 깨어짐과 장차 올 것에 대한 약속을 아주 정직하게 명명하는 실천들을 받아들이는 것이다.

* * *

시편은 교회의 첫 번째 기도집이었다. 오늘날 복음주의자에게 기도가 우리 자신의 말로 하나님께 이야기하는 것임이 당연하게 받아들여지는 것처럼, 가장 초기 기독교의 아버지와 어머니들에게 기도란 시편을 암송하는 것이었다. 로버트 윌켄^{Robert Wilken}은 초기 교부들에 대해 논의하면서 이렇게 말한다.

> 기도가 가장 우선이다. 정기적이고 훈련된 기도 없이는 진정한 영적 생활도 없기 때문이다. 그리고 수도사의 기도는 매우 특정한 무엇, 바로 시편의 구절들을 암송하는 것을 의미한다. 우리 자신의 생각과 언어에 맡겨진 기도는 표면에 머물 뿐이다. 시편은 그들의 혀를 풀어 주었고, 마음의 책을 읽고 하나님과의 대화로 더욱 깊이 들어갈 수 있는 언어를 주었다.[6]

우리 모두는 무의식에 가까운 원한과 의심, 조화되지 않는 갈망, 설익은 신앙으로 가득하기에, 고대의 교회로부터, 즉 우리에게

"마음의 책을 읽[도록]" 가르쳐 줄 수 있는 옛 형제자매로부터 지속적으로 교습받을 필요가 있다.[7]

교회는 수천 년 동안 해를 거듭하여 지구의 거의 모든 곳에서 거의 모든 언어로 시편을 기도함으로써 불편하고 복잡한 인간의 모든 감정에 대해 계속 살아 있기를 배웠다. 우리는 경축하기를 배우고 또한 탄식하기를 배운다. 장 칼뱅^{John Calvin}은 시편을 "영혼의 모든 부분을 다루는 해부학"이라고 불렀다. 그는 "누구든 이 거울에 이미지가 반영되어 있지 않은 [인간의 감정을] 자신 안에서 발견할 수는 [없다.] 성령은 모든 비통, 슬픔, 두려움, 염려, 소망, 관심, 불안, 요약하면 사람의 정신을 습관적으로 흔들어 놓는 모든 감정의 동요를 여기에 정확하게 그려 놓으셨다."[8]

시편은 극적이다. 그리고 삶, 심지어 평범한 삶조차 극적이며, 의미로 흠뻑 젖어 있고, 영광스러운 아름다움과 깊은 고통으로 가득 차 있다.

철학자 쉰들러^{D. C. Schindler}는 이 시대의 삶을 "현실로부터의 도피", 즉 기술, 편리함, 산만함을 통해 자아를 삶의 슬픔과 딜레마로부터 완충하려는 시도라고 불렀다.[9] 현재 거의 모든 문화는 슬픔을 위한 시간을 허락하지 않으며, 오직 소비의 나지막한 흥얼거림만 존재하는 삶을 형성하도록 우리를 유혹한다. 우리는 고뇌에 둔감해지지만, 그와 함께 기쁨, 경이감, 열망에도 역시 그러하다. 시편은 실재의 극적 깊이 안으로 우리를 다시 호출한다.

시편으로 기도하는 실천은 오랜 시간에 걸쳐 우리에게 우는 법과 웃는 법 두 가지 모두를 가르친다. 그리고 무엇에 대해 울어야 할지, 무엇에 대해 웃어야 할지 가르쳐 준다. 신학자 토드 빌링스J. Todd Billings에 따르면, 아우구스티누스는 시편을 "합당한 것들에 대해 탄식하고 합당한 것들에 대해 기쁨을 누리는 법을 배우도록 우리의 갈망과 지각을 재형성하시는 하나님의 방법"으로 보았다.[10]

우리의 감정은 선하다. 그것은 우리에게 진리를 지시해 주는, 하나님으로부터 온 선물이다. 우리의 감정은 또한 제멋대로고 이기적일 수도 있다. 기도는 언제까지나 우리 자신보다 우리를 더 잘 아시는 하나님 앞에, 모든 영광스러운 복잡성을 지닌 우리의 전 자아를 데려오도록 초청한다.

역사적으로 교회는 시편이 치유력이 있다고 보았다.[11] 시편들은 우리를 고친다. 온전히 인간으로 존재하며 온전히 살아 있는 법을 가르친다. 의사가 축농증에 아목시실린을 처방하는 것처럼, 교부들은 특정한 영적 질병에 특정한 시편 묵상과 반복 암송을 처방했다. 아타나시우스Athanasius는 "어떤 필요나 문제에 대해서든 [시편]에서 거기에 들어맞는 형식의 말을 고를 수 있고, 그럼으로써…병을 바로잡을 수 있는 방법을 배울 수 있다"라고 썼다.[12]

* * *

(집단적이든 개인적이든) 탄식의 시편들은 시편에서 가장 일반적인

유형이다. 그 시들은 실망, 분노, 슬픔, 고통, 깊은 혼란, 상실을 들려준다. 만약 우리의 회중 예배가 오직 순전한 신뢰, 확신, 승리, 갱생만을 표현한다면, 우리는 성경이 하나님께 얼마나 정직한지를 배우지 못한 것이다. 시편은 첫 번째 기도서로서 그 이래 나온 다른 모든 기도서를 위한 기도의 표본을 제공하며, 그 기도들은 우리 인간의 경험만큼이나 다양하고 다차원적이다.

탄식은 슬픔의 표현이다. 탄식을 배우는 것은 울기를 배우는 것이다. 그러나 거기에는 그 이상이 있다. 탄식 시편들에서 시편 기자는 하나님이 자신의 약속을 지키시도록 한다. 예를 들어, 시편 44편은 순전한 당혹감으로 시작하여, 하나님이 과거에 그분의 백성을 어떻게 돌보셨는지 상기하면서 어째서 더 이상 돕지 않으시는 것처럼 보이는지 묻는다.

깨어나십시오!
우리를 영원히 버리지 마십시오!
어찌하여 얼굴을 감추십니까?
어찌하여 우리가 당하는 고난과 압제를 잊으십니까?
(시 44:23-24, 옮긴이 사역)

그분에게서 계속 멀리 떨어진 채 의심과 실망의 목소리를 내지 않는 것보다는, 날카로운 말로 하나님께 나아가는 편이 낫다.

예의 바른 신앙심 안에서 부글거리기보다는, 창조주께 화를 내는 편이 낫다. 하나님은 시편 기자를 혼내지 않으셨다. 오히려 시편을 통해, 자신에게 노골적으로 말하도록 우리를 부추기신다.

그런데 일을 더 까다롭게 만드는 것은, 우리 대부분이 탄식에 대해 예방 접종을 받은 문화에 살 뿐 아니라, 우리가 하나님보다 더 잘 안다고 쉽게 추정하는 문화에 살고 있다는 것이다. 우리는 미묘한 방식으로, 우리의 감정과 경험이 실재의 중심이라고 배웠다. 이런 태도는 매일 크고 작은 방식으로 우리 안에 배양된다. 라디오의 청바지 광고는 "나는 나의 캘빈을 입고 나의 진리를 말한다"고 선언한다. 이러한 끊임없는 메시지는 우리를 단지 자기표현과 기획된 정체성—우리가 생각하는 것, 느끼는 것, 원하는 것, 그리고 구매하는 것—의 주체로 축소시킨다. 우리는 오직 우리 자신의 선호와 나만의 진리에 따라 하나님과 그분의 행동을 판단하는 식으로 그분께 접근하기 시작한다. 우리는 우리의 자아 창조 프로젝트에서 하나님 자신이 유용한 액세서리임을 우리에게 분명히 보여 주시기를 기다린다. 이런 식으로 아주 미묘하게, 우리는 정직한 탄식으로가 아니라 불만족스러운 고객처럼 하나님께 다가간다. 하나님이 우리가 원하는 것을 주시지 않는다. 이 세상의 고통을 없애시지도 않는다. 그리고 솔직히 끔찍할 만큼 느리시다. 우리는 하나님이 하고 계시는 일이 마음에 들지 않는데, 고객은 언제나 옳은 법이다.

> 어떻게 해야 우리의 정직한 의심과 슬픔이,
> 울부짖는 불신앙과 하나님이 우리에게 뭔가 빚지고 계신다는
> 거래 관계의 느낌, 혹은 소비자처럼 하나님의 직무를
> 평가하는 것이 되지 않을 수 있을까?
> 마치 우리가 우주의 창조주에게
> 아주 나쁜 사용 후기를 남기기라도 하듯 말이다.

이러한 서로 경쟁하는 두 문화적 충동―한편으로는 여흥거리나 거짓 경건으로 고통을 가리는 것, 다른 한편으로는 하나님께 우리의 방식을 요구하고 우리의 기준에 따라 그분을 판단하는 것―은 우리를 곤경에 빠뜨린다. 어떻게 해야 우리의 정직한 의심과 슬픔이, 울부짖는 불신앙과 하나님이 우리에게 뭔가 빚지고 계신다는 거래 관계의 느낌, 혹은 소비자처럼 하나님의 직무를 평가하는 것이 되지 않을 수 있을까? 마치 우리가 우주의 창조주에게 아주 나쁜 사용 후기를 남기기라도 하듯 말이다.

그러나 탄식의 시편들은 임무를 제대로 수행하지 못한 하나님에 대해 단순히 불만을 쏟아 내는 것이 아니다. 빌링스는 이어서 말한다. "성령에 의해 우리는 우리의 분노, 두려움, 슬픔을 하나님 앞에 가져옴으로써 우리를 하나님께 드러나게 한다. 그리고 하나님께 드러나는 것은 변화로 이어진다."[13] 탄식은 단지 자기표현 혹은 고통을 내쫓는 행위가 아니다. 그것은 우리를 형성하고 치

유한다. 시편은 인간의 모든 감정을 표현하지만, 반복적으로 사용하다 보면 우리를 결코 현재 상태 그대로 남겨 놓지 않는다. 시편은 강력한 치료제다. 그것은 우리를 변화시킨다. 그것이 가져오는 변화는 단지 우리의 슬픔을 행복으로 바꾸어 놓는 것이 아니다. 슬퍼하는 사람을 데려다가, 짜증스러울 정도로 생기발랄하고 낙관적인 사람으로 만드는 것이 아니다. "기운 내"라거나 "그렇게 나쁘지는 않아"라고 말하지 않는다. 우리가 어째서 고통을 겪는지 말해 주지도 않는다.[14] 그 대신 우리의 시각을 우리를 향한 하나님의 사랑에 고정시키고, 우리의 고통과 열망을 하나님의 영원한 드라마 안에 위치시키도록 가르친다.[15] 시편은 하나님의 약속을 붙들 때도 각자 자신의 심오한 슬픔 역시 아주 정직하게 붙들 수 있는 사람들로 우리를 형성한다.

* * *

초기 교회는 시편을 기도하는 것을 그리스도와 함께 기도하는 것으로 이해했다. 부분적으로 그 이유는 예수님이 시편을 기도하셨기 때문이다.[16] 그것도 아주 많이. 그분은 히브리 성경의 다른 어떤 부분보다 시편을 더 많이 인용하셨다. 그리고 죽으실 때도 그분의 입술에는 시편 22편의 말이 준비되어 있었다. 가장 어두운 고통을 표현하는 그 말은 바로 그분 자신의 것이었다.

   예수님의 삶을 유심히 들여다보면, 우는 것과 웃는 것, 고통과 기쁨 둘 다에 온전히 살아 있는 사람이 보인다. 그분은 그 둘 모두를 마지막 한 방울까지 모두 비우셨다. 곁들이는 것 없이 순수하게.

예수님은 소망을 가진 이로서 우셨지만, 그분의 소망이 그분의 흐느낌을 약화시키지는 않았다. 친구 나사로가 죽었을 때, 예수님은 그를 곧 다시 살아나게 하실 것을 아셨지만, 여전히 애통을 위한 시간을 보내셨다. 그분은 우셨다.

또한 예수님은 악을 진지하게 받아들이셨다. 친구의 무덤에서 그분은 단지 나사로가 숨을 거둔 것에 대해서만 애곡하시지 않았다. 그분은 신학자 토머스 롱 Thomas Long이 "대문자 D 죽음 Death"이라 불렀던 것의 깊은 어둠을 들여다보고 계셨다.[17] 그 순간, 예수님은 한 친구의 생명이 물리적으로 끝난 것뿐만 아니라, 인간 고통의 전체 실재를, 길을 잃고 깨어진 이 세상에서 우리 모두가 견뎌야 하는 긴 밤을 보셨다. 그리고 그것을 미워하셨다. 그분은 죽음을, 세상에 있는 죄와 어둠의 권세, 크고 작은 모든 배신의 권세, 학대와 무관심, 증오, 폭력, 대량 학살, 그리고 불의의 권세를 미워하셨다.

예수님이 친구를 죽은 이들 가운데서 일으키셨지만, 그것으로는 죽음의 권세를 소멸시키기에 충분하지 않았다. 나사로는 여전히 죽을 것이다. 나사로는 여전히 슬픔과 취약함, 실망의 매정한 세상에서 살 것이다. 예수님은 바로 그 엄청난 어둠을 들여다

보셨고 분노하셨다. 그분은 죽음의 면전에서 "비통하게 여기시면서"요 11:38 존재 깊은 곳으로부터 우셨다. 성경은 여기서 말이 코를 씩씩거리는, 위엄이라곤 찾아볼 수 없는 거친 이미지를 연상시키는 생소한 헬라어 표현을 사용한다. 예수님의 끓어 넘치는 애통은 거의 동물적일 정도로 강력하고 꾸밈없는 어떤 것이었다.[18]

예수님은 예루살렘 도성을 바라보고 앉아 다시 우셨다. 그분은 눈물을 흘리며 이렇게 말씀하신다. "암탉이 병아리를 날개 아래 품듯이, 내가 몇 번이나 네 자녀들을 모아 품으려 하였더냐! 그러나 너희는 원하지 않았다"마 23:37. 여기서 그분은 죽음에 대한 분노가 아니라 짝사랑의 슬픔 때문에 우신다. 이것은 심오한 모성의 이미지다. 예수님은 자녀들을 모아 자신의 안전하고 친밀한 품 안에 감싸 안으시기를 열망하신다. 그러나 그들은 거부한다. 바쁘고 산만한 북적이는 도성은 뒤돌아선다. 자녀가 스스로를 망치는 모습을 앉아서 지켜보고, 사랑하는 아이가 파괴로, 남용으로, 중독으로 걸어 들어가는 모습을 지켜보고, 자신이 노래를 불러 준 바로 그 존재가 알아볼 수 없는 누군가가 되어 사라져 가는 모습을 지켜보아야 하는 어떤 어머니라도, 예수님이 어떤 심정으로 예루살렘을 바라보며 우셨을지 알 것이다.

하나님 자신도 애통의 시간을 보내셨다. 그분은 비통함과 경악의 무게, 더 이상 흘릴 눈물도 없을 만큼 너무 오래 울어 퉁퉁 부은 눈의 아픔을 모르시는 분이 아니었다. 그분은 스스로를 무감각하게 만들거나 상실을 대수롭지 않게 여기지 않으셨다. 기계적으로 답하지도 않으셨다. 하나님은 놀라울 정도로 감정적으로 살아 계셨고 지금도 그러하시다.

* * *

성경의 마지막 부분은 마지막 때로 시선을 돌린다. 요한은 하나님이 그분의 백성들의 눈에서 모든 눈물을 닦아 주실 숨 막히는 순간을 묘사한다[계 21:4]. 마침내 우리가 하나님과 얼굴과 얼굴을 마주하고 볼 때, 우리는 온전해질 것이고 죽음이나 울음이나 고통은 더 이상 없을 것이다. 모든 것이 바로잡힐 것이다. 그러나 잠깐, 마지막의 긴 울음까지 기다려야 한다.

구속 자체는 어둠을 건너뛰는 것이 아니라 마지막 한 방울의 눈물까지 흘리기를 요구한다.

그리스도인들은 영원한 기쁨의 장소가 단지 존재할 뿐 아니라, 우리가 지금 아는 슬픔과 고통의 축소된 장소보다 더 생생한 실재라고 믿는다. 우리의 눈물을 닦아 주시는 하나님의 이미지는 물론 하나의 은유이며 모든 것이 마침내 괜찮아질 것이라는 진술일 수 있다. 그러나 만일 그것이 오로지 시적 언어만은 아니라면? 만일 우리의 창조주 앞에서, 이 삶이 가져왔던 모든 상실을 기릴 수 있는 마지막 기회를 얻는다면? 만일 언젠가 하나님 앞에 서서 우리 삶의 이야기를, 그리고 그것을 살아 내는 동안에는 도저히 따라잡을 수 없었던 모든 우여곡절과 의미를 처음으로 정확하게 그리고 온전하게 들을 수 있다면? 만일 그 이야기가 고통의 모든 어둠, 우리가 받았고 다른 이들에게 주었던 모든 상처, 대문자 D 죽음의 모든 참상을 포함하며, 그렇기에 하나님 자신과 함께 마지막으로 한 번 울 수 있다면? 만일 모든 것이 새로워진 세상에서 살기 전, 홀로 우리의 눈물을 영구히 닦아 주실 수 있는 그 한 분과 함께 울 수 있다면?

4. 파수하는 이

◊ ― 주의력

내가 본 가장 어두운 밤은 우간다 서부의 어느 외딴 촌락에서 여름을 보낼 때였다. 우리가 머무르던 작은 촌락에는 전기가 들어오지 않았기에, 밤마다 작은 모닥불을 피워서 불을 밝혔다. 그 주변에 모여 대화를 나누며 웃는 사람들의 얼굴은 유쾌한 빛으로 반짝거렸다.

그러나 그날 밤은 이상하게도 고요했다. 함께 갔던 몇 사람과 나는 선교사 친구의 집에서 나와, 우리가 일하던 400미터가량 떨어진 학교로 걸어서 돌아왔다. 그 짧은 도보 길은 평생처럼 느껴졌다. 칠흑같이 캄캄한 그 밤에는 달은커녕 별 하나도 뜨지 않았다. 코에서 3센티미터만 떨어져도 손가락을 흔드는 것이 보이지 않았다.

우리는 랜턴을 켜고 그 주변으로 네 명이 달라붙어 걸었다. 그것이 몇 킬로미터 근방에서 유일한 불빛이었다. 랜턴은 우리 앞의 자갈길을 약 세 걸음 정도 비추었고, 그다음은 까마득히 아무것도 보이지 않았다. 지구 끝 낭떠러지로 떨어질 것만 같았다. 낡은 랜턴이 살짝 흔들리면서 내는 으스스한 삐걱거림과 야행성 황소개구리의 울음소리 말고는 적막뿐이었다. 나는 공포에 질렸다. 어둠이, 랜턴 빛 너머에 있는 것이, 내 눈에 보이지 않는 하늘과 땅의 모든 것이 무서웠다.

칠흑 같은 어둠 속에서 모든 감각이 한껏 긴장되었다. 할 수 있는 한 최선을 다해 나는 파수했다. 주의력을 몰입해 모든 소리에 귀를 기울였다. 랜턴 불빛의 모든 떨림, 황소개구리의 모든 울음소리, 조심스럽게 내딛는 내 걸음의 모든 움직임을 의식했다. 나는 걸어 잠근 문 안쪽의 안전한 장소로 돌아가기만을 기다리고 있었다. 그렇지 않으면 하나님만 아시는 뭔가가 어둠 속에서 우리를 찾아올 것만 같았다.

다음 날 아침, 우리는 콩고 국경 바로 너머의 분쟁으로 발생한 게릴라전 일부가 우리가 있던 곳에서 멀지 않은 지역에서까지 심각한 공격으로 번졌음을 알게 되었다. 평소의 저녁 모닥불은 모두 꺼졌고 모두들 집 안으로 피해 숨어 있었다. 우리만 빼고 말이다.

나는 오래도록 그 밤이나, 칠흑 같은 어둠이 강제로 불러내는 집중력과 몰입된 주의력을 잊지 못할 것이다.

그 400미터의 도보 길은 우리 모두가 삶을 살아가는 모습과 비슷하다. 우리는 몇 발자국 이상 앞을 보지 못한다. 다음 날은 고사하고 바로 몇 시간 후에 일어날 일도 알지 못한다. 내가 그 어두운 길에서 취약하다고 느낀 것은 평소보다 더 큰 위험에 처해 있었기 때문이 아니라(그때는 근방에서 일어나고 있는 폭력 사태에 대해 몰랐고, 실제로 우리 근처에는 아무도 오지 않았다), 내가 안전하고 삶을 통제하고 있다고 느끼기 위해 의존해 오던 것이 완전히 사라진 채 어둠 속에 거의 혼자 있었기 때문이다.

* * *

삶의 끊임없는 취약함 안에서, 우리는 울 뿐 아니라 파수하기도 한다.

  C. S. 루이스는 "아무도 내게 슬픔과 두려움이 매우 비슷하게 느껴진다고 말해 주지 않았다"라고 썼다.[1] 루이스처럼, 나는 내 안의 슬픔이 불안으로 형태를 바꾸는 것을 종종 발견한다. 내가 견디는 상실은 앞에 있는 것을 두려워하게 만들었다. 나는 이렇게 생각하기 시작한다. '하나라도 더는 안 돼요, 주님. 하나도 더 가져가시지 마세요.' 그러나 물론 우리는 하나님과 그런 흥정을 할 수 없다. 우리는 인간 지식의 높이를 조절할 수 있을지는 몰라도, 다음 날 아침을 먹기 전까지 무슨 일이 일어날지는 여전히 모른다.

  심야의 파수꾼처럼, 우리는 악당과 새벽 둘 중 무엇이 먼저 올지 모른다. 우리는 "내 영혼이 주님을 기다림이 파수꾼이 아침을 기다림보다 더 간절하다"고 고백한 시편 기자에게 공감한다^{시 130:6}. 그러나 우리의 불안은 아침이 언제 올지, 혹은 그사이 우리에게 무슨 일이 일어날지 전혀 알 수 없다는 데 있다.

우리는 내가 그 자갈길을 걸을 때처럼 한 번에 한 걸음씩 친구들과 꼭 달라붙은 채로 우리에게 주어진 빛의 테두리에 매달려, 그리고 우리의 시야 너머에 있는 것에 대해서는 하나님을 신뢰하면서, 살아가는 내내 그렇게 걸어가는 수밖에 없다.

그리스도인으로서 우리는 하나의 실천으로서, 심지어 하나의 임무로서 파수하기를 받아들인다. 우리는 은혜를 기다리며 망루에 머문다.

우리는 가장 깊은 어둠 속에서조차 우리를 떠나지 않으시는, 신뢰할 수 있는 한 분이 계신다고 선포한다. 우리는 최악의 상황이 다가올지라도, 언제까지나 지속될 아름다움과 하나님 자신에 대한 연대가 존재한다고 믿는다.

기다리는 자세는 밤의 공포를 부정하는 것이 아니라, 다가오는 아침에 우리의 운을 맡기는 것이다.

우리는 두려움 때문에 망루에 머물기도 하지만, 그 경우 새벽 대신 오직 황폐함만을 상상한다. 우리는 앞에 놓인 것에 대해 은혜가 충분하지 않을 것이라고 추정한다. 두려움은 이 어두운 길에서 우리가 신뢰할 수 있는 그 누구도 우리와 함께하지 않는다고 말한다.

밤기도의 이 기도에서, 우리는 파수하는 사람들을 위해 기도한다.

물론 나는 이를 문자적으로 받아들인다. 우리는 심야의 경비원, 경찰, 소방관, 군사용 레이더를 응시하는 모든 눈을 위해 기도한다.

그러나 또한 이 기도를 드릴 때, 나는 무엇이 오고 있는지 알지 못한 채 기다리며 파수하는 이를 위해서도 기도한다. 이런 의미에서 우리 모두가 "파수하는 이"다. 밤에 깬 채로 자리에 앉아, 정말로 들었는지 확실치 않은 소리에 혹은 마음속 두려움에 집중해서 귀를 기울인 적이 있다면 파수하는 것이 무엇인지 아는 것이다.

파수하는 것은 기다리는 것이다. 그러나 파수하는 것은 단순한 기다림 이상을 함축한다. 그것은 운전면허 시험장 대기줄에 서 있는 것 같은 지루한 불안감이 아니다. 파수하는 것은 주의력, 갈망, 그리고 소망을 함축한다. 그것은 북적거리는 공항에서 꽃을 손에 들고 오직 한 얼굴을 찾고 있는 연인이며, 출산의 첫 징조에 모든 촉각을 곤두세우고 있는 예비 엄마고, 수술실 밖을 서성거리는 친구다.

신자의 변함없는 자세는 고대하면서 몸을 살짝 앞으로 기울이는 것이다. 놀랍고 기적적인 것이든 조용한 변화의 물결이든, 우리는 하나님이 행동하시기를, 모든 것을 바로잡으시기를, 나타나서 역사하시기를 기다린다.

우리는 하나님이 병든 이에게 치유를, 갈등에 평화를, 실망에 격려를, 혼란스러움에 명료함을 가져오시기를 기다린다. 때로 그분은 그렇게 하신다. 그리고 때로 병든 이는 죽고, 갈등은 심화되고, 실망은 깊어지고, 혼란은 심해진다. 그러나 우리는 계속 파수하며 기다린다. 우리가 볼 수 있는 순간 곧 랜턴 불빛이 비추는 이 작은 테두리가 길 전체가 아니며 이야기 전체가 아님을 알기에.

* * *

10여 년 전, 우리의 결혼은 아주 깨지기 쉬운 지점까지 와 있었다. 조너선과 나 둘 다 오랫동안 계속된 싸움으로 비참하고 외롭고 지쳐 있었다. 우리에겐 아주 어린 자녀들과 기나긴 불만과 비난 목록이 있었다. 수개월의 상담 뒤, 우리는 우리가 할 수 있는 단 한 가지 일을 했다. 친구들에게 기도를 부탁하고 아이들을 조너선의 어머니에게 맡긴 뒤, 테네시주의 채터누가로 차를 운전해 갔다. 우리는 등산을 하고 좋은 음식을 먹었다. 그리고 많이 싸우고 울고 이야기하고 소리 지르고 치열하게 토론하고, 그런 뒤 조금 더 등산을 하고 소리 지르고 이야기하고 좀더 울었다. 채터누가 기념품 가게에 들어갔다가, 지금 우리 냉장고에 붙어 있는 자석 장식을 발견했다. 거기에는 이렇게 쓰여 있다. "끝에는 모든 것이 괜찮아질 거야. 괜찮지 않다면 아직은 끝이 아니야."

우리는 그것을 우리의 결혼 선언문으로 삼았다. 우리는 이 문제를 해결할 것이고, 듣고 용서하며, 사랑하기를 배울 것이고, 죽을 때까지 노력할 것이다.² 당시의 상황에서 우리가 낙관할 수 있는 부분은 아주 적었지만, 그 자석에 새겨진 약속은(의도된 것은 아니었을지라도) 이 생애만을 위한 것이 아니었다. 그것은 종말론적 약속이기도 했다. 그것은 비록 우리는 "세상에서 환난을 당할 것"이지만, 예수님이 "세상을 이겼다"는 우리의 소망을 표현한다 요 16:33. 노리치의 줄리언Julian of Norwich의 유명한 말처럼, "다 잘될 것이다. 다 잘될 것이다. 모든 것이 잘될 것이다."³

지금 당장 상황이 괜찮거나 그런 척해야 한다는 의미가 아니다. 그저 이것이 끝이 아니라는 의미다.

나는 공동체, 정의 추구, 영적 형성 등 영성 생활이 이 세상에서 약속하는 것들에 자주 초점을 맞춘다. 그러나 그것이 기독교가 제공하는 전부라면, 최선은 시간 낭비고 최악은 억압적이고 악의적이다. 그리스도의 길을 걷는 것은 어쨌든 단기적으로 보면 삶을 더 어렵게 만들 수 있기 때문이다. 기독교의 이야기는 우리의 궁극적 소망이 우리의 생애 안에 있다거나 무덤 이편의 삶을 수월해지게 만드는 것에 있지 않다고 선포한다. 우리는 "죽은 이들의 부활과 오는 세상의 생명"을 기다리며 파수한다. 모든 것을 새롭게 하신다는 하나님의 약속은 그분이 시간의 빗장을 부수고 영원을 가져오실 때까지 성취되지 않을 것이다.

그리스도인들은 이 우주적 재배열이 그리스도의 부활 안에서 이미 시작되었다고 믿는다. 예수님의 부활은 사랑이 죽음을 이기

> 비록 세상은 어둠의 수의로 덮여 있을지라도
> 내가 계속 파수하고 기다릴 수 있는 이유는,
> 내가 갈망하는 것들이 그저 희망사항이나
> 종교 의식에 뿌리를 두는 것이 아니라
> 굴려 나간 돌처럼 확실하기 때문이다.
>
> ―

고, 아름다움이 끔찍함보다 오래 지속되며, 온유한 사람이 땅을 차지하고, 슬퍼하는 사람이 위로를 받으리라는 단독 증거. 비록 세상은 어둠의 수의로 덮여 있을지라도 내가 계속 파수하고 기다릴 수 있는 이유는, 내가 갈망하는 것들이 그저 희망사항이나 종교 의식에 뿌리를 두는 것이 아니라 굴려 나간 돌처럼 확실하기 때문이다.

특권과 안락이 우리의 삶을 감싸고 있을 때, 어떤 이들은 영성이나 기도의 감정적 유익에 대해 사색할 것이다. 누군가가 믿는 것이 엄밀하게 진리이든 아니든 상관없이 말이다. 그러나 우리가 고통받을 때는, 만약 부활이 없다면 우리 그리스도의 추종자들은 수많은 고통을 낭비하고 있음이 분명해진다. 역경에 직면할 때, 바울의 말을 가장 잘 이해할 수 있다. "그리스도 안에서 우리가 바라는 것이 이 세상에만 해당되는 것이라면, 우리는 모든 사람 가운데서 가장 불쌍한 사람일 것입니다"^{고전 15:19}. 죽기 아니면 살기다.

그렇다면 우리는 예수님의 부활 때문에 "결국엔 모든 것이 괜찮아질 거야"라고 말할 수 있다. 우리는 하나님이 약속하신 것을 기다림으로써, 즉 장차 올 그 나라와 평화를 이루는 사람들이 하나님의 자녀라 불리고 마음이 깨끗한 사람이 하나님을 보고 하나님 자신이 슬픔 가운데 있는 우리를 위로하실 것을 숨죽여 기다림으로써 신정론의 신비를 견딘다.

* * *

개인적으로 주의력 초능력자는 탐조꾼 birder 이라고 생각한다.

진짜 탐조꾼(혹은 조류 관찰자)[4]이 노란뺨솔새나 아메리카횐두루미를 좇는 열정은 감동적이며 약간 유난한 것 이상이다. 「뉴요커」 New Yorker 에서 조너선 로젠 Jonathan Rosen 은 "보통 사람들의 친근한 캐리커처"로 탐조꾼을 묘사한다. 그는 이렇게 말을 잇는다. "또 하나의 탐조꾼으로서 나는 그 증상을 알아본다. 새들을 보기 위해 엄청나게 먼 거리를 여행하고, 새 이름을 목록에 추가하면 그것이 망각에서 나를 지켜 주기라도 하는 것처럼 이상한 안도감을 느끼고, 아이팟으로는…새소리를 듣는다."[5]

나의 탐조꾼 친구들은 주목하기의 대가들이다. 그들은 내가 어떤 것에 대해서도 거의 갖지 못할 정도의 관심과 성실함으로 자연 세계를 공부하고 목록을 만든다. 그들은 멀리 있는 나무에 서식하는 동물에 대해, 내가 오늘 입은 옷이나 버스 옆자리에 앉은 누군가를 의식하는 것보다 더 많이 주목한다. 그들은 언제나 망루에 있으며, 이 놀라운 주의력은 나의 주의력 없음을, 내가 어떤 것이든 얼마나 주의 깊게 살펴보지 않으며 아름다움과 자비의 세계를 통과하여 걸으면서도 한 번도 위를 올려다보지 않을 때가 얼마나 많은지를 드러낸다.

잘 알려지지 않은 탐조꾼의 세계에는 우리들이 간과하는 일상생활의 시가 있다. 모든 위대한 시인들이 그러듯, 탐조꾼은 세상에 대한 자신의 심오한 관찰을 들려준다. 그들은 오직 파수와 기다림에 의해서만, 우리 대부분이 놓치는 것을 눈을 부릅뜨고 지켜봄으로써만 영광이 온다는 것을 우리에게 일깨워 준다. 조류 관찰 웹사이트와 잡지는 피로한 도시 거주자로 살아 본 경험이 있는 누구에게든 아주 사랑스럽게 다가온다. 진정으로 신선한 공기를 들이마시게 해 준다. 어떤 탐조꾼은 이렇게 기록한다. "올해 처음으로 나타난 것을 알아차린 좋은 1월 말 어느 화창한 일요일 오후 우리 과수원에서 '피트, 피트, 피트' 하며 지저귀던 댕기박새였다. 그 노래는 마침내 겨울이 물러갈 것을 일깨워 주는 나의 첫 번째 청각적 알림이었다."[6]

우리에게 어떤 소망이라도 있다면, 그것은 종말론적 소망, 즉 하나님이 마침내 이 슬픈 옛 세상을 다시 새롭게 하시리란 소망이다.

예수님은 겨울이 물러가리란 것을 일깨워 주는 우리의 첫 번째 청각적 알림이시다. 그분의 부활은 생생한 살집이 붙은 약속이다.

그러나 예수님은 승천하시면서 단지 다시 오실 때까지 자신을 기억하도록 도와줄 기념품만 남기고 가시지 않았다. 그분은 계속 일하겠다고 약속하셨다. 그리고 자신의 백성에게 자신의 성령을 보내셨다. 부활의 약속은 예수님이 우리의 삶 속에서 오늘도 여전히 일하고 계신다는 것이기도 하다. 현재 시제에서 말이다. 따라서 우리는 장차 올 나라를, 하나님이 마침내 모든 것을 바로잡으실 때를 기다리며 파수하지만, 또한 우리는 그 나라를 지금 여기서 엿볼 것을 기다리며 파수하기도 한다.

기도는 우리에게 이러한 파수의 기예를, 즉 종말뿐 아니라 매일의 삶에서 하나님이 일하시는 순간을 파수하는 법을 가르쳐 준다. 로완 윌리엄스$^{Rowan\ Williams}$는 이렇게 쓴다. "차분하고 기민한 채로 조용히 앉아 있되 긴장하거나 안달복달하지 않는 경험 많은 조류 관찰자는 이것이 뭔가 아주 특별한 것이 갑작스럽게 시야에 불쑥 들어오는 그런 종류의 장소임을 안다." 그는 이것을 기도에 비유한다. 가만히 앉아 영광을, 은혜를, 하나님의 임재를 기다리는 것. 그러면서 이렇게 쓴다. "물론 때로 그것은 아무 일도 일어나지 않는데 빗속에 앉아 있는 긴 하루를 의미하기도 한다. 아마도 우리 대부분에게 기도의 경험 중 많은 부분이 정확하게 그런 것이지 않을까 싶다.…그리고 나는 이런 종류의 기대감 속에서 살아가는 것, 즉 그 일이 일어날 때 볼 수 있을 만큼 눈이 충분히 뜨여 있고 정신은 느긋한 동시에 충분히 주의를 기울이고 있는, 깨어 있는 의식 속에 살아가는 것이 제자도의 기본이라고 생각한다."[7]

기독교 제자도는 바른 것에 주의를 기울이고 우리의 삶과 세상에서 하나님의 일하심을 의식하는 법을 평생 훈련하는 것이다. 오랜 실천을 통해, 우리는 하나님이 관심을 기울이시는 것에 관심을 기울이기 위해 산만함과 두려움에 고정되어 있던 우리의 시선을 돌리게 된다. 우리는 파수하기를 배운다. 침묵, 고요함, 주의력은 점점 더 시끄러워지고 디지털화되고 정신없이 돌아가는 세상에서 공급 부족이다. 니콜라스 카$^{Nicholas\ Carr}$는 그의 책『생각하지 않는 사람들』$^{The\ Shallows,\ 청림출판}$에서, 테크놀로지 사용으로 인해 우리의 뇌가 어떻게 물리적으로 재조직됨으로써, 더 작고 단편적인 정보를 낚아채듯 받아들이는 것은 잘하게 되었지만 어떤 한 사람이나 논의, 경험에 지속적인 주의를 기울이는 것은 잘하지 못하게 되는지를 보여 준다.[8] 주의력은 치명적 소멸 위험에 처해 있다.

교회의 임무는 우리의 눈이 하나님이 어떻게 일하고 계신지에 계속 열려 있기를 배우는 것이다. 우리는 장차 오실 왕을 깨어서 기다리며 매주 모인다. 그리고 오듀본 협회$^{Audubon\ society}$(미국 야생동물보호협회-옮긴이)와 같은 성실함을 가지고, 우리 가운데 있는 조용하고 간과된 영광을, 의외의 그러나 치유하시는 하나님의 임재를 찾는다. 지금도 우리는 장차 올 구속을 엿보는 순간에 주의를 기울인다. 기도를 통해, 회중 예배를 통해, 말씀과 성례를 통해, 우리는 어둠 속에서 빛을 인식하도록 우리의 눈을 훈련한다.

* * *

예수님 자신도 어두워진 하늘 아래 앉아 계실 때, 이 밤기도의 간구와 거의 똑같은 말로 기도하셨다. 그분은 친구들에게 자신과 함께 깨어 있기를, 즉 "파수하는 이의 곁을 지켜 주기를" 부탁하셨다.

죽기 전날 밤, 예수님은 자신의 순전한 취약함의 쓸쓸함을 맛보셨다. "내 마음이 괴로워 죽을 지경이다"^{마 26:38}. 그래서 그분은 베드로와 야고보, 요한에게 자신과 함께 깨어 있어 달라고 부탁하셨다. 예수님은 판결을 기다리는 남자였고, 조직검사 결과를 기다리는 여자였으며, 의사로부터 수술 경과를 듣기 기다리는 어머니였다. 예수님은 자신에게 '올 시간'을, 자신의 죽음을 기다리고 계셨다. 그리고 연약한 다른 모든 인간의 취약함을 지닌 채, 그분은 부은 눈과 지친 영혼으로 친구들에게 자신과 함께 있어 주기를 부탁하셨다.

그러나 친구들은 깨어 있지 못했다. 그들은 잠이 들었다.

그래서 예수님은 그들에게 다시 한번 부탁하셨다. 이번에는 그 요청이 좀더 영적이고 심지어 우주적인 긴급성을 띤다. "시험에 빠지지 않도록, 깨어서 기도하여라"^{마 26:41}. 이제 그분은 친구들이 깨어 있기만을 부탁하시는 것이 아니라, 그들을 기도로, **영적** 각성으로, 참된 실재에 주의를 기울이는 것으로 부르고 계신다. 그분은 그들 가운데서 하나님의 이야기가 펼쳐지는 것을 인식하라고 촉구하고 계셨다.

그리고 다시 한번, 그분의 친구들은 잠에 빠졌다.

내가 매일 밤 드리는, 하나님이 파수하는 이의 곁을 지켜 주시기를 구하는 이 기도를 거꾸로 하나님 자신이 인간에게 하셨고, 우리는 깨어서 그분 곁을 지키지 못했다. 그러나 하나님은 우리의 연약함에 대하여 은혜를 보여 주신다. 그분은 친구들이 쉬도록 해 주셨고, 때가 왔을 때 그들을 깨우셨다.

예수님은 홀로 남겨져 그 긴 밤 내내 눈물과 피로 기도하셨다. 바로 이 때문에 우리는 하나님이 분명히 그렇게 하시리라 온전히 확신하면서, 하나님께 깨어 계셔서 우리 곁을 지켜 달라고 구할 수 있다. 그분은 잠들지 않으신다.

올리버 오도노번^{Oliver O'Donovan}은, 시편 기자들과 구약 예언자들은 하나님께 깨어나시기를 자주 요청했지만 신약에는 이 요청이 한 번도 나오지 않는다고 지적한다. 하나님은 성육신을 통해 이미 결정적으로 행동하셨고, 따라서 더 이상 하나님이 행동하시기를 요청할 필요가 없다. 예수님이 확실히 보여 주셨다. 하나님이 우리와 함께하시며, 우리의 연약함과 취약함을 자기 손바닥을 보듯 분명하게 아신다는 것을 말이다.

그 대신에 신약은, **우리**가 하나님을 향해 계속 깨어 있도록, 우리가 세상에서 하나님이 행하시는 일에 민감하도록 요청한다. 오

> 우리의 동공이 더 많은 빛을 받아들이려 확장되는 것처럼,
> 기도는 어둠 속에서 하나님을 보도록 우리의 눈을 조절해 준다.

도노번은 이렇게 쓴다. "하나님은 이미 깨어나셨고, 이미 행동하셨다. 이제 남은 건 오직 [신실한 사람들이] 깨어 있는 것이다.…믿는 이들에게 말하면서, [신약은] 지속적인 기민함의 필요를 강조한다. '깨어 있으십시오! 믿음에 굳게 서 있으십시오!'^{고전 16:13} 이는 특히 기도의 지속성에 적용되었다."[9]

야고보, 요한, 베드로처럼, 우리는 깨어서 기도하도록 부름받았다. 심지어 어둠의 계절을 지날 때조차, 그리고 아마도 그런 시기에는 특히 그렇다. 나는 어둠 속에서 더욱 보혜사를, 그리고 하나님이 적극적으로 우리에게 주목하시고 사랑하시는 방식들을 의도적으로 눈을 부릅뜨고 찾아야 함을 배웠다.

나는 기도를 통해 그렇게 하는 법을 배운다. 우리가 처음에 볼 수 있다고 생각했던 것보다 더 많은 것을 보기 위해, 우리의 동공이 더 많은 빛을 받아들이려 확장되는 것처럼, 기도는 어둠 속에서 하나님을 보도록 우리의 눈을 조절해 준다.

* * *

2017년을 돌아보면, 회피와 산만함으로 점철된 긴 시간 후 천천

히, 나는 울고 파수하는 공간을 의도적으로 만들기 시작했다. 그렇게 하자 내 안에 아름다움과 경이에 대한 강렬한 열망이 찾아왔다.

허기가 최고의 반찬이라는 오래된 속담이 옳았다. 상실의 신비를 견디는 동안, 도덕적인 것이든 물리적인 것이든 아름다움에 대한 어떤 모습이라도 내게는 만나 같았다. 어느 날 산책을 하다가 해바라기 특유의 노란색이 눈에 들어왔고, 나는 걸음을 멈추고 최면에 걸린 듯 자리에 앉았다. 덧붙이면, 그것은 전혀 나답지 않은 행동이었다. 어떤 식으로든 흑사병을 허락하신 하나님은 오직 숭고를 말하는 노란 빛깔의 해바라기가 피어나게도 하신다.

두 번째로 유산하고 일주일 뒤, 침묵 속에서 눈물을 흘리며 바다를 바라보던 나는 얼마나 많은 색조의 녹색과 파란색을 보았는지 세는 것마저 잊어버렸다. 아름다움 자체는 말없이 나를 끌어안아 위로하는 어머니 같았다. 그리고 나는 그 순간 깨달은 것에 눈물 흘리게 되었다. 아름다움이라는 어머니가 오지 않는 곳은 없었다. 세상 어디에서도, 아무리 슬픔이 깊을지라도, 영광의 푸릇한 어린 가지가 어떻게든 옆길을 뚫고 돋아나지 못하는 곳은 없다.

아름다움이 고통의 통증이나 취약함을 가져가지는 않는다. 매미 소리나 훌륭한 커피가 배우자나 친구의 상실을, 심지어 그저 힘든 하루를 조금이라도 덜 힘들게 만들어 주지 않는 것처럼 말이다. 그러나 우리가 세상에는 괴로움과 삭막함만 있으며 사랑스럽거나 견고한 것은 어디에도 없다고 생각할 때마다, 아름다움은 우리의 이야기에 죄와 고통, 죽음보다 더 많은 것이 있음을 일깨워 준다. 영원한 찬란함이 있다. 그것이 우리의 질문을 해결하거나 형이상학적 나비매듭으로 어떤 것이든 그럴싸하게 포장하기엔 충분하지 않겠지만, 때로는 그저 다음 한 시간을 버티게 해 주는 것으로도 충분하다. 그리고 신비를 견딜 때는, 단지 한 걸음 더 내딛기에 충분한 빛이면 된다.

두 번의 유산 이후 수개월 동안, 나는 여전히 축도를 하고 아기들에게 세례를 주었다. 사제로서 내가 맡은 직무의 일부였다. 일부 교인들은 내가 하는 이런 일들에 대해 미안해했다. 그들은 내가 내 아이의 상실을 애통해하면서 다른 사람들의 아이들에게 허락하시는 하나님의 약속을 경축해야 한다는 것이 상처에 소금을 뿌리는 일이 아닐지 걱정했다. 그들의 사려 깊음에는 감사했지만, 나에게는 정반대였다. 나는 하나님이 여전히 일하고 계시며, 그리하여 세상에 선한 것들을 허락하시고 아이들을 자신에게로 이끄시고 웃음을 가져오시는 것을 보여 주는 어떤 단서에도 마음껏 기뻐했다. 나는 하나님이 여전히 임재하시고 일하시는 것을, 교회가 여전히 한결같고 변함없는 사랑을 증언하는 것을 보는 일이 필요했다.

그 몇 개월 동안, 내 딸들은 유산이 왜 일어나는지 설명해 달라고 자주 졸랐고, 나는 아이들에게 내가 가장 좋아하는 의사 선생님이 나에게 해 준 말을 해 주었다. "아기가 태어나려면 수만 가지의 일이 제대로 맞아떨어져야 되는 거야." 그런 후에 덧붙였다. "그렇지만 그 말은, 오늘 너희들이 살아 있다는 것이 그 수만 가지의 일들과 훨씬 더 많은 것들이 제대로 맞아떨어졌다는 의미이기도 해." 이 경이는 나의 상상력을 사로잡았다. 나는 거리에서 사람들에 둘러싸여, 아니면 일요일 교회에서 한 사람 한 사람 얼굴을 바라보면서, 우리가 평범한 하루에 이렇게 함께 이 세상에 살아 있기 위해서는 수십만 가지의 일들이 제대로 맞아떨어져야만 하는 것이었음을 생각했다. 우리 모두의 삶에 존재하는 평범한 영광은 선물이다. 나는 경이에 휘감겨 어떤 생명의 표지에도, 어떤 위로의 징후에도 촉각을 곤두세웠다.

이 경이는 아픔을 단 한 조각도 줄여 놓지 않았다. 그러나 그것은 슬픔만큼 생생한 감사를 낳았다.

그러나 아름다움과 경이는 위로만 해 준 것이 아니다. 그것은 고용량으로 투약되는 현실이기도 했다. 그림자가 드리운 이 눈물의 세상에서조차, 영광과 선함의 집요함은 우리 이야기의 어둠뿐만 아니라 빛에도 우리의 눈이 주의를 기울이고 언제나 깨어 있도록 훈련시킨다.

시몬 베유(Simone Weil)는 "절대적으로 혼합되지 않은 주의력이 기도다"라고 썼다.[10] 교회의 기도를 받아들여 사용하는 것은 혼합되지 않는 주의력의 길로 우리를 훈련시킨다. 우리는 매일의 삶에 나타나는 하나님의 은혜에 주목하고 그것을 파수하는 사람들이 되는 법을 배운다. 그리스도인들도 다른 모든 사람처럼 분주하고 산만해진다. 우리는 알아차리는 것에 실패한다. 매일의 기도는 내가 어떤 방해도 받지 않은 채 영적 희열에서 영적 희열로 둥둥 떠다니게 만들어 주지 않았다. 그러나 정기적인 기도의 실천은 오랜 기간에 걸쳐 우리의 시각을 교정해 준다. 우리는 모든 순간 우리 모두의 주변에 있는 것을—자비, 아름다움, 신비, 그리고 우리와 함께 기다리시고 파수하기를 멈추지 않으시는 하나님을—깨어서 파수하기를 배운다.

5. 일하는 이

💧 — 회복

우리는 흙이고, 흙으로 돌아갈 것이다. 그러나 먼저, 우리는 일한다.

  우리는 아주 작게나마 우리의 흔적을 세상에 남긴다. 내 딸들이 길바닥에 분필로 그린 그림이 세찬 비에 다 지워질 것이 분명하듯, 우리의 대부분의 흔적 역시 금방 지워질 것이다. 그러나 딸들이 분필로 그린 나비와 무지개가 나와 내 딸들에게 중요한 것처럼, 우리의 일도 중요하다. 보수를 받든 받지 않든, 고역이든 기쁨이든, 전문적이든 평범하든, 우리의 일은 변화를 가져온다. 훌륭하게 해낸 일은 세상에 진리와 아름다움, 선을 더해 준다. 어둠을 몰아낸다.

  밤기도에 포함된 대부분의 기도는 전기가 발명되고 24시간 접

속이 가능해지기 이전에 만들어졌다. 모닥불이 세상을 밝히던 시대에, 밤 시간에 하는 일 대다수는 위기와 관련된 것이었다. 응급 상태, 위중한 병, 침입자나 적군으로부터의 방어 같은 것 말이다. 그러나 그것이 밤에 행해지는 일 전부는 아니었다. 때로 가난한 이들과 노동 계층은 한밤중에 일어나 불을 다시 지피거나 다른 집안일을 했다. 학자들은 흔들리는 촛불에 의지에 공부했다. 산파들은 새 생명을 세상으로 인도했다. 어머니들은 아이들에게 젖을 먹이거나 달래려고 잠에서 깼다. 수도사들은 기도의 일을 위해 일어났다.[1]

우리가 하는 일은 의존적이고 상호 연결된 인류로 우리를 함께 묶어 준다. 우리 모두는 다른 이들의 일에 의지한다. 우리는 종종 이름 없고 우리에게 보이지 않는 이들에게 기댄다. 밤에 드리는 어떤 성공회 기도문에는 이런 대목이 나온다. "다른 이들이 잘 때 일하는 이들을 밤이나 낮이나 살펴 주시고, 우리의 공동생활이 서로의 수고에 의존하고 있음을 우리가 잊지 않게 하소서. 우리 주 예수 그리스도의 이름으로 기도드립니다."

함께 살아가는 우리의 삶은 서로의 수고에 의존한다. 우리는 서로가 필요하다. 다른 이들이 그들의 일을 잘해 내는 것이 필요하다.

취약함이 주는 한 가지 선물은 우리가 혼자서는 충분하지 않다는 것이다. 우리 혼자 힘으로는 지나온 어떤 하루도 통과하지 못했을 것이다. 우리는 서로를 의지하도록 지어졌으며, 항상 존재하는 우리의 필요는 원하든 원하지 않든 우리가 서로를 의지할 수밖에 없게 한다. 우리 가운데 순전히 자립적인 사람은 누구도 없다. 자력 장치는 망할 수밖에 없다.

인류의 노래에서 처음으로 단조가 들려오기 전, 모든 것이 있어야 할 그대로이며 어떤 고통이나 아픔도 알지 못했던 그때도 우리는 자기 충족적인 존재가 아니었다. 남자가 홀로 있는 것은 좋지 않았다. 가장 순수한 인간성 안에서, 우리는 상호 의존적이며 뭔가를 필요로 했다. 우리는 하나님을, 그리고 다른 사람들을 의지했다. 그리고 우리는 일했다. 함께 일했다. 우리의 공동생활은 서로의 수고에 의존했다.

동산에서 벌거벗은 채로 더없는 지락을 누리는 아담과 이브를 그린 그림은 많지만, 어떤 식으로든 그들이 일하는 장면을 묘사하는 그림은 거의 없다.[2] 고역 이외의 일은 상상할 수 없고, 천국에서는 직장 회의나 집안일이 반드시 제외되어야 마땅하다는 듯 말이다(아담과 이브가 빨래를 건너뛸 수 있었으리란 점은 인정한다). 그러나 완벽함 속에서도 아담과 이브는 일했다.

우리는 일과 창조성의 공동생활을 공유하도록 지어졌다. 그리고 만물이 구속될 때도 우리가 갑자기 자율적이고 자립적인 슈퍼맨과 슈퍼우먼이 되지는 않을 것이다. 뭔가를 필요로 하는 존재가 되지 않을 일은 없다. 우리가 하나님과 서로를 필요로 하지 않

> 우리는 세상의 갱신을 향하여 수동적 자세를 취하지 않는다.
> 우리가 공유하는 인간의 취약함은 우리를 행동으로, 즉 일로 부른다.

을 때는 오지 않을 것이다. 우리의 텔로스^{telos} 곧 궁극 목적은 공동체이지 자기 충족이 아니다. 향연이며 함께하는 삶이다.

지금도 우리는 이러한 구속의 비전을 향해 일한다. 울고 파수하지만 거기서 멈추지 않는다. 우리는 세상의 갱신을 향하여 수동적 자세를 취하지 않는다. 우리가 공유하는 인간의 취약함은 우리를 행동으로, 즉 일로 부른다. 인간의 취약함에 대한 우리의 반응은 부분적으로 언제나 그것을 완화하고자 애쓰고, 세상을 아주 약간이라도 더 평화롭고 안전하고 아름답고 정의롭고 진실하게 만드는 것이다.

소명을 통해 우리는 구체적이고 실제적인 방식으로 다른 사람들을 사랑하고자 애쓴다. 우리는 직업을 통해 이것을 한다. 즉, 고통을 줄이라는 요청이 자녀 양육에서 소방관, 요가 강습까지, 정치인에서 의료인, 사회복지사까지 이르는 많은 소명을 낳는다. 그리고 우리는 교회로서 이런 일들을 한다. 2천 년 동안, 그리스도인들은 병원과 보육원, 장애인과 가난한 이들을 위한 집, 학교와 대학을 지었다.[3] 이것을 넘어, 우리는 상처 입은 사람들을 일상적으로 돌본다. 조용해서 칭송은 듣지 못할 수천 가지 방식으로 서로를 돌본다. 2017년에 교회 식구들은 음식과 아이들을 위한 미술도구를 들고 우리 집에 찾아왔고, 한번은 큰 스카치 병을 들고 오기도 했다. 그들은 우리 어깨의 짐을 함께 져 주었다.

그러나 어둠 속에서, 우리의 취약함과 연약함 앞에서 행하는 선한 일은 고통을 완화하려는 갈망에서만 나오지는 않는다. 그러한 선한 일은 고통에 저항하고 재로부터 아름다움을 만들고자 하는 갈망에서 일어나기도 한다.

나의 두 번째 아들이 태중에서 죽은 것을 알게 된 주에, 친한 친구 케이티가 상실 가운데 있는 나를 위로하고 좋은 대화를 나누려고 내슈빌에서 방문할 예정이었다. 그런데 그 계획은 취소되어야 했다. 바로 그 주에 케이티가 공격성이 강한 암에 걸린 것을 알게 되었기 때문이다. 나는 울면서 남편에게 그 소식을 전했고, 남편 역시 울면서 딸들에게 케이티를 위해 기도하자고 부탁했다.

진단을 받은 뒤, 케이티는 곧바로 몇 개월간 화학 치료에 들어갔다. 생명을 살리기 위한 독극물을 몸에 주입하면서 케이티는 시를 썼다.[4] 그녀는 시인이고, 죽음의 위협조차 그녀가 아름다움을 창조하는 것을 멈추게 하지 못할 것이다. 어떤 시련도. 혹은 화학 치료도.

케이티가 한 일은 고통으로부터 빛을 발하며 지속되는 뭔가를 빚어내는 방법이었다. 이런 식으로 그녀는 어둠이 이기게 내버려 두지 않을 것이다. 우리는 세상에 정의를 가져오고 위기 상황에서 도움을 주기 위해 일을 하지만, 또한 순전한 즐거움 때문에, 아름다움과 웃음 그리고 경박함^{levity}을 위해서도 일한다. 우리는 그림을 그리고 퀼트를 하고 요리하고 연기하고 스탠드업 코미디를 한다. 이 모든 종류의 일들은 올이 풀려 나간 세상을 수선하시는 하나님의 역사에 동참한다.

* * *

일하는 사람을 위해 기도할 때, 우리는 긴장 관계에 있는 두 실재를 붙든다. 즉, 우리 자신의 노동은 어둠에 빛을 가져오시는 하나님의 역사에 동참하지만, 그동안 인간의 모든 일은 계속해서 아주 생생한 어둠 가운데 있다.

우리는 일하는 사람을 위해 기도한다. 우리는 종종 일 자체가 이미 망가져 버린 세상의 상태에 맞서는 무익함의 현장임을 안다. 우리는 성경이 "수고"라고 부르는 것을 경험한다^{전 2:17-26}. 우리는 심으나 거두지 못하는 것처럼 보인다. 우리는 실패한다.

성경은 우리가 하도록 지음 받은 선한 일과 우리 삶에 존재하는 "수고", 즉 일 자체를 고통의 현장으로 만드는 문자적이고 은유적인 가시와 엉겅퀴를 계속해서 구분한다. 성경은 특별히 수고에 대한 탄식으로 가득하며, 전도서가 가장 그렇다. 전도서 기자는 수고로 인해 "산다는 것이 다 덧없[으며]"^{2:17}, "바람을 잡으려는 것처럼 헛될 뿐"이라고 말한다^{1:12-6:9}. 이 구절들이 각자의 방 벽을 장식할 동기부여용 포스터로는 적당하지 않겠지만, 성경은 우리의 일이 종종 실망스럽고 고되고 보람 없고 무의미하고 심지어 착취적이고 모멸적임을 돌려서 말하지 않는다.

내 친구의 남편은 기술 분야에서 누구나 부러워할 만한 직업을 가졌는데, 친구가 말하길 그는 일 걱정 때문에 밤에 잠을 자지 못할 때가 많다고 한다. 눈부신 천재들과 신생 업체들, 젊은 에너지로 넘치는 그의 분야에서 사람들은 소모용 자원이다. 실적이 좋은 분기는 새로운 고용을, 나쁜 분기는 정리해고를 의미한다. 우리 대부분은 이런저런 방식으로 우리의 건강, 존재, 가정생활, 한계, 인간성을 가치 있게 여기지 않는 산업 분야에서 일한다.

우리 중 많은 수는 누워서도 직장 걱정에 불안해서 잠을 자지 못한다. 더 많은 이들은 늦게까지 깨어서 초조하게 몇 시간 더 일을 하고, 불필요해지는 것으로부터 자신을 보호하고자 애쓴다.

우리 모두가 수고와 좌절, 일의 무익함을 경험하지만, 분명히 어떤 이들은 다른 사람보다 더 심하게 그것을 겪으며, 종종 나머지 우리가 자는 동안에도 일한다. 사회 모든 영역에서 점점 밤에도 일하는 경향이 나타나기는 하지만, 가장 젊고 가장 빈곤하고 덜 교육받은 이들이야말로 어두운 시간에 계속 일할 확률이 훨씬 높다. 특히 이민자들은 밤 근무 노동자의 불균형한 수치를 여실히 보여 준다. 「워싱턴 포스트」*Washington Post*는 미국의 이민자가 되는 것은 종종 "많은 미국인들이 피하는 일을 할 뿐만 아니라 많은 미국인들이 일하지 않을 시간에 일하는 것"을 의미한다고 설명한다.[5] 밤에 일하는 사람을 위해 기도할 때, 우리는 종종 가난하고 주변으로 밀려난 이들, 우리 사회에서 가장 취약한 이들을 위해 기도하고 있다.

우리가 깨어서 기다리는 종말론적 실재에서는 일 자체가 새로워질 것이다. 이사야 65장은 하나님이 새 하늘과 새 땅을 창조하시는 것을 말하는데, 그곳에서 일이 지니는 특징은 더 이상 수고로움이 아니다. 우리가 더 이상 일하지 않을 것이라는 말이 아니다. 우리는 치토스를 먹으며 넷플릭스 앞을 떠나지 않고 빈둥거리는 채로 영원을 보내지 않을 것이다. 그 대신 하나님의 백성은 "그 손으로 일한 것을 길이 누릴 것"[사 65:22, 개역개정]이다. 우리 중 누구도 헛되이 노동하지 않을 것이다. 레슬리 뉴비긴[Lesslie Newbigin]은 『돌무더기 사이의 표지들』[Signs Amid the Rubble]에서 언젠가 우리의 몸뿐만 아니라 우리의 일도 다시 살아날 것이라고 쓴다. "시간이 실패의 먼지 속에 묻어 버린 것처럼 보였던 하나님 백성들의 모든 신실한 노동은 다시 일으켜 세워지고, 그곳에서, 그 새 나라에서 변모된 모습으로 발견될 것이다.…그들의 노동은 상실되지 않았으며, 완성된 나라에서 그 자리를 찾는다."[6]

우리의 일은 언제나 복됨, 풍성함, 영원히 출렁이는 기쁨의 원천으로 의도되었다. 일의 깨어짐과 무익함 때문에 애통해하며 모든 것을 회복하실 하나님을 깨어서 기다리면서, 우리는 아무리 제한된 것일지라도 하나님이 우리에게 허락하신 재능과 영향력, 역량을 가지고 일 자체와 이 세상의 노동과 상업 시스템의 갱신을 위해 일한다.

* * *

기도 자체가 일종의 일이며, 기도는 또한 세상에서 우리가 하는 일로 우리를 파송한다.

그리스도인에게 기도와 일의 자세는 서로 묶여 있다. '오라 에트 라보라'*ora et labora*. 기도하고 일하라. 우리는 기도로 일하고, 일로 기도한다. 그리고 우리의 기도와 일은 서로를 변화시킨다.

그러나 우리는 마치 하나가 다른 하나를 불필요하게 만들기라도 하는 것처럼, 기도와 일이 서로 경쟁하게 만드는 잘못을 범할 수 있다. 오늘날 우리는 성취를 우리의 일이나 하나님의 일 **둘 중 하나**로 이해하는 경향이 있는 반면, 둘 다로 이해하는 법은 결코 없다.[7] 따라서 우리는 미묘하게, 우리의 행위 능력이 하나님의 행위 능력과 경쟁한다고 믿게 되었다. 우리는 선, 진리, 아름다움, 치유, 정의가 온전히 우리 자신의 노력을 통해 만들어진다는 거짓말을 믿거나, 아니면 그런 것들은 우리 측의 아무런 행동 없이 하나님이 허락하시는 것이라는 거짓말을 믿는다. 따라서 하나님은 기적을 행하시는 분이나 마지막 승부사로서만 유용하다. 우리에게 그분은 하고 싶지 않은 일이 있을 때 표적과 기사로 세상을 해

치워 달라고 부탁하는 마법사다. 이런 식의 사고에서는 때로 절박하다고 느낄 때면 하나님을 부르겠지만, 대체로는 자력에 의존한다. 인생의 가장 기본적인 일들 곧 빨래와 법률 제정, 금융과 산림 관리, 의약과 양육, 도랑 파기와 외교에서, 하나님은 대체로 부재하신다.

스코틀랜드 코미디언 대니얼 슬로스$^{Daniel\ Sloss}$(그의 형이상학에도 불구하고 나는 그의 코미디를 즐긴다)는 이런 종류의 서로 경쟁하는 행위 능력의 예를 살짝 보여 준다. 슬로스는 오직 산타에게 모든 공이 돌아갈 크리스마스 선물에 시간과 노력, 돈을 들이는 것이 부모들에게는 얼마나 실망스러운 일인지에 대해 말한다. 그러면서 그는 "정확하게 그것은 당신이 하나님께 감사할 때마다 의사들이 느끼는 기분이죠"라고 말한다. 그는 상태가 호전된 암 환자를 흉내 낸다. "오, 주님 감사해요." 의사가 답한다. "아시겠지만, 웃기는 말이군요. 당신 의료 기록에서 그런 이름은 보이지 않는데요. 거기 맨 위 오른쪽에 내 이름이 보이시죠? 담당 의사 마이클스." 환자가 따진다. "주님이 당신을 보내셨어요!" (큰 소리로 웃음을 터뜨린 청중을 향해) 의사는 대답한다. "그분은 제 의대 학위를 위한 학비를 조금도 보태 주시지 않았는데요." 하나님은 암을 주셨고 의사는 그것을 고쳤다.[8]

우리가 이와 같이 경쟁하는 행위 능력의 렌즈를 받아들이면, 모든 비난은 하나님께 돌아가고 그분의 공이라는 것은 어디에도 없다. 그분은 암과 쓰나미, 차 사고에 책임이 있는 반면, 치료와 복구 노력, 안전 설계에 대한 모든 감사는 우리들에게 돌아가야 마땅하다.

세상을 이런 방식으로 이해하기란 인간 역사의 대부분에서 상상할 수 없었다. 하나님의 일은 우리 자신의 일과 분리되어 이해되지 않았고 경쟁 관계에 있지도 않았다. 즉 그것은 모든 유익한 일이 흘러나오는 생명 자체였다.[9] 하나님은 우리 자신의 일을 통해 성취할 수 없는 것의 틈을 메꿔 주시기 위해 존재하시지 않았다. 기독교는 행위 능력 agency에 대해, 모든 선한 일이 하나님의 생명 자체에의 참여라고 이해한다. 그것은 우주를 지탱하시는 분께 우리가 협력하는 행위다. 그것은 기도로부터 흘러나오고 다시 기도로 흘러들어 간다.

경쟁하는 행위 능력 가설은 우리 모두에게, 심지어 그리스도인들에게도 영향을 끼쳤고, 따라서 우리는 때로 기도를 수동적 행위로 이해한다. 우리는 하나님이 우리를 기적적으로 고쳐 주시는 돌파구를 기다린다. 하나님은 기적을 행하는 분일 수 있지만, 멀리 계셔서 아주 가끔만 나타나시고, 매일 세상을 유지 관리하는 일은 우리에게 맡겨 놓으셨다.

아니면 우리는 기도를 개인적 위로나 경건의 시간으로 축소시킨다. 하나님은 우리의 경건을 위한 회복제고, 일, 정치, 필요의 거대하고 거친 세상에서 탈피하는 휴식 시간이다.

그렇다면 기도는 도피이거나, 우리의 일이 실패로 돌아간 작은 영역을 마술처럼 채우는 방법이다.

그러나 하나님이 모든 선한 일과 우리 삶의 모든 순간 뒤에, 아래에, 그리고 그것을 관통하며 함께 계시다면, 기도는 단지 세상의 진짜 일과 결별하고 땅 위로 살짝 공중부양하는 경건한 '영적' 행동이 결코 아니다. 치유나 구속, 평화, 정의를 위해 기도할 때, 우리는 일하는 사람들을 위해, 즉 과학자, 의사, 시인, 도예가, 연구원, 상점 점원, 농부, 정치인, 비행기 조종사를 위해, 하나님이 갱신을 가져오는 통로로 사용하시는 한계를 지닌 이 실제 남녀들을 위해 기도하고 있다.

이런 식의 기도는 우리가 일하는 방식을 변화시킨다. 우리는 우리의 일을 통해 하나님의 영원한 일에 참여하고 있음을 아는 채로 일상의 일을 이어 갈 수 있다. 우리는 단지 성공하고 월급을 받고 유명해지기 위해서가 아니라, 하나님 안에 있는 쉼의 장소로부터 우리의 소명을 받아들일 수 있다.

또한 일에 대한 이러한 시각은 기도를 변화시킨다. 기도의 실천은 우리가 하나님의 일에 동참하는 것에 힘을 불어넣는 추동력이 된다.

하버드대 교수 스티븐 핑커 $^{\text{Steven Pinker}}$의 책 『다시 계몽의 시대로』 $^{\textit{Enlightenment Now}}$는 우리의 삶이 이성, 특히 과학과 기술에 의해 어떻게 향상되어 왔는지 개괄한다. 핑커는 명시적으로 기도를 이러한 진보의 일과 대치시킨다. 그는 이렇게 쓴다.

> 그 어느 때보다 창조적인 호모 사피엔스는 오랫동안 기도 같은 돌팔이 치료법으로 질병과 싸웠다.…그러나 18세기 후반 백신의 발명과 함께 출발하여 19세기 질병의 병원균 이론의 수용으로 가속화되면서 싸움의 흐름이 바뀌기 시작했다. 손 씻기, 조산술, 모기 퇴치, 특히 하수 시설과 수돗물 염소 소독에 의한 식수 보호는 엄청난 생명을 구하게 되었다.[10]

핑커는 기도 그리고 하나님 자신을, 손 씻기나 병원균 이론, 하수도와는 조금 다른 차원에 존재하는 것으로 상정한다. 신자와 비신자 모두가 이런 식의 사고에 빠질 수 있다. "돌팔이 치료법"이라고 생각하든 생각하지 않든, 우리는 기도를 인간의 고된 노동, 천재적 행동, 기술 도약, 혹은 법안이 법규로 제정되는 것과 철저하게 분리시킨다.

  어느 날 저녁, 아래층에 내려왔을 때 책을 읽다가 울고 있는(하나님의 인자하심과 자비하심 때문에 흘리는 긍정적인 눈물이었다) 조너선을 발견하고 놀랐다. 그가 읽던 것은 성경이나 교부들의 책이 아니었다. 그는 핑커의 『다시 계몽의 시대로』를 읽고 있었다. 남편은 깨끗한 식수와 현대 의료 덕분에 생명을 구한 수억의 사람들에 관해 읽으면서, 사람들의 일 안에서 그리고 그것을 통해 일하

> 기독교의 이야기는
> 기도의 일이 하수도라는 선물과 그다지 멀지 않음을 감히 믿으라 한다.

시는 하나님을 보았다. 스티븐 핑커와 조너선은 똑같은 자료를 보고 있었지만, 실재에 대한 그들의 이야기는 그 자료를 완전히 다른 방식으로 서술하게 만들었다. 핑커가 돌팔이 치료법이라고 여겼던 지점에서 조너선은 영광을 보았다. 그는 하나님이 이 슬픈 세상에 그토록 놀라운 치유가 들어오게 하시고, 남자와 여자에게 그러한 일에 동참하는 특권을 주시는 것에 대한 경이로 가득 찼다. 기독교의 이야기는 기도의 일이 하수도라는 선물과 그다지 멀지 않음을, 기도하며 든 손과 손 씻기에 대한 과학적 인정이 동일한 원천에서 흘러나오는 것을 감히 믿으라 한다. 우리가 하는 기도의 일은 회복을 위한 공공의 일에 동참하는 것이자 그것을 위한 추진력이 된다.

나는 10여 년 동안 캠퍼스 사역자로 대학원생, 교수와 함께 일했다. 나는 공공 의료, 연구, 문학, 예술 분야에서 일하는 그리스도인들이 그들의 일과 예배를 결합하는 모습을 보았다. 그들의 삶 자체가 경쟁하는 행위 능력이라는 개념에 도전한다. 이전에 만났던 학생 가운데 물리학을 전공한 한 여성은 자신이 하는 과학 연구와 기도의 일 사이에, 그녀가 "자연적이고 관찰 가능한 원인과 하나님의 행하심"이라고 명명하던 것들 사이에 어떤 대립도 보지 못한다고 말했다. 그녀는 측량 불가의 하나님이 측량 가능한 방식으로, 우리가 배우고 이해하고 참여할 수 있는 방식으로 일을 하기로 택하신다는 사실이 기쁨을 가져온다고 말한다.

여러 대학병원 및 대학 근처의 교회 목회자로 섬기는 것의 한 가지 특권은 세상에서 가장 똑똑한 사람들이 기도와 구속을 가져오는 일을 함께 붙드는 모습을 종종 맨 앞자리에서 볼 수 있다는 것이다. 친구이자 교인 중 한 명인 노엘은 미국에서 오직 몇십 명의 의사들만 할 수 있는 소아과 수술을 집도하기 위해 수십 년 동안 훈련받고 연구했다. 때로 그의 수술은 열 시간 이상 걸린다. 그 수술들은 복잡하고 고도의 집중력을 요구하며 진을 뺀다. 수술이 있는 날이면 노엘은 병원 휴게실에 서서 기도한다. 그의 수술실 사물함 문에는 그가 수술 전에 그리고 수술을 집도하며 드리는 기도문이 붙어 있다. 그의 영성 지도자의 권유로, 노엘은 성공회 기도서와 성경의 도움을 받아 자신의 기도문을 직접 작성했다. 그는 나지막이 기도한다. "오 주님, 주님을 위해 성령의 역사를 통해 저에게 환자에 대한 사랑을, 이 일에 참여하는 기쁨을, 주님의 이끄심을 따라가는 평안을, 이번 치료의 반복되는 시도에 인내를, 병실의 모든 사람에게…친절함을, 이 어려운 임무에 선함을, 누구도 보지 않더라도 주님은 보고 계실 때 세부적인 것에도 정직함을 지키는 신실함을…그리고 저 자신의 분노, 불안, 헛된 영광의

> 일하고 파수하고 우는 것을 한데 모으면 신정론의 신비를 견디는 방법이 된다.
> 그것은 우리가 공유하는 인간의 비극에 대한 신실한 반응이다.
> 그러나 오직 우리가 개인으로서 또한 교회로서
> 그 세 행동 각각에 공간과 에너지를 부여하면서도
> 그 셋 모두를 함께 맞잡을 때만 그렇다.

죄악이 저의 판단을 가리지 않게 하는 절제를 지니게 하옵소서." 그는 자신의 환자들의 이름을 불러 가며 기도한다. 그런 뒤 다시 수술실에 들어가기 위해 손을 씻고 수술을 이어 간다.

그의 환자들은 그를 격찬한다. 한 아버지는 간단히 이렇게 말한다. "그가 내 딸의 생명을 구했어요." 그러나 노엘은 나에게 자신의 일이 단지 '일반 은총의 봉사자'가 되는 기회라고 말한다. 그래서 긴 하루가 지나고 해가 지면 그는 자신의 일을 마친다. 한 아이는 도움을 받고 치유되었다. 그리고 한 남자는 자신의 수술용 마스크를 벗고, 자신이 하나님의 회복에 동참할 수 있었고 자신의 일이 하나님 자신이 하시는 일의 일부가 될 수 있음에 감사하는 기도의 호흡을 내뱉는다. 나의 친구는 기도하는 사람으로서 일하고, 일하는 사람으로서 기도한다.

* * *

일하고 파수하고 우는 것을 한데 모으면 신정론의 신비를 견디는 방법이 된다. 그것은 우리가 공유하는 인간의 비극에 대한 신실한 반응이다. 그러나 오직 우리가 개인으로서 또한 교회로서 그 세 행동 각각에 공간과 에너지를 부여하면서도 그 셋 모두를 **함께** 맞잡을 때만 그렇다.

만일 상실이나 실패에 직면할 때 슬픔이나 하나님께 집중하기 위한 공간을 남겨 두지 않고 곧바로 일―해결책이나 활동, 프로그램, 계획―로 뛰어든다면, 우리의 일은 강박적이고 광적이며 무익할 것이다. (덧붙이면, 바로 이것이 내가 기도의 순서를 뒤집어서 우는 것에서 시작한 이유다. 응급 상황을 제외하면, 보통은 곧바로 일로 뛰어들지 않는 것이 지혜다.) 만일 애곡과 노동이 함께 오지 않고 하나님의 회복을 파수하기만 한다면, 우리는 세상의 긴급한 필요를 축소하고, 감상적이고 무관심하며 수동적인 사람들이 된다. 만일 장차 올 나라를 파수하고 하나님의 일에 동참하는 것 없이 울기만 한다면, 우리는 절망에 빠지고 만다. 울고 파수하는 실천을 받아들이는 것은 일할 수밖에 없게 만들고, 체화되고 습관처럼 몸에 밴 실천을 통해 울고 파수하기를 배운 사람들이 되는 것은 우리의 일을 형성하고 성화시킨다.

* * *

하나님은 수고로 가득 찬 이 세상에 들어오셔서 선한 일을 하셨다. 예수님은 우셨고 파수하셨고 일하셨다. 그분은 이 세 가지를 모두 함께 붙잡으셨다.

그분은 사람들을 치유하시고 귀신을 내쫓으셨다. 이 세상의 고통을 가볍게 해 주셨다. 영구적으로는 아니었지만 말이다. 사람들은 여전히 병에 걸린다. 심지어 그분이 땅 위를 걸어 다니시던 그때도 사람들은 여전히 병에 걸렸다. 프랜시스 스퍼포드는 예수님이 성취하신 모든 치유에도 불구하고, 그분은 고대 근동에서 나병 환자나 하혈하는 여성, 사망자 수치를 눈에 띄게 줄이지는 못하셨다고 지적한다.[11] 그러나 그분의 일을 통해 예수님은 하나님 나라가 어떤 곳인지 우리에게 보여 주셨다. 그 나라에서 사람들은 치유되고 용서받고 회복되고 온전하게 된다.

또한 예수님은 물건을 만들며 시간을 보내셨다. 그것도 수십 년을. 예수님은 기능공이셨다. 손을 사용해 뭔가를 짓는 사람을 가리키는 '테크톤'*tektōn*이라고 불리셨다[막 6:3]. 하나님은 세상에 오셨고, 나무나 돌, 금속을 가지고 뭔가를 만드는 것이 자신이 할 만한 가치가 있는 일이라고 생각하신 것이 분명하다.[12] 무엇을 만드셨을까? 우리는 전혀 모른다. 계속 보존하기에 충분할 만큼 경천동지할 뭔가는 아니었음이 분명하다. 그러나 사람들이 죽어 가고 가난한 사람이 고통당하고 거대하고 폭력적인 제국에서 불의가 들끓는 이 어두운 세상에서, 하나님은 육신이 되셔서 가구를 만드셨다. 물건을 만들며 보내신 그 모든 시간 동안, 그분은 설교도 치유도 성전 청소도 하지 않으셨다. 운동을 조직하지도, 죽은 사람을 일으키지도 않으셨다. 세상에 오신 빛은 평범한 일을 하셨다.

예수님이 하신 모든 일은―많은 이들을 먹이신 일, 산상수훈, 야이로의 딸을 일으키신 사건처럼 군중의 감탄을 자아낸 일뿐 아니라 조용히 행하셨던 기예의 일 역시―구속을 가져왔다.

복음서는 예수님이 일과 공적 사역에 관여하시고 그다음 누가가 말하는 것처럼 "외딴 데로 물러가서 기도하[시는]" 것의 리듬을 보여 준다눅 5:16. 기도의 일은 그분을 활동적인 일의 삶으로 보냈고, 다시 그러한 일의 삶은 기도의 일로 그분을 되돌려 보냈다.

예수님의 일은 궁극적으로, 우는 것과 파수하는 것과 일하는 것이 만나는 곳인 십자가로 그분을 이끌었다.

십자가에서 예수님은 산고를 통해 자신이 낳으신, 장차 태어날 새로운 세상을 파수하시면서 어둠 속에서 우셨다.

그분의 부활과 승천 이후인 지금도, 하나님은 신비 안에서 여전히 울고 파수하고 일하고 계신다. 예수님이 여기 땅에서 행하셨던 일과 지금 하늘(멀리 떨어진 장소가 아니라 우리에게 우리 자신의 몸보다 더 가까이 있는)에서 행하시는 일은 완전히 다르지 않다. 그분이 성육신 안에서 행하신 일과 승천 이후에 하고 계신 일은 다르지만, 서로 부조화를 이루는 것은 아니다. 지상 위의 그분의 삶에서, 우리는 지금도 계속되는 하나님의 일을 엿본다.

바로 이 순간에도 그리스도는 우리를 위해 중보하는 기도의 일을 하고 계신다.

그분은 우리가 우는 것처럼 우시는 것이 아니라, 우리의 친구이자 구속자로서 우리의 울음 안으로 들어오신다.

그분은 우리와 함께 파수하시지만, 우리가 파수하는 것과는 다르게 거룩하고 완벽한 주의력으로, 참새 한 마리가 떨어질 때도, 바다나리 하나가 대양저를 기어 다닐 때도, 미토콘드리아 하나가 우리의 세포 안에서 영양분을 모을 때도 애정 어린 마음으로 순전히 몰입하여 지켜보신다.

그리고 그분은 회복을 위해 일하신다. 은하계와 제국에서, 우리의 거리와 집과 사무실에서, 밤에 우리가 자는 침대에서, 그분은 마지막 하나까지도 모두 새롭게 하기 위해 일하고 계신다.

3부

취약함의 분류학

◐

세상은 정말로 위험으로 가득하고,
그 안에는 수많은 어두운 장소들이 존재해.
그러나 괜찮은 것도 여전히 많이 있지.
그리고 이제 모든 땅에서 사랑은 슬픔과 뒤섞여 있겠지만,
그것이 아마도 더 위대한 것을 키워 낼 거야.
— 톨킨(J. R. R. Tolkien), 『반지의 제왕』(*The Lord of the Rings*)

◐

밤은 모든 감각을
날카롭게 하고 고조시킨다.
— 〈오페라의 유령〉(The Phantom of the Opera)

6. 잠자는 이를 위해 당신의 천사들을 보내소서

◐ ─ 우주와 일상다반사

나는 15년 정도 천사의 존재를 잊고 있었다.[1]

천사를 더 이상 믿을지 말지 정확하게 결정한 것은 아니었고, 그냥 그에 관해 생각하지 않았다. 설령 생각한 적이 있었다면, 보통 천사에 대한 묘사가 얼마나 진부한지 지나가듯 떠올린 것이 전부였다.

나는 밤에 아기를 재우면서 천사를 재발견했다.

첫째 아이가 신생아였던 어느 밤, 나는 정말 나도 모르는 새에 내가 하나님께 그분의 천사들을 보내 이 아이를 보호해 달라고 습관처럼 구하고 있음을 발견하고는 깜짝 놀랐다.

당시에 나는 밴더빌트 대학교에서 일했고, 캠퍼스 근처의 알렉토르 카페라는 그리스 정통 카페 겸 서점의 단골이 되었다. 나는 그곳의 평온한 아름다움과 오래된 책, 그리고 야채 칠리를 사랑했다. 그곳을 함께 운영하는 안디옥 정교회 사제인 파르테니오스 신부와 그의 아내(모두에게 그저 '프레스비테라' 혹은 '사제의 아내'로 알려진)도 알게 되었다. 어느 오후, 프레스비테라가 임신 후기였던 나에게 태어날 아기를 위한 것이라면서 천사 성상을 주었다. 그녀의 친절함에 감사했지만, 영적으로 특별히 감동되지는 않았다. 결국 나는 개신교도가 아니던가. 당시 성상이나 천사에 대해 특별히 회의감을 가지진 않았지만 그렇다고 깊은 유대감을 느끼지도 않았다. 어쨌든 나는 조그마한 나무 성상을 딸의 방 벽에 압정으로 걸어 두었다.

몇 달 뒤, 매일 밤 딸아이를 침대에 눕히기 전 아이를 위해 기도하면서, 나는 성상을 가리키며 천사가 딸의 가까이에서 지켜주실 것을 구하고 있었다. 무엇이 내 정신이나 마음을 바꾸었는지 모르겠다. 천사에 대한 기도가 어떻게 내 안에 거품처럼 천천히 일어나, 갑자기 신빙성 있고 자연스러워 보이게 되었는지 이해할 수는 없다. 유일한 설명은 엄마로서 갖게 된 강렬한 책임감—과 사랑, 그리고 취약함—이, 찾을 수 있는 어떤 곳에서든 도움을 구하도록 내 마음을 열었으리라는 것이다. 그리고 매일 밤 딸과 내가 어두운 방에 앉아 있을 때, 강인해 보이는 오래된 천사가 잠잠히 우리를 응시하고 있었다. 기도의 관습, 프레스비테라의 친절함, 그리고 성상의 고요한 확실성이 나의 모성적 열망과 공

> 우리의 집단적 상상력은 산업이 대구곶에서
> 대구를 확실히 사라지게 한 것과 똑같이
> 우주에서 초자연적 삶을 확실히 사라지게 했다.
>
> —

모하여 나의 믿음보다 앞서 행했고, 나의 믿음을 형성했던 것이다. 의심은 조용히 자취를 감추었다.

    부모가 되는 것은 새로운 차원의 불안을 가져온다. 나는 이 거대한 우주에서 내 딸의 자그마함과 연약함을 예리하게 인식했고, 내 모성애의 모든 열정으로도 그 아이를 안전하게 지키기에 충분하지 않음을 알았다. 나 역시 작고 연약했다. 그러나 밤의 거대한 어둠 속에 있는 우리의 평범한 집에서, 나는 내가 혼자가 아니라고 믿었다.

* * *

이 밤기도는 우리에게 북적대는 우주를 감히 믿으라 한다.

    우리 중 누구도, 혼자 힘으로 우리가 믿는 것으로 나아오지 않는다. 세상에 자유사상가란 없다. 우리가 누구이며 우주가 어떤 곳인지에 대한 우리의 상상력은 우리를 둘러싼 사람들과 우리가 살고 있는 문화에 의해 심오하게 형성된다. 서구의 계몽주의 이후, 우리의 집단적 상상력은 산업이 대구곶 Cape Cod, 케이프 코드에서 대

구^{cod}를 확실히 사라지게 한 것과 똑같이 우주에서 초자연적 삶을 확실히 사라지게 했다.²

이제 아무리 무의식적이더라도 우리의 기본 설정은 우주를 우리들만 표류하고 있는 공허한 바다로 상상하는 것이다. 그리스도인을 포함하여, 적당한 교양으로 교육된 우리 대부분은 마치 하나님이 멀리 계신 것처럼, 그리하여 세상을 우리가 통제해야 하는 곳처럼 대한다. 세상은 마법으로 가득하지도 않고, 신비로 충만하지도 않으며, 천사들로 채워진 것도 분명 아니다.

그러나 언제나 그런 것은 아니었다. 역사적 교회는 우주가 천사들로 가득 차 있다고 상상했고, 고대 기독교 지도자들은 천사에 대해 많이, 솔직히 내가 편하게 느끼는 이상으로 많이 말했다. 토마스 아퀴나스$^{Thomas\ Aquinas}$는 천사를 "지적 피조물" 혹은 "영적 피조물"이라 불렀다.³ 5세기에 디오니시우스 아레오파기타$^{Dionysius\ the\ Areopagite}$는 "천사들은 천 명보다 천 배가 많고, 만 명보다 만 배가 더 많으며…초월적인 지적 존재의 복된 군대는 정말로 너무도 허다해서 우리 물리적 숫자의 깨지기 쉽고 제한된 영역을 능가한다"고 썼다.⁴ 푸아티에의 힐라리오$^{Hilary\ of\ Poitiers}$는 "텅 비어 보이는 모든 것이 하나님의 천사로 가득 차 있고, 그들은 자기 직무를 바쁘게 행하며 다니기 때문에 그들이 거하지 않는 곳이란 없다"⁵고 했다.

평범한 날에도 제자리에서 뱅뱅 돌면 수천의 천사들과 부딪힐 수 있다는 관점으로 우주를 바라보며 사는 것은 나로서는 상상하기 어렵다. 수 세기 동안 당연시되던 것, 즉 우주가 신적 생명으로 북적댄다는 것은 나를 억지로 잡아 늘려야 믿을 수 있는 어떤 것이다. 그러나 천사에 대한 나의 양가적 감정은 이성 때문이 아니다. 그것은 나의 상상력의 실패, 즉 세상을 텅 빈 우주의 바다로 바라보는 탈마법화된^{disenchanted} 시각에 의해 형성된 상상력의 실패에서 기인한다. 그렇게 고백하지 않을지라도, 사실 나는 내가 보고 듣고 냄새 맡고 맛보고 만질 수 있는 것 이상의 어떤 세상에도 특별히 사로잡히지 않을 때가 많다. 여기에는 경이의 상실이 함께 온다. 나는 세상이, 심지어 내 작은 집조차 하나님의 임재로 흠뻑 젖어 있으며 그 가장자리까지 영적 신비로 채워져 있음을 생각해 보기 위해 멈추는 법이 거의 없다. 마이크 코스퍼^{Mike Cosper}는 그의 책 『경이를 다시 붙들기』^{Recapturing the Wonder}에서 "그리스도인과 비그리스도인이 똑같이 마법에서 풀린 것은 우리 모두가 실재에 대한 물질적 이해를 그럴듯해 보이는 어른의 사고방식으로 제시하는 세상에 깊이 잠겨 있기 때문이다"라고 쓴다.[6]

솔직히 내가 속한 도회적 그룹에서는 초자연을 믿는 것이 약간 당혹스러울 수 있다. 특히 막연히 이국적이고 힙한 뉴에이지 스타일이 아니라, 품격이 떨어지는 초자연은 더욱 그렇다. 그런데 천사들이라니? 이것은 정신이 약간 이상한 아줌마의 책장에 나란히 진열된 싸구려 조각상쯤 되는 얘기다. 『스크루테이프의 편지』^{The Screwtape Letters, 홍성사}에서 C. S. 루이스는 이렇게 썼다.

조형 예술에서 이 상징들은 쉽게 퇴화되었네. 프라 안젤리코의 천사들은 얼굴과 동작에서 천상의 평화와 권위를 전달하지. 그 이후 라파엘로의 통통한 아기 같은 누드들이 나오네. 그리고 마지막으로 19세기 예술의 부드럽고 가늘고 소녀 같고 위안을 주는 천사들, 너무 여성스러워서 오직 철저히 평범함으로써 육감적이기를 피한 형태들이 나오지.[7]

내가 천사의 존재를 믿기 거부한 것은, 작고 사랑스러운 아기 천사들과 프레셔스 모먼트Precious Moments의 천사 조각상들, 영화 〈마이클〉Michael에서 천사 역을 맡아 아레타 프랭클린과 춤을 추는 존 트라볼타가 현실성을 고갈시킨 정도에 비하면 약과다. 천사는 우스워졌고 감상적인 패러디가 되었다.[8]

그리스도인들은 우리의 신앙이 마법에 좀 덜 걸리게 하려는 유혹을 받을 수 있다. 우리는 우리의 신앙에 품격을 갖추려고 노력한다. 그러나 사실 우리는 여전히 이상한 것을 아주 많이 믿는다.

몇 년 전에 영국 신학자 존 밀뱅크John Milbank의 인터뷰를 들었는데, 거기서 그는 이렇게 말했다. "나는 이 모든 환상적인 것들을 믿습니다. 내가 생각하기에 현대 복음주의자 대부분을 포함하는 현대 교회에서 일어난 탈마법화disenchantment에…나는 정말로 격렬하게 반대합니다." 그는 그가 "가장 복음주의적 교구"라고 묘사한 영국의 노팅엄 교구에 대한 어떤 이야기를 들려주었다. 그들은 천사에 관한 어떤 라디오 쇼에 참여해 달라는 요청을 받았다. 그들은 성직자들에게 이런 설문을 돌렸다. '주변에 아직도 천사에 대해 충분히 말할 것이 있을 만큼 그 존재를 믿는 사람이 있습니까?' 밀뱅크는 그 교구를 꾸짖었다. "내가 볼 때 이것은 부끄럽고 충격적인 일입니다. 천사에 관해서나 하나님의 경륜 안에서 천사의 위치를 일관되게 설명할 수 없다면 사제 서품도 받을 수 없어야 합니다."[9] 밀뱅크는 교회의 재마법화 re-enchantment를 촉구하면서, 우리가 성경의 모든 것과 교회 전통의 많은 것을, 심지어 기이한 것까지도 믿고 고백하고 받아들이고 인정해야 한다고 주장한다.

마법에 걸린 우주, 즉 기이한 것들을 수용하지 않는다면 우리는 실재의 충만함과 하나님의 충만함을 놓치게 되고, 우리 자신의 삶의 신비, 답을 찾지 못할 우리의 뒤엉킨 질문들을 절대로 수용할 수 없을 것이다. 신비를 견디려면 우리는 경이로 넘실대는 파도를 타며 즐기는 법을 배워야 한다.

* * *

밤은 북적대는 우주와 경이가 감추어진 영적 실재에 대해 속삭이는 것을 듣는 시간이다. 우리의 상상력은 온갖 가능성으로 마음껏 펼쳐진다. 지구상의 모든 문화는 귀신과 밤에 나타나는 다른 정령들 이야기로 가득하다.

이 밤 시간의 기도는 우리를 초자연적인 것으로 돌아오게 한다. 그 안에서 우리는 우리가 보고 측량하고 통제할 수 있는 것 너머에 있는 우주의 불편한 실재와 조우한다.

어떤 형식이든 기도 자체는 물질 영역 너머의 세상, 우리가 도시의 사람들과 더불어 말할 수 있는 것보다 많은 신비들로 채워진 세상과 상호 작용하도록 도전한다.

어떤 면에서 기도는 완전히 평범하다. 일반적이고 일상적이다.

그러나 그것은 초자연적 실재로 들어가는 입구이기도 하다. 기도를 침묵의 시간으로 꾸미든 성경 구절과 아름다운 문장으로 포장하든, 세상을 오직 3차원으로만 상상하는 문화에서 여전히 기도는 불가피하게 그리고 다행히도 품격이 없다.

나는 지역 교회의 사제가 되면서 초자연적 현상을 피할 수 없게 되었다. 교인이 설명할 수 없는 영적 조우에 대한 도움을 청하기 위해 담당 목회자에게 연락을 해 오는 경우는 흔하다. 이들은 한낱 정신 나간 아줌마들이 아니다. 명백하게 지적이고 안정되고 분별력 있는 물리학자, 교수, 사업가가 마귀를 봤거나 어떤 다른 설명하기 힘든 경험을 한 것 같다는 이유로 자기 집에 와서 기도해 줄 수 있겠느냐고 부탁한다. 마침내 사제들은 배관공이 막힌 배수관과 관련된 요청에 응답하듯 초자연적인 것에 응답하는 법을 배운다. 그것이 직무의 일부다. 내가 아는 나이 든 사제 중에 이야깃거리가 없는 사람이 없다.

그러나 초자연적인 것에 대한 더 심오한 믿음으로 나를 이끈

것은 궁극적으로 내가 목회자라는 사실이나 어떤 기이한 경험이 아니었다. 그것은 기도였다.

기도는 실재의 본성에 대한 상상력을 확장시킨다.

코스퍼는 이렇게 쓴다. "하나님 나라에 살려면, 혹은 마법이 풀려 버린 우리의 환경과는 다른 세상에서 살고자 한다면, 우리의 습관과 헌신을 대대적으로 재배열해야 한다."[10] 우리는 지금 여기가 존재하는 전부이며, 우리에게 주어진 유일한 희망은 우리가 맛보고 냄새 맡고 느끼고 볼 수 있는 것에서 발견된다고 믿는 문화의 거의 모든 충동에 의해 훈육된다. 물질세계 너머의 뭔가를 믿기 위해서 우리는 부활의 빛으로, 엘리자베스 배럿 브라우닝 Elizabeth Barrett Browning이 일깨워 주듯 "땅이 하늘로 그득하고, 평범한 모든 떨기나무가 하나님으로 불타오르는" 가능성의 빛으로 우리의 상상력과 또한 마음과 생각을 형성하는 연습을 받아들여야 한다.[11]

기도는 종종 믿음에 선행한다.

기도에 대한 대부분의 대중적 이해는 정반대다. 우리는 기도를 주로 자기표현적이라고 생각한다. 이런 사고방식에 따르면, 우리는 하나님과 세상에 대한 믿음과 느낌으로 시작하고, 그 때문에 기도를 배운다. 우리의 기도는 우리 내면의 삶을 말로 표현한다. 그러나 사실 기도는 우리 내면의 삶을 형성한다. 그리고 전해 받은 기도로 기도할 때, 놀랍게도 우리는 때로 그 기도가 어떻게 믿어야 하는지를 가르치는 것을 발견한다. 그 당시에는 그 기도에 대해 혹은 하나님에 대해 어떻게 느끼든 상관없다.

고통과 슬픔의 시간에는 특히 그렇다.

극심한 상실을 경험할 때, 우리는 종종 믿기 위해 몸부림친다. 하나님을 신뢰하는 것이 가파른 산을 오르는 것처럼 느껴진다. 우리는 지치고 다리가 휘청거린다.

내가 삶의 깊은 고통의 시간 가운데 있을 때, 교회의 믿음은 나를 이끌어 주었다. 우리는 예배에서 사도신경을 고백할 때 "나는 하나님 아버지를 믿사오며…"라고 말하지 않는다. 나는 어떤 주간에는 믿지만, 또 다른 주간에는 그렇게 높이 오르지 못하기 때문이다. 그 대신에 이렇게 고백한다. "**우리**는 하나님 아버지를 믿사오며…"(우리말 사도신경은 "나는…믿사오며"이지만, 영어로는 "We believe…"로 시작한다—편집자). 믿음은 우리 안의 느낌이 아니라 우리 바깥의 실재이며 우리는 그 안으로 들어간다. 자신의 믿음이 휘청거리는 것을 발견할 때, 때로 우리가 할 수 있는 전부는 성인들의 신앙에 몸을 맡기는 것이다. 우리는 함께 믿는다. 믿음이 오롯이 나와 늘 오락가락하는 나의 신실함에만 달려 있지 않음에 대해 하나님께 감사한다.

철학자 제임스 스미스^{James K. A. Smith}는 고통과 의심의 한가운데서 "우리에게는 기도와 예배로부터 떨어지지 않게 하는 난간이 필요하다"고 설명한다. "모든 그리스도인의 순례에는, 당신이 그곳을 걷고 있다는 사실에 놀라지 말아야 할 시절이 있을 것이다.…어떤 날에 나는 의심을 품고 교회에 나올 것이고, 나를 위해 찬양하는 당신을 약간 의지하고 있을 것이다."[12]

성경, 찬양, 전례, 그리고 교회의 기도는 고통 가운데 있는 우리에게 구명줄을 던진다. 하나님을 알고 싶지만 힘이 없어 걸을 수 없을 때, 이 실천들이 우리를 이끈다.

* * *

우주는 늘 마법에 걸려 있었다. 손 닿는 곳 너머에 있는 신비를 우리가 더 이상 경이로워하지 않을 수는 있지만, 그렇다고 그것이 한 뼘이라도 축소되는 것은 아니다. 우주에게는 우리의 인정이 필요하지 않다.

빈곤해진 것은 우리다.

그러나 우리는 어쩌면, 아주 만약에, 이것 이상이 있을지도 모른다는 느낌을 떨쳐 버리지 못한다. 우리의 평범한 삶이 보이지 않고 거룩한 어떤 것, 그 안에서 우리가 우리의 역할을 감당하게 될 더 웅장한 이야기의 일부는 아닐지 궁금해한다.

보이지 않는 것은 우리가 경험하는 인간의 취약함의 일부다. 우리가 취약하다고 느끼는 것은 단지 상실, 질병, 혹은 죽음에 직면하기 때문이 아니다. 우리는 우주적 차원에서 취약함을 느낀다. 우리는 광대한 우주에서 우리의 작음을 느낀다. 이 세상에, 어쩌면 현미경으로 들여다보아도 입증하거나 반증할 수 없는 선과 악의 세력이 있음을 감지한다. 마음 속 깊은 곳에서 우리는 이 광대한 실재의 바다 안에 모두가 상상할 수 있는 것보다 더 많은 것이 북적이고 있지 않을지 의심한다. 그리고 궁금해한다. 만약 초자연적 실재가 있다면 그것은 질서인가, 혼돈인가? 아름다운가, 끔찍한가?

당신이 혼자가 아님을 아는 것은 위로가 될 수도 있고, 두려운 일일 수도 있다. 어느 어두운 밤, 천둥이 치고 나뭇가지들이 창문 가까이에서 미친 듯 흔들릴 때, 내 아이들은 내가 "나 여기 있어. 너희는 혼자가 아니야"라고 말하면 안심한다. 엄마를 신뢰하고 엄마를 사랑하기 때문이다. 그러나 똑같은 생각이 '벨소리는 집 안에서 나오고 있었던 것이다'처럼 공포 영화의 악몽 같은 반전일 수도 있다. 세상이 신비로 가득 차 있음을 느끼는 것은 보이지 않는 것들이 신뢰할 수 있는 대상인지 아닌지에 따라 선물일 수도 있고, 공포일 수도 있다. 하나님은 우리에게 사랑 많은 엄마로 오시는가, 우리를 잡아가려는 낯선 이로 오시는가?

기도는 초자연적 실재 안으로 우리를 불러들인다. 또한 보이는 것과 보이지 않는 것 양쪽 모두를 다스리시는 하나님, 땅돼지와 천사, 그 외에 누구도 모를 온갖 것을 만드신 분의 본성을 우리에게 가르쳐 준다.

> 우리는 정신 나간 것처럼 들리는 것,
> 곧 하나님이 상상할 수 없는 초자연적 존재를 보내셔서
> 우리가 베개에 침을 흘리는 동안 우리를 지키게 하시기를 구한다.

* * *

"잠자는 이를 위해 당신의 천사들을 보내소서." 이 대목에서 나는 초자연적 우주의 생경함과 인간의 가장 일상적 활동인 잠을 함께 끌어낸다는 점을 가장 사랑한다.

우리는 매일 밤, 우리의 평범한 삶의 평범한 집에서 평범한 침대로 자러 간다. 그리고 신비와 경이로 넘쳐흐르기 직전까지 채워진 우주 속에서 잠든다. 늘 북적대는 우주의 북적대는 방에서 잠을 자기 때문에, 우리는 정신 나간 것처럼 들리는 것, 곧 하나님이 상상할 수 없는 초자연적 존재를 보내셔서 우리가 베개에 침을 흘리는 동안 우리를 지키게 하시기를 구한다.

잠잘 때 우리 모두는 무력하다. 그의 직업이 얼마나 중요하든, 얼마나 인상적인 사람이든, 살기 위해 우리 모두는 인생의 대략 3분의 1 동안을 전원을 끈 채 무의식 상태에 있어야 한다.

좋든 싫든 우리는 매일 잠을 자기 위해 취약함 안으로 들어가야 한다. 우리는 해를 입을 수 있다. 강도를 당할 수도 있다. 그 밤 이전에는 상상할 수 없던 새로운 상실의 세상에서 잠을 깰 수도 있다.

우리는 잠을 약점 삼아 이용당할 수 있음을 알기에, 오직 신뢰하는 이들 옆에서만 자고 싶어 한다. 잠을 잘 때 우리는 옆에 있는 사람들의 처분에 달려 있고, 그 밤의 처분에 달려 있다. 우리는 폭력이나 죽음의 우뚝 솟은 공포, 혹은 나쁜 꿈이나 모기 같은 좀더 평범한 문제에서도 자신을 보호할 수 없다.

잠은 우리의 무력함을 일깨운다. 잠들어 있을 때 우리는 칭찬받을 만한 어떤 일도 하지 않는다. 이력서에 적을 만한 어떤 것도 성취하지 않는다. 이 때문에, 잠은 우리의 보증이 우리의 생산성이나 기량, 힘의 총합이 아님을 일깨우는 반ㅉ형성적 실천이다.

또는 계속 살아 있을 수 있는 능력마저도 그러하다. 기독교 전통에서 잠은 항상 죽음을 연습하는 방식으로 간주되었다. 예수님과 바울 모두 죽음을 일종의 잠을 자는 것처럼 말했다. 우리가 밤마다 무의식의 세계로 내려가는 것은 매일의 '메멘토 모리'*memento mori* 즉 우리의 피조물 됨, 우리의 유한함, 우리의 연약함을 상기시키는 표지다. 살아 있고 건강한 우리는 잠자리에 들 때 죽음의 무기력함에 가까워진다. 그리고 그것을 매일 밤 반복한다.

잠은 너무 취약한 일이기 때문에, 우리는 때로 이를 받아들이기가 어렵다. 밤이 깊도록 전구가 부드럽게 웅웅거리는 소리를 들으며 늦게까지 깨어서 화면을 들여다보거나 일을 하거나 그저 빈둥거린다. 할 수 있는 모든 방법을 동원해 우리 몸의 한계에 저항한다.

> **우리의 몸은 자기 충족성과 능력을 꽉 움켜쥔 손을
> 느슨하게 풀어야 번성하도록 설정되었다.**

 그러나 물론 잠자는 동안 우리의 몸과 두뇌가 아무 활동도 하지 않는 것은 아니다. 우리의 머릿속에서 일어나는 활동은 하나의 완전한 세상으로 존재한다. 우리는 꿈을 꾼다. 질병과 싸운다. 지나온 날들의 기억을 형성하고 분류하고 강화한다. 과학자들은 학습이 실제로 자는 동안 일어나며, 심지어 잠에 달려 있다고 말한다. 낮 동안 받아들이는 정보는 우리가 잘 때 뇌에서 무의식적으로 계속 반복되고, 그럼으로써 우리는 그것을 우리 삶 안으로 흡수하고 기억하고 통합한다.[13]

 그러나 그것이 우리의 지식이나 동의나 통제와 전혀 관계없이 일어난다는 점이 이 모든 것에서 가장 중요하다. 우리의 몸은 자기 충족성과 능력을 꽉 움켜쥔 손을 느슨하게 풀어야 번성하도록 설정되었다. 그렇다면 배우거나 성장하기 위해 우리는 신체적으로나 영적으로나 취약함을 기꺼이 받아들여야 한다.

 하나님이 우주 그리고 우리의 몸을 설계하셨고, 그렇기에 매일 우리는 우리가 무대 중심의 별들이 아니라는 사실을 직면해야 한다. 우리는 지구의 일차 주인공이 아니며, 심지어 우리 자신의 삶에서도 그렇다. 매일 밤 행성들의 공전과 천사들의 활동, 그리

고 세상에서 하나님이 행하시는 일은 우리 없이도 아주 잘 지속된다. 그리스도인에게 잠은 하나님의 역사가 우리에게 달려 있지 않음을 믿는다고 고백하는 구체적 방법이다.

제임스 브라이언 스미스James Bryan Smith는 "잠은 훈련과 은혜의 조합을 보여 주는 완벽한 예"라고 쓴다. "우리는 스스로 잠들게 할 수 없다. 우리 스스로 잠에 들도록 강요할 수 없다. 잠은 항복의 행위다. 신뢰의 선포이며, 우리가 (주무시지 않는) 하나님이 아님을, 그리고 그것이 좋은 소식임을 인정하는 것이다. 우리는 우리 스스로 잠들게 할 수는 없지만, 잠드는 데 필요한 조건들을 창출할 수는 있다."¹⁴ 배우고 자라기 위해서는, 매우 문자적 의미에서 항복의 자세가 필요하다.

* * *

자신이 너무 왜소하게 느껴져서 잠들 수 없는 때가 있다. 우리는 죽음이, 실패가, 혼자인 것이 두렵다. 우리는 걱정한다. 우리가 좌지우지할 수 있다는 거대한 착각이 연기처럼 사라지는 유약한 순간들이 있다.

몇 년 전, 나의 아버지는 바다 한복판에 뜬 유람선 위에서 심각한 심장마비를 겪으셨다. 나와 형제들은 엄마로부터 소식을 들었지만, 하루가 넘도록 그 이후의 소식을 들을 수 없었다. 마침내 배의 의사에게 연락이 닿았고, 아버지가 치료를 위해 하선하여 남아메리카의 한 병원으로 이송될 예정이지만 일단 배가 항구에 도착하려면 밤새 항해해야 한다는 말을 들었다. 그날 밤 내가 침대에 누워, 바다 한복판의 배 위에서 이리저리 흔들리고 있을 아버지와 어머니를 생각하던 것이 기억난다. 나는 부모님을 구할 수도, 부모님에게 가거나 심지어 전화도 할 수 없었다. 배가 더 빨리 움직이게 할 수도 없었다. 아버지가 아침에 살아 계실지 아닐지도 예측할 수 없었다. 나 자신의 무력함을 그토록 예리하게 느끼면서, 나는 빠르게 잠이 들었다. 평소라면 아주 드문 일이었다.

자기 시간표 관리도 제대로 하지 못하는 아이가 뉴욕 증권거래소 운영이 자신의 일이 아님을 아는 것처럼, 내가 통제할 수 있는 것이 얼마나 적은지 아는 것은 그저 하나님의 돌보심 안으로 들어가 쉬도록 나를 놓아 주었다. 이것은 평소의 나답지 않은 일이다. 내가 뭐라도 할 수 있다는 흉내조차 낼 수 없을 만큼 일이 어려워졌을 때만, 나는 내가 내 삶이나 다른 이들의 삶을 책임지는 것이 아님을 기억한다.

잠은 우리 삶을 창조하고 움직이는 이가 우리 자신이 아닌 하나님이심을 일깨워 주는 매일의 육체적 표지다.

잠의 실천처럼, 기도의 실천은 아침이 언제 어떻게 올지 약속할 수 없는 우리의 순전한 연약함을 마주하며 하나님 안에서 쉼을 취하는 자세로 들어가는 길이다. 그것은 구원의 인체공학이자, 어둠의 세상을 걷는 법을 배우는 방법이다. 그리고 이 쉼의 자세는 나쁜 일들이 일어나는 것을 허락하시는 하나님을 어떻게 신뢰할 것인지에 대한 나의 계속되는 질문을 재형성한다. 코스퍼는 이렇게 결론짓는다.

> 모든 질문에 대답하고 삶의 모든 신비를 납득하고자 발톱을 세우고 손아귀를 움켜쥐는 우리의 노력은 실패로 끝날 것이다. 그 대신, 하나님은 우리 주위의 미치고 미친 세상으로 소풍 가자고, 우리 자신을 수많은 신비 중 하나로 보라고, 모든 것이 어떤 이상하고 우주적인 방식으로 이치에 맞게 되는 것에 대해 그분을 신뢰하라고 우리를 초청하신다. 그렇게 할 때, 우리는 세상에 존재하는 신비가 경이로의 초대이며, 그런 신비가 없는 세상은 절망의 세상임을 발견한다.[15]

하늘과 땅에는 우리가 철학 안에서 꿈꾸는 것보다 더 많은 것이 있다. 소풍을 가야 할 미치고 미친 세상이 있고, 우리는 그 무게를 우리의 어깨에 짊어지지 않는다. 우리는 한계를 지닌 사람들이며, 우리 자신의 두뇌와 침실에는 우리가 명확하게 밝힐 수 있는 것보다 더 많은 신비가 존재한다. 그래서 우리는 홀로 버려지지 않음을 아는 채로 매일 밤 자리에 누워 잠을 잔다.

7. 주 그리스도여, 병든 이를 돌보소서

O — 체현

비불멸성은 1회 분량으로 조금씩 나눠서 찾아온다. 처음으로 막혔던 코에서 마지막 소멸에 이르기까지.

 우리는 우리의 몸 안에서 삶의 최고에서 최저까지 각 순간을 살아 낸다. 우리는 사랑을 추상적 개념이 아닌, 젖먹이일 때 먹여 주고 꼭 안아 주는 경험을 통해 발견한다. 흉골 바로 위가 꽉 조이는 통증으로 외로움을 알게 된다. 볼에 스치는 얼음장 같은 세찬 바람이나 발밑의 뜨거운 아스팔트로 계절의 변화를 만난다. 고통, 즐거움, 정신적 외상, 고뇌는 몸으로 느끼는 상태다. 우리는 그저 몸을 가지고 있는 것이 아니다. 우리는 몸이다. 그것이 우리가 누구인지의 전부는 아니지만, 더 이상 축소할 수 없는 차원에서 우리는 몸을 가진 피조물이다. 그리고 우리의 몸이 무너질 때, 우리도 무너진다.

  우리는 병에 걸린다. 죽을 맛이다. 사고력도 무뎌진다. 피곤하고 몸이 쑤신다. 혹은 토할 것 같은 때엔 위장 체계의 긴박한 긴급성 외에는 거의 아무것도 느끼지 못한다. 인간의 취약함은 단지 개념이 아니다. 햇볕에 입은 화상이나 칼칼한 목처럼 오장육부와 이어져 있다.

  밤기도의 이 부분에서, 우리는 죽는 것에 관해 말하고 있지 않다. 아직은. 우리는 그저 아픈 사람을 위해 기도하고 있다. 그리고 밤은 특히 아픈 이들에게 힘든 시간이다.

  먼저, 해가 저물어 갈 때 우리는 상태가 더 악화되는 것처럼 느낀다. 밤에 더 아픈 것처럼 보이게 만드는 것은 단지 그런 인식 때문이 아니다. 병은 정말로 밤 시간에 최고조에 이른다. 우리 면역력은 그 자체로 24시간 주기의 리듬이 있고, 몸의 염증은 밤에 증가하는데 이것이 우리가 더 나아지게 돕는다.[1] 그러나 그사이에, 우리는 죽을 맛이다. (내 아이들을 담당한 소아과 의사는, 아이들의 몸이 의사 진료 시간이 끝나는 시간을 알아서, 그때까지 열이 치솟지 않고 기다린다고 말해 주었다.)

  내가 아프거나 아픈 누군가를 돌볼 때, 나는 해질녘이 두렵다. 아침까지 남은 시간을 계산하며 길고 어두운 밤 내내 아픈 아이를 간호할 때는 뚜렷한 불안과 탈진이 어김없이 찾아온다. 그리고 나 자신이 아플 때도, 어둠은 초조함과 외로움을 더 깊어지게

> 교회는 오랫동안 질병에 대해 '죽음의 하녀', 우리의 피할 수 없는 부패를
> 연습하는 반복 훈련이라고 말해 왔다.

한다. 질병은 우리를 고립시키며, 기침이나 구역질 혹은 통증 때문에 밤에 잠을 이루지 못할 때 우리는 고유한 비참함과 종종 홀로 마주한다.

우리의 피부와 세포는 크고 작은 연약함을 지니고 있고, 그렇기에 우리는 병든 사람을 위해 기도한다. 이는 얼마나 넓은 범위의 사람들을 포함하는가. 우리는 흔한 감기에 걸린 사람도 기억하지만, 암에 걸린 사람, 유효기간 지난 스시를 먹고 탈이 난 사람, 에볼라 사례도 역시 기억한다.

싱어송라이터인 데이비드 윌콕스David Wilcox는 훌륭한 짧은 노래에서 코감기를 "저승사자의 경고장을 받기 위해 갓길에 멈춰 서는 것"이라고 묘사한다.[2]

잠과 밤처럼 질병은 우리의 비불멸성의 또 다른 징표다. 교회는 오랫동안 질병에 대해 '죽음의 하녀', 우리의 피할 수 없는 부패를 연습하는 반복 훈련이라고 말해 왔다.[3] 아무리 크건 작건, 질병은 피조물로서 지닌 우리의 한계, 해를 입기 쉬운 취약성, 미래의 소멸을 일깨워 주는 원치 않는 표지다.

* * *

'인간'humanJ이라는 영어 단어가 유래한 라틴어 단어*humanus*와, '땅' 혹은 '토양'을 뜻하는 라틴어 단어*humus*는 어원이 같다. 우리는 흙으로, 먼지로 지어진 피조물이다.

'겸손'humility이라는 영어 단어 역시 이 어원에서 나온다. 질병은 진정한 의미에서 굴욕감을 준다. 우리의 몸은 우리 모두가 고체와 액체의 부글부글 끓는 가마솥임을 일깨운다. 우리는 천하무적이라는 말 근처에도 가지 못한다. 우리는 연약하게 태어나서 인생 내내 계속 연약한 채로 살아간다.

두통, 멀미, 현기증, 귀앓이 등, 이런 것들은 우리에 대해 뭔가 참된 것을 드러낸다. 우리가 언젠가 죽는다는 사실뿐 아니라, 그 사이에도 한계를 지닌다는 것. 우리의 삶은 쇠약해 가는 우리의 수용력에 매여 있다. 병에 걸렸을 때 우리는 우리 중 누구도 자기 운명의 주인이나 자기 생명을 지속시키는 존재가 아님을 새삼 깨닫는다.

2017년에 임신 합병증 때문에 수개월간 '의학적 이유의 활동 제한'을 받았을 때, 나는 산책을 갈 수도, 장을 볼 수도, 이삿짐을 풀 수도 없었다. 몸이 호루라기를 불어서 나를 선수 대기석으로 보낸 것 같았다.

필수적 활동 정지는 나를 우울하게 만들었다. 질병은 지루하다. 우리는 안녕하도록, 움직이도록, 뛰어다니도록, 얼굴에 스치는 바람을 느끼도록 지어졌고, 이 모든 것에서 제외될 때 우리 몸 자체의 화학 반응은 이의를 제기한다. 우리는 재빨리 뾰족해진다.

또한 질병은 깊은 절망감을 준다. 내가 아이들을 낳을 수 있게 해 주었고, 과카몰리를 맛보고 차가운 아이리시해에서 헤엄칠 수 있게 해 주었던, 나에게 그토록 큰 기쁨을 주던 나의 몸이 이제 나를 실망시킨다. 나는 피부 속 세포들이 적절하게 작동하는 큰 특권에 익숙한 채로 자랐다. 일들을 성취할 수 있다. 역할을 수행하고 기대를 만족시키고 할 일 목록을 끝낼 수 있다. 그러다가 갑자기 그런 것들을 할 수 없게 되었고, 장애물은 바로 나 자신의 몸이었다. 나는 일과 관계된 행사를 취소하고 친구들에게 내 아이들의 하교를 도와달라고 부탁해야 했다.

그리고 하고 싶은 일들을 더 이상 성취할 수 없게 되었을 때, 내게 남은 전부는 어떤 장식이나 품위, 생산력이 제거된 나 자신이었다. 굴욕적이었다.

그러나 이런 종류의 굴욕감은 나를 사람으로 만들어 준다. 우리의 연약함과 한계에 직면하는 일은 우리에게 인간이 되는 법을 가르쳐 준다.

우리 문화는 종종 이 교훈에 저항한다. 약함은 용납되지 않는다. 2019년 10월, 로버트 하프$^{Robert\ Half}$는 "동료가 당신을 아프게 합니까?"$^{Are\ Your\ Co\text{-}Workers\ Making\ You\ Sick?}$라는 제목의 기사를 썼다. 당시 미국인의 70-90퍼센트가 아플 때도 일하러 간다고 응답했다.

미국인의 3분의 1은 몸이 아무리 엉망이든 상관없이, 어떤 이유에서건 결근하지 않는다고 말했다.[4] 그리고 노동자의 55퍼센트가 병가를 내는 것에 죄책감을 느낀다고 응답했다.[5] 피고용인 대다수가, 집에 머무르기엔 해야 할 일이 너무 많기 때문에 아픈 동안에도 일을 계속한다고 응답했다. 몸을 사리기에는 우리는 그저 너무 바쁘다. 인간의 취약함은 귀찮고 불편한 것으로 드러난다.

또한 피고용인이 아파도 출근을 하는 것은 병가 일수가 충분하지 않기 때문이기도 하고, 혹은 아플 때도 출근을 하는 상사들에게 보조를 맞추고자 하기 때문이다. 우리는 우리 몸의 한계를 기꺼이 무시하려는 집단적 태도에 근거한 인사 체제와 기업 문화를 만들어 냈다.[6] 그러나 몸을 입고 있음의 한계에 저항하는 것은 오직 우리의 몸과 영혼 모두를 더 아프게 만들 뿐이다. 우리는 병균을 퍼뜨릴 뿐 아니라, 우리의 약함의 실재를 부정하는 건강하지 못한 습관을 퍼뜨린다. 우리의 한계를 존중하는 것이 우리를 인간답게 만든다면, 한계를 거부하는 문화는 본질적으로 비인간적이다.

우리는 없어서는 안 되고 전능하며 파괴되지 않는 존재이고 싶어 한다. 그러나 우리는 인간, 흙으로 지어진 피조물이다. 우리에 관한 이 진실을 받아들이는 것은 자유를 낳는 종류의 굴욕이다.

임무를 수행하고 보조를 맞추고 성취하는 우리의 능력이 실패로 돌아갈 때 우리는 하나님을 알게 된다. 질병은 우리가 사랑받

> 명확하게 드러나는 사실은
> 내가 그다지 친절하거나 인내심이 많지 않다는 것이다.
> 나는 그저 허리 통증이 없었을 뿐이다.

고 있는 존재임을 감히 받아들이라고 도전한다. 정확하게 그것이 우리가 무적의 힘과 훌륭한 장점을 소유했다는 어떤 환상도 사라지게 만들기 때문이다.

* * *

질병이 주는 복된 굴욕은 육체적일 뿐 아니라 영적이기도 하다. 경건에 대한 우리의 환상은 단 한 번의 치통에도 사라질 수 있다.

  몸이 꺾이면 우리의 의지도 꺾인다. 만약 자비, 친절, 온유 같은 덕의 습관이 우리 안으로 들어오지 않았고 우리의 기질 자체 안으로 스며들지 않았다면, 질병은 우리가 얼마나 더 자라야 하는지를 그대로 드러낸다. 몸이 둔하거나 피곤하거나 미열이 있으면, 나는 아이들에게 잔소리를 하고 쉽게 절망에 빠지고 쓴 뿌리의 잔치를 벌이고 다른 사람들을 거의 배려하지 않는다. 내 삶에서 친절이나 인내나 거룩함으로 보이는 많은 것의 동력은 건강과 에너지 그리고 단순한 즐거움이다. 이런 것들이 사라질 때, 명확하게 드러나는 사실은 내가 그다지 친절하거나 인내심이 많지 않다는 것이다. 나는 그저 허리 통증이 없었을 뿐이다.

스캇 케언즈$^{Scott\ Cairns}$는 『고통의 끝』$^{The\ End\ of\ Suffering}$에서 암으로 죽어 가던 한 수도사를 만났던 일에 대해 쓰면서, 그가 자신에게 했던 말을 들려준다. "천국에는 암이 생명을 구해 준 남녀들로 가득하다네."[7]

암 자체가 경축할 만한 뭔가는 아니다. 질병은 마땅히 그래야 하는 상태가 아니며, 우리는 그 반대인 척할 필요가 없다. 그러나 우리가 허락하기만 하면, 우리의 육체적 취약함은 우리가 누구인지 보여 주고, 하나님께 부르짖는 법을(때로는 신음으로, 때로는 구토를 통해) 우리에게 가르쳐 줄 수 있다. 그렇게 할 때, 우리는 우리가 그분께 드릴 것이 아무것도 없는 바로 그 순간에 하나님이 우리를 만나 주심을 발견한다.

역사적 교회는 질병을 회개와 덕이 자라는 기회로(아무리 환영하지 않는 기회라 해도) 불렀다. 이것이 한 늙은 수도사가 암이 생명을 구한다고 주장할 수 있는 이유다. 이는 질병이 우리의 죄악됨의 결과라든지, 건강이 우리의 덕이 가져온 결과라는 의미가 아니라, 이 특정한 종류의 체현된 고통을 통해 우리가 충분히 연약해짐으로써 새롭게 빚어질 수 있게 된다는 의미다. 17세기의 성공회 사제 제러미 테일러$^{Jeremy\ Taylor}$는 "어떤 의미로든 질병을…견딜 만하게 만들 수 있는 것은 하나님의 은혜밖에 없다"고 썼다.[8] 하나님은 암이나 구내염을 우리에게 보내기를 즐거워하시지 않지만, 우리 몸이 망가질 때 우리를 만나 주시고 심지어 그 망가짐을 유익하게 사용하시기 때문에, 교회는 질병이 정결하게 하는 힘이 있다고 언제나 말해 왔다.

케언즈는 자신의 아버지가 어떻게 암을 통해 "잘 참지 못하는 성향"이 있고 "화도 상당히 잘 내는" 사람에서 "놀랄 만큼 차분하고 애정 많고 심오하게 고요한, 진정한 기도의 사람"으로 성장했는지 들려준다.[9] 그의 아버지는 암으로 죽었지만, 암은 그의 생명을 구했다.

나는 우리가 더 작은 위기에서도 이러한 동일한 은혜를 만날 수 있을지 궁금하다. 만약 암이 생명을 구할 수 있다면, 접질린 발목과 장염 같은 보다 평범한 불행 속에서도 하나님을 발견할 수 있을까? 이 하찮은 "저승사자의 경고장"이 단지 우리가 견뎌야 하는 지루함이나 우리의 성공과 자율성이라는 잘 닦인 길에 움푹 팬 구멍들이 되는 대신, 우리의 몸이 우리에게 현실을 교습하는 방법이 될 수 있을까? 우리의 폐와 발가락과 주름이 우리에게 인간성과 겸손을 지도해 줄 수 있을까? 우리는 연약하다. 우리 중 누구도 우리가 성취한 것의 총합이 아니다. 우리 모두는 냄새나고 붓고 마모되며 또한 순전히 사랑받는 피조물이다. 이 사실을 아는 것은 자유를 가져온다.

나는 거의 20년 동안 만성적 편두통에 시달렸다.[10] 처음에 편두통은 천천히 감지된다. 마치 지긋지긋한 안개가 밀려들듯 말이다. 불길한 징조다. 그런 뒤 통증은 날카롭고 얼음처럼 차갑게 치솟는다. 몸의 오른쪽을 마비시킨다. 그런 뒤에는 구토가 따라온다. 더웠다가, 이가 딱딱 맞부딪칠 정도로 추웠다가, 다시 더워진다. 땀을 흘리고 신음을 하고 침대 위로 쓰러진다. 뾰족하게 찌르는 빛과 으르렁거리는 소리가 두개골 안쪽을 쿵쿵 때린다. 통증이 다른 모든 것을 덮는다. 몇 년간은 편두통이 잠잠했다. 그러나 다시 몇 년간은 내 가족과 내 일을 방해하고, 내가 한 주 혹은 한 달 동안 제 역할을 거의 하지 못하게 만들 정도로 내 삶의 풍경을 지배했다.

이제 내 삶의 대부분에서, 편두통은 체현된 신정론과 정기적으로 대면하는 자리이자 (아주 문자적으로) 곤두박이치듯 나 자신의 고통의 문제로 달려가는 길이었다. 괜찮을 때는, 하나님께 왜 내가 편두통에 시달리도록 허락하셨는지 묻지 않는다. 답을 알 수 없으리라는 것을 안다. 그러나 극심한 통증의 시기에는 신음하며 불평한다. "왜죠, 예수님? 왜 제게서 이것을 가져가지 않으십니까? 왜 저는 나아지지 않는 거죠?" 덫에 걸린 동물이 어두운 하늘을 향해 애원하며 깽깽거리는 것처럼 달을 보며 울부짖는다.

그러나 또한 나는, 이 특정한 질병을 통해 내게 온 선물이 있었다고 꾸밈없이 말할 수 있다. 만성 통증은 그것이 없었다면 배우지 못했을 방식으로 나를 내 몸과 연결해 주었고, 몸의 리듬과 한계를 알게 해 주었다. 나는 개념의 세계를 사랑하는 반면, 내 몸은 너무도 쉽게 완전히 무시할 수 있다. 그러나 만성 통증은 내가 살과 뼈 안에서 그것이 수반하는 모든 기쁨과 슬픔을 느끼며 살아가도록 가르쳐 주었다. 또한 나는 다른 이들의 보살핌을 받아들이는 법을 배웠고, 반대로 다른 이들이 고통 중에 있을 때 그것을 해결하려 하지 않고 그저 그들 옆을 지켜 주는 법을 배웠다. 나의 만성 편두통은 문자 그대로 어둠과 통증 안에서 하나님 곁에 머무는 일상적인, 때로는 매주마다의 연습이다.

그러나 이러한 만성 통증에 숨겨진 복들을 열거할 때는 조심해야 하는데, 솔직히 말해 그러한 복이 그 모든 통증을 그만한 가치가 있게 만들지는 않기 때문이다. 대단치 않은 자기 인식이나 공감, 내 몸과 혹은 고통의 신비와 연결되는 것을 편두통이 사라지게 하는 것—특히 남편과 아이들이 내 질병과 상대하지 않아도 되는 것—과 맞바꿀 수 있다면, 나는 그렇게 할 것이다. 그러나 기독교의 이야기는 내가 이러한 일들을 결정하지 않는다는 사실에 축복이 있음을 나에게 감히 믿으라고 도전한다. 나는 나를 위한 (혹은 남편이나 아이들을 위한) 거룩함이나 변화의 길을 결정하지 않는다. 우리는 우리가 선호하는 십자가 혹은 부활을 선택하지 않는다.

그러나 만약 하나님 자신이 문제 한복판에 있는 나를 보살피고 계심을 믿는다면, 나는 내 삶의 항로를 내가 결정하지 않는 것이 좋다고 믿을 수밖에 없다. 하나님은 우리의 고통이나 약함을 즐거워하는 가학성애자가 아니라, 심지어 화상치료센터나 신생아 중환자실, 의사의 진료실에서도 은혜가 발견되게 하시는 경작자cultivator시다. 하나님의 선하심을 믿을 수 있는 것은, 우리 중 누구도 선택하지 않았을 고통의 길을 하나님이 스스로 선택하셨기 때문이다. 그분은 그 길을 인간의 몸 안에서, 흙으로 지어진 피조물로서 직접 걸으셨다.

* * *

거룩함, 겸손, 자유 안에서 성장하고 싶다면 질병은 기꺼이 교사가 되어 준다. 그러나 이런 종류의 성장은 저절로 일어나지 않는다. 우리는 비틀거리는 우리의 몸을 통해서도 일하고 계시는 하나님을 바라보는 오랜 연습을 통해 배워야 한다.

아마도 이것이 우리가 이 밤기도에서 하나님께 병든 이를 '돌보시기를' 구하는 이유다. 우리는 병든 사람을 그저 **고쳐** 달라고 구하지 않는다. 다른 기도에서는 분명히 치유를 위해 자주 기도하지만 말이다. 여기에서는 돌보심을 위해 기도한다.

돌보는 것은 다른 이들을 섬기고 보살피고 필요한 것을 제공한다는 의미를 함축한다. 이를 위해서는 관심과 주의력, 긍휼이 필요하다. 우리는 물론 치유를 원하며, 성경은 그것을 위해 기도하라고 말한다약 5:14. 돌봄은 분명 치유를 포함한다. 그러나 여기서 우리는 하나님이 그저 의사처럼 나타나셔서 병든 사람을 낫게 해 주시는 것보다 더 많은 것을 구하고 있다. 이 기도에는 우주의 하나님이 우리를 치유하시기 위해서뿐 아니라 가장 보잘것없는 상태에 있는 우리를 보살피고 간호하기 위해 몸을 구부리시기를 구하는 대담함이 있다. 우리는 우리 몸의 망가짐을 통해서라도 하나님이 우리의 영혼을 온전하게 해 주시는 것이 필요하다.

이 기도는 우리에게 안녕보다 더 필요한 뭔가가 있음을 믿도록 도전한다. 하나님이 질병처럼 비참하고 고약한 것으로부터 어떤 아름다움을 만드시기 위해서는, 단순히 치유 이상이 필요하다. 우리는 사랑이 필요하다.

영어의 '돌보다'tend라는 동사와 '부드러운'tender이라는 형용사는 문자적으로 '잡아 늘리는 것'을 의미하는 동일한 고대 프랑스어에서 나왔다. 우리는 하나님의 부드러움에, 즉 우주의 창조주께서 팔을 늘려 심지어 피와 콧물과 토사물 사이에 있는 우리에게 다가오시기를 호소하고 있다.

아플 때, 우리는 아픈 몸 안에서 삶이 낭비되고 흘러가는 시간이 낭비되고 우리의 힘이 낭비되어 사라지는 것을 느낀다. 우리 자신에게만 맡겨진다면 정말로 낭비가 전부일 것이다. 그러나 하나님은 어떤 것도 낭비되도록 버려두지 않으신다. 우리에게서는 냄새가 난다. 형편없게 보인다. 우리 자신의 몸이 우리에게 소진되어 버렸다. 우리는 돌봄이 필요하다. 그리고 우리에겐 증명할 어떤 것도, 맞추어야 할 어떤 것도, 수행해야 할 어떤 것도 없다.

우리는 하나님이 그저 우리를 돌보시게 할 수 있다.

* * *

우리는 하나님으로부터 몸을 선물 받았다. 몸의 결점을 따지거나 몸을 완전히 무시하는 데 우리의 시간을 사용한다면, 이 사실을 믿기 어려울 수도 있다.

질병은 제대로 작동하는 몸을 갖는 것이 얼마나 놀라운 일인지를 일깨워 준다. 몸이라는 선물 안에서, 우리는 우리가 받아야 하는 것보다 훨씬 많은 것을 받는다. 우리는 걷고, 자라고, 먹고, 나이 들고, 웃는 특권을 받는다.

우리 중 대부분은 성인이 될 때까지 몇백 번은 아팠다가 회복되는 경험을 한다. 치유를 위한 기도는 종종 심각한 질병과 위기에서 나온다. 그러나 흔한 감기나 손가락에 박힌 가시처럼 작은 것에서 치유되는 것조차, 섬세하게 춤추는 우리 몸의 다양한 시스템이 개입하는 하나의 경이다. 그리고 그 일은 대부분 우리의 의식적 지원 없이 일어난다.

나는 감기에 걸리거나 레인지에 엄지손가락을 데거나 면도하다가 베인 수천 번의 모든 경우를 기억하지 못하며, 거기서 나았던 모든 경우도 마찬가지로 기억하지 못한다. 살아오면서 해마다 나는 담과 소화 불량, 두통, 축농증에 걸렸다. 그리고 매번 회복되었다. 이 일상적인 치유의 선물은 너무도 흔해 빠져서 우리는 거의 지각하지도 못한다.

  인간의 몸은 영광스럽다. 우리의 관절이(대부분의 경우) 기름칠이 잘 되어 있고, 우리의 폐가 10년, 그다음 10년―우리 중 일부는 품질보증기간을 훨씬 더 넘겨서―동안 계속 숨을 쉬는 것은 경이며, 흔한 기적이다. 인간의 몸은 세상의 어떤 것보다 더욱 화려하며 복잡하다. 그러나 우리는 그것을 거의 지각하지 못한다. 몸이 작동하지 않을 때까지는 그것을 당연하게 여긴다. 오직 몸이 작동하지 않을 때만, 그것이 제대로 작동하는 평범한 한 주에서 발견되는 종류의 풍성한 자비를 엿본다.

  우리 중 많은 사람은(전부는 아니지만) 우리의 몸이 마땅히 그래야 하는 대로 제대로 작동하는 순간들을 경험해 본 적이 있다. 입술에서 느껴지는 바다의 맛, 황홀할 정도로 완벽하게 익은 복숭아, 산 정상에 올랐을 때의 유쾌한 뻐근함 같은 것을 안다. 가볍든 심각하든 질병은 우리가 맛보도록 지어진 영광이 축소되는 것이다. 병실의 생기 없는 백열등이나 침대 위에서 거슴츠레한 눈으로 보내는 하루가 가져온 흐릿함이 삶의 싱싱한 맛을 대체한다.

  그래서 하나님께 병든 이를 돌보아 달라고 기도할 때, 우리는 인간이 축소되는 이 특정한 종류의 경험 안으로 하나님이 그분의 부드러움과 심지어 풍성함을 가져오시기를 기도하고 있다.

  그러나 병든 사람을 위해 기도할 때, 우리는 또한 우리가 당연히 맛보도록 지어진 영광을 기억한다. 우리는 우리의 건강이 선물임을 상기한다. 노력해서 얻을 수 없다. 변함없는 게 아니다. 우리가 보유한 어떤 안녕도 결국은 사라질 것이다. 그러나 우리는 매일 우리의 몸을 감사함으로 받는다. 그 안에서 우리는 타락을, 모든 것이 깨어졌고 아직 새롭게 되지 않았음을 맛본다. 저승사자는 경고장을 주기 위해 우리를 갓길에 멈춰 세운다.

그러나 우리의 몸은 영원하도록 만들어질 것이다. 우리의 몸은 흙 속에서 육신의 견고함으로 일어날 것이며, 그 영광은 영원히 축소되지 않을 것이다. 그래서 또한 우리는 우리 몸의 선함 속에서 천국의 약속을 맛본다. 그사이에 우리의 살과 피는 좌절과 구출 사이에서, 타락과 부활 사이에서 유예된다. 우리는 우리의 모든 세포 안에서 그것을 엿본다. 그리고 이 긴장과 불안 속에서, 우리는 우리의 연약함을 경험하며 하나님께 신음하는 법을, 어떤 말도 할 수 없을 때 하나님을 향해 떨리는 손을 드는 법을, 몸의 구멍과 살갗에서 하나님을 만나는 법을 배운다. 우리는 우리를 돌보시는 하나님께 기도하는 법을 배운다.

8. 피곤한 이에게 쉼을 주시고

○ — 약함과 침묵

'피곤한'weary은 묵직한 단어다. 무거운 눈꺼풀과 쑤시는 관절, 너무 많은 것을 짊어진 사람들의 녹초가 된 얼굴이 떠오른다. 정말로 피곤하다는 것은 몸과 영혼 둘 다의 상태를 말한다. 울 수 있는 만큼 울고 난 뒤 퉁퉁 부은 여자의 얼굴. 잔혹한 하루를 겪은 후 탈진해서 소파에 주저앉은 남자. 돌고 돌아 똑같은 막다른 골목에 계속 부딪히는 부부.

우리는 하루 일과를 잘 마친 뒤 따라오는 만족스러운 피로감과, 삶의 어려움이 납덩어리처럼 짙게 자리 잡을 때 느끼는 피곤함의 무게 차이를 안다. 전도서는 후자를 "육신의 피곤함"이라고 부른다전 12:12, 옮긴이 사역. 여기에는 황폐함과 근심, 그리고 절망의 깊은 한숨이 따라온다.

밤기도의 이 부분에서, 우리는 예수님이 그렇게 하겠다고 약속하신 것처럼 하나님이 피곤한 이에게 쉼을 주시기를 구한다. 성공회의 모든 기도 예식에서는 성경 낭독 순서가 있는데, 밤기도에서는 예수님이 군중에게 하셨던 말씀을 읽는다. "수고하며 무거운 짐을 진 사람은 모두 내게로 오너라. 내가 너희를 쉬게 하겠다. 나는 마음이 온유하고 겸손하니, 내 멍에를 메고 나한테 배워라. 그리하면 너희는 마음에 쉼을 얻을 것이다. 내 멍에는 편하고, 내 짐은 가볍다"마 11:28-30.

예수님은 피곤한(우리말 성경에서는 '수고하며'로 번역한다—옮긴이) 사람들을 자신에게로 부르신다. 그분은 자기 충족적인 이들을 부르시지 않으며, 합당한 종교적 자격이나 인스타그램에 어울릴 만한 완벽한 인생을 소유한 이들도 부르시지 않는다.

그분은 고역으로 탈진한 이들, 그저 그날 하루를 버티느라 모든 힘을 소진한 이들을 부르신다. 무거운 짐을 진 이들과 죄와 슬픔의 무게로 짓눌린 이들을 부르신다. 예수님이 "내게로 오너라"라고 말씀하시는 대상은 자신감에 넘치고 성공적인 이들이 아니라 바로 이런 이들이다.

* * *

성공회 교회에 처음 나가기 시작했던 10여 년 전 어느 재의 수요일, 나는 난간 앞에 무릎을 꿇고 있었다. 토머스 신부님이 우리들

> 나는 얼굴에 커다란 검정 자국을 묻히고도
> 어찌어찌 그런대로 멋지다는 말을 듣고 싶어 하는
> **열 살짜리 여자아이이다.**

의 이마에 검은 십자가를 그려 주셨다. "너는 흙이니 흙으로 돌아가리라." 신부님은 낮게 읊조리며 내 옆에 무릎을 꿇고 있던 10대 초반의 여자아이에게 표식을 그렸다. 그 뒤, 아이는 엄마에게 몸을 돌려 나지막이 물었다. "내 재 괜찮아 보여요?"

무릎을 꿇은 채로 나는 웃음을 터뜨렸다. 당연히 괜찮아 보이지 않았다. 아이의 이마 중앙에는 커다란 검은 자국이 나 있었다. 괜찮아 보일 리가 없었다.

그렇지만 내가 웃은 것은 내 속에서도 그 아이와 똑같은 질문이 들려왔기 때문이다.

나는 나에게 한계가 있음을 안다. 나는 내가 흙이고, 흙으로 돌아가리란 것을 안다. 내 안에는 취약함과 피곤함과 비불멸성이 있다. 내 안에는 죄와 이기심과 분투가 있다. 그러나 알다시피, 여전히 나는 괜찮아 보이고 싶어 한다.

여전히 나는 다 괜찮은 척하고 싶다. 나에게도 그 마음이 있다. 잘 다듬어진 허울이다. 나는 얼굴에 커다란 검정 자국을 묻히고도 어찌어찌 그런대로 멋지다는 말을 듣고 싶어 하는 열 살짜리 여자아이다.

나는 우리 교회를 사랑하지만, 한동안 우리 교회 웹사이트가 너무 싫어서 그 존재를 완전히 비밀로 하려고 했다(웹사이트의 존재 이유를 생각할 때 앞뒤가 안 맞는 생각이다). 불만의 핵심은 첫 화면에 거대한 글자로 쓰인 "우리는 우리의 강함으로 하나님을 섬기고, 우리의 약함을 위해 은혜를 발견한다"는 문구였다. 때로 이것은 우리가 그리스도인의 삶에 대해 생각하는 방식이다. 하나님은 우리의 강함, 유능함, 선함과 아름다움을 위한 역량에 미소를 지으신다. 그런 다음, 은혜로 우리의 모든 지겨운 결함들은 양탄자 밑으로 쓸어 넣으신다.

그러나 예수님의 좋은 소식이란, 우리가 잘해 내고 있는 것에 대해서는 칭찬 스티커를 받고, 우리의 실패에 대해서는 하나님이 못 본 체해 주시기를 기대하는 것이 아니다. 우리는 우리의 강함으로 하나님을 섬길 뿐 아니라, 우리의 약함 안에서도 하나님을 섬긴다.

하나님은 바울에게 말씀하셨다. "내 은혜가 네게 족하다. 내 능력은 약한 데서 완전하게 된다"고후 12:9. 그래서 바울은 자신의 약함을 자랑할 것이라고 말한다. 그런 뒤 한술 더 떠서, 자신은 병약함과 모욕과 궁핍과 박해와 곤란을 기뻐한다고 말한다. 자신이 약한 바로 그 지점에서 하나님은 강하시기 때문이다. 나는 바울에게 웹사이트가 있다면 "우리는 우리의 약함 가운데서 하나님을 섬기고, 우리의 모든 가증스러운 강함을 위해 은혜를 받는다"라는 문구가 쓰여 있지 않을까 싶다.

대학 시절, 나와 가장 친한 친구가 목사님께 자신의 가장 비밀한 죄를 고백했다. 친구는 목사님의 널찍한 현관 입구에 앉아, 자신이 가장 부끄러워하는 것을 목사님께 털어놓았다. 그때 목사님이 친구에게 말한 것은 그를 완전히 바꾸어 놓았다. "우리 교회는 자네가 필요하네. 자네가 분투하는 문제에도 불구하고가 아니라, 바로 그 문제 때문에." 친구의 삶에 존재하는 연약함과 죄―그리고 계속되는 회개와 온전해짐의 이야기―는 하나님을 가장 잘 엿보고 알 수 있는 지점이자, 하나님이 내 친구의 삶을 통해 나머지 우리에게 하나님 자신을 보여 주시는 지점이었다.

우리가 처음 교회에 가게 되는 것은 자신의 곤궁함을 발견하기 때문이다. 리치 멀린스$^{\text{Rich Mullins}}$는 이렇게 썼다.

나는 교회에 가는 것이 어째서 우리를 위선자로 만드는지 이해할 수 없었다.…완벽하기 때문에 교회에 가는 사람은 아무도 없지 않은가. 모든 것을 다 잘하고 있다면 갈 필요가 없다. 일요일 아침에 다른 완벽한 사람들과 조깅이나 하면 된다. 교회에 갈 때마다 당신은 당신 자신에게, 가족에게, 가는 길에 지나치는 사람들에게, 당신과 인사하는 사람들에게 당신이 모든 것을 잘해 내지 못하고 있으며 그들의 뒷받침이 필요하다고 다시금 고백하는 것이다. 당신은

그들의 지도력이 필요하다. 어떤 책임감과 도움이 필요하다.[1]

예수님이 부르시는 것은 피곤한 사람들, 힘든 하루를 보낸 뒤 사랑하는 사람들에게 잔소리를 해 대는 사람들, 중독과 싸우는 사람들, 자신이 되기를 바라는 존재로 살지 못하는 사람들, 자신이 강하지 않음을 아는 사람들, 몸부림치고 회개하는 사람들, 반복해서 실패하는 사람들이다. 이것이 교회고, 바로 이런 사람들을 통해 예수님은 강하시다.

명확하게 하기 위해 말하면, 나는 하나님이 우리의 멋스러운 연약함에서 영광을 받으신다는 말을 하고 있는 것이 아니다. 지금 온라인에서는 자질구레한 불완전함을 보여 주는 것이 유행이다. 엉망인 것이 우리 개인 상표의 일부가 될 수도 있다. 너무 정돈된 것처럼 보이는 사람들은 인기가 별로 없기 때문에, 많은 기독교 지도자들은 자신이 얼마나 '엉망'인지 보여 주기 위해 특별히 애를 쓰는 것이 분명하다. 그러나 그런 것들은 모두 너무 기획되었다. 우리의 가장 솔직한 약점들은 우리를 결코 매력적으로 보이게 만들지 않을 것이다. 그 약점들은 우리에게 가장 가까운 사람들만 아는, 우리 편에서는 차라리 잊었으면 하거나 어쩌면 우리 자신조차 모르는 그런 것이다. 우리는 그것을 취업 면접에서 절대로 밝히지 않을 것이며, (바라기로는) 우리의 추도문에서도 절대로 언급되지 않을 것이다.

내가 가장 좋아하는 영화 대사 중 하나는 〈올모스트 페이머스〉Almost Famous에 나오는 레스터 뱅스의 고백이다. "파산한 이 세상에서 통용 가능한 유일한 화폐는 네가 멋지지 않을 때 다른 누군가에게 보여 주는 것들이야."² 우리의 불완전함을 보여 주는 것이 우리를 더 멋지고 더 다가가기 쉽게 만든다면, 그것은 진짜 약점이 아니다. 우리의 정말로 잘못된 것들은 창피하고 불편하다. 진짜 취약함은 너무 민감해서 우리를 가장 사랑하는 사람들 외에는 누구에게도 믿고 맡길 수 없다. 우리 자신의 이런 부분을 공동체에게 보여 주는 것은 우리를 보다 온전하게 만들어 줄지라도, 우리 자신의 상표에는 절대로 도움이 되지 않는다. 정말로 우리는 엉망이다. 귀여운 식으로가 아니라, 슬프고 자주 굴욕적인 방식으로. 우리 이마 위의 재는 절대로 괜찮아 보이지 않는다.

누구도 정말로 아프고 동시에 정말로 멋질 수는 없다. 어떤 병원 간호사에게든 물어보라. 우리 중 가장 강한 사람도 건강에 문제가 생기면 아기의 빈약함으로 돌아간다. 같은 방식으로, 피폐함이 우리의 중심까지 파고들 때는 가장 깨지기 쉬운 우리 자아의 가장 참된 모습이 드러난다.

* * *

시리아의 성 이삭Saint Isaac the Syrian은 이렇게 말했다. "자신의 연약함을 아는 사람은 복이 있다. 이것을 인식하는 것이 선하고 아름다운 모든 것의 기초이자 출발점이 되기 때문이다."³ 우리의 힘은 흔들리고, 우리는 지친다. 이러한 취약함의 경험은 고통스러울 수 있지만, 그것을 받아들일 때 구원을 가져오기도 한다. 혹은 더 잘 표현하면, 취약함의 경험은 하나님이 우리가 누구고 자신이 누구이신지에 관한 진리를 우리에게 전달하기 위해 사용하시는 원재료가 될 수 있다.

이상하게도 예수님은 피곤한 이들을 쉼으로 부르실 때, 쉼이 아닌 일의 도구인 멍에로도 부르신다. 앞뒤가 좀더 맞으려면 예수님은 이렇게 말씀하셨어야 했다. "내가 너희를 쉬게 하겠다. 너희를 덮어 줄 포근한 나의 담요를 받아라." 어쩌면 베개라든가 거품 목욕이라든가 하루쯤의 휴가도 좋겠다. 그러나 예수님은 피곤한 이들에게 쉼, 그리고 멍에를 제안하신다.

고대 근동에서는 동물만 멍에를 메는 것이 아니었다. 특정 사람들도 무거운 짐을 나르기 위해, 어깨에 멍에를 지고 손으로는 그것을 잡아당기는 것을 도와주는 사슬이나 끈을 잡았다. 그러나 오직 가장 가난한 사람들만 이런 종류의 일을 했다. 예수님은 어떤 생생한 이미지를 불러일으키고 계신 것이다. 태양 아래서 땀을 흘리며 목 근육은 뒤틀리고 무거운 짐 아래 몸이 거의 부서질 것처럼 보이는 육체노동자 말이다.⁴ 예수님은 그들의 멍에를 고급 아파트나 휴가 상품으로 바꿔 주겠다고 말씀하시지 않는다. 그분은 자신을 따르는 이들에게 다른 종류의 멍에, 즉 자신의 멍에를 제안하신다. 그리고 그 멍에는 편하고 가볍다고 말씀하신다.

멍에는 지배나 권위를 대표한다. 멍에를 지는 것은 누군가에 대한 굴복을 의미했다. 이 본문에서, 예수님은 자신의 권위에 굴복하도록 우리를 초청하시면서 "나한테 배워라"라고 말씀하신다. 피곤한 우리는 쉼으로 부름받지만, 또한 배우는 것으로, 권위를 가진 분에게서 배우는 것으로도 부름받는다. "온유하고 겸손[한]" 분께 배운다면, 우리는 마음에 쉼을 얻을 것이다.

멍에가 빠진 선택지는 없다. 내가 보기엔 피곤한 사람은 아예 멍에를 풀어 줘야 할 것 같은데, 그 대신 예수님은 모든 사람이 멍에 아래 있으며, 누구에게도 혹은 무엇에도 멍에가 묶이지 않은 상태는 불가능하다고 암시하신다.⁵ 종교적 율법과 빈틈없는 영성의 멍에일 수도 있고, 신생아만큼 시끄럽고 진을 빼는 욕망과 열정의 멍에일 수도 있다. 물고기에게 헤엄치는 물과 같은 우리의 문화적 규준이나 당연시되는 전제의 멍에일 수도 있다.

예수님은 지친 사람들에게 그들 자신의 길을 따르지 말고(이는 정말로 무거운 멍에일 수 있다), 그분에게 굴복하고 배우라고, 그분의 멍에를 지라고 부르신다.

그런데 예수님의 멍에는 왜 가벼울까? 우리의 모든 일이 잘 풀릴 것이라고 약속하시기 때문에? 우리가 우리 몫을 잘해 내고 착한 아이처럼 굴면 우리 꿈을 이루어 주시고 우리 인생이 잘 풀리게 해 주실 것이기 때문에? 행복한 결혼 생활이 보장되기 때문에? 아이를 낳을 수 있을 것이기 때문에? 즐길 수 있는 직업을 찾게 될 것이기 때문에? 건강할 것이기 때문에? 죽은 뒤에도 기억될 것이기 때문에?

그렇지 않다. 그분은 우리를 쉬운 멍에로 부르시는 동시에 우리의 십자가를 지도록 부르시기도 한다. 어떻게 동일한 분이 우리를 쉬운 멍에와 십자가 두 가지 모두로 부르실 수 있는가?

예수님의 멍에가 가벼운 것은 그분이 안락함이나 성공을 약속하시기 때문이 아니라, 우리의 짐을 함께 져 주시겠다고 약속하시기 때문이다. 그분은 우리의 짐을 자신의 어깨에 지시겠다고 약속하신다.[6]

대학생일 때, 아일랜드에서 만난 한 선교사가 내 인생을 바꾸어 놓은 한 가지 단순한 질문을 내게 던졌다. 나는 그녀에게 나의 피곤함과 분투, 의심에 대해 말했다. 그녀는 열중해서 들은 뒤 나에게 물었다. "예수님으로 충분한가요?"

모든 것이 잘 풀리지 않을 때, 하나님이 멀리 계신 것처럼 보일 때, 삶의 계획이 허물어졌을 때, 여전히 나는 예수님으로도 충분했는가? 아니면 예수님과 성공을, 예수님과 행복을, 예수님과 열매 맺는 사역을 구하고 있었는가? 인생에서 몇 번이고 쓰라린 실망에 직면할 때, 곧 닥쳐올 일에 겁이 날 때, 실패했을 때, 믿었던 누군가에게 상처를 받을 때, 원하는 대로 하나님이 해 주시지 않을 때, 나는 그 질문으로 돌아가야 했다.

> **하나님은 우리에게 그저 그분 자신을 약속하신다.**
> **다른 어떤 수단의 목적이 되는 것도 거부하신다.**

예수님은 그분 자신 외에는 많은 것을 약속하시지 않는다. 그분은 스스로 우리에게 멍에를 묶으시고 우리 곁을 떠나지 않으실 것이다. 우리가 짊어진 무게를 사라지게 하시지는 않겠지만, 그분 자신이 그것을 함께 지실 것이다. 하나님은 우리에게 아무것도 빚지지 않으셨다. 어떤 행복도, 성공도, 이루어진 바람도 감사히 받아야 할 선물이다. 그것들은 모두 뜻밖의 횡재다.

하나님은 우리에게 그저 그분 자신을 약속하신다. 다른 어떤 수단의 목적이 되는 것도 거부하신다. 우리는 그분의 자비로 영원한 삶을 맛볼 수 있으며, 성경은 그러한 영원의 삶을 천국에 무사히 도착하는 것이나 우리의 꿈이 이루어지는 것을 보는 것, 혹은 나쁜 일이 언제까지나 일어나지 않는 것이 아닌, 참되신 하나님과 그분이 보내신 분을 아는 것으로 정의한다[요 17:3]. 약속된 것은 바로 그것이다. 우리가 하나님을 아는 것. 다른 것은 없다. 받아들이거나 떠나거나 둘 중 하나다.

당신은 예수님으로 충분한가?

* * *

순전한 노력과 의지의 힘으로 기도의 삶을 유지할 수 있다고 스스로를 속인다면, 피곤함이 자아에 대한 부풀려진 인식을 찔러 터트리는 것을 피할 수 없다. 나에게 기도가 가장 힘든 시간은 지쳐 있을 때다. 영적 훈련에는 에너지가 필요하고, 탈진은 결심을 탕진시킨다.

우리의 힘이 증발해 버리고 기력이 소진되었을 때, 우리는 종종 열렬한 신앙의 감정을 큰 소리로 고백하거나 기도의 말을 떠올리지 못한다. 그리고 이것이, 피곤함이 하나님 안에서 쉼을 얻는 법을 배우기 위한 전제 조건이나 마찬가지인 이유다.

이는 또한 피곤함의 계절이 나에게 기도하는 새로운 다른 방법을 가르쳐 준 이유이기도 하다.

나는 늘 말 자체를 좋아했고, 그래서 말이 많은 기도를 좋아했다.

20대 후반에 실망과 두통의 시기를 지나며 내 안에서 말이 고갈되었을 때에야 비로소 나는 기도에 내가 알던 것 이상이 있음을 천천히 배웠다. 지치고 신앙이 시들었을 때, 나는 교회의 기도를 나의 기도로 받아들이는 법을 배웠다. 나는 기도가 개인 교사이지, 임무 수행이 아님을 배웠다. 기도는 우리가 쓰러졌을 때 치유자에게로 우리를 실어다 주는 환자용 들것이다.

2017년, 기도할 다른 어떤 말도 생각나지 않던 그때, 뼛속까지 지치고 영혼은 소진되어 오직 기도를 선물로 받아들일 수만 있던 그때, 나는 밤기도로 고개를 돌렸다.

그해에 또한 나는 인지와 언어 능력에 보다 덜 의존하는 고대의 다른 기도 방식들에서도 도움을 받았다.

특별히 침묵 기도에서 피난처를 발견했다.

19세기의 러시아 정교회 사제인 은둔자 테오판$^{Theophan\ the\ Recluse}$은 침묵 기도를 이렇게 묘사한다. "당신은 머리에서 가슴으로 내려와야 합니다.…당신이 아직도 머리에 머물러 있는 동안에는, 생각을 쉽게 억누를 수는 있겠지만 겨울의 눈이나 여름의 모기떼처럼 언제나 맴도는 것이 있을 것입니다."[7] 이 모기떼-나의 분노와 신경증, 두려움과 의심, 답 없는 질문과 탈진-는 내 주변을 윙윙거린다. 하나님 앞에 말없이 앉아 있는 것은 마음속에서 진짜 일이 시작될 수 있는 공간을 허락한다.

"도와주세요"나 "주님, 저는 지쳤어요"가 충분히 훌륭한 기도가 아니라는 말이 아니다. 하나님은 이런 기도조차 들으시고 사랑하신다. 하나님을 감동시키기 위해 교회의 기도나 고대의 기도를 가지고 실험할 필요는 없다. 그러나 지칠 때, 우리 이전에 왔던 것에 의탁하는 것은 우리를 도와줄 수 있다. 교회는 우리가 우리 자신의 막다른 골목에 다다르는 바로 이런 순간을 위해 변함없는 기도의 실천을 잘 보관해서 물려주었다.

기독교 영성에는 우리가 하나님을 어떻게 아는지를 기술하는 두 가지 방식이 있다. 하나는 긍정의 방식^{kataphatic}인데, 이는 "우리의 상상력과 감정을 이용함으로써 하나님을 그려 보는 적극적 시도"다.[8] 긍정의 영성은 말씀 연구, 신학 공부, 자유 기도와 같은 힘 있는 방식이다. 부지런하며 열심을 내는, 일종의 그리스도인 생활의 스포츠 열정이다.

다른 하나는 부정의 방식^{apophatic}이며, 이는 보다 조용하고 덜 확정적이다. 브래들리 홀트$^{Bradley\ Holt}$는 자신의 책 『기독교 영성사』 *Thirsty for God*, 은성에서, 부정의 영성은 "하나님에 대한 우리의 개념에서 합당치 않은 모든 것"을 벗겨 낸다고 쓴다. 그것은 '비아 네가티바' *via negativa* 혹은 하나님께 접근하는 부정의 방식, 즉 그분이 어떤 분이 아니신지를 아는 것이며, 이는 "신비주의자의 입장에서 순전한 수동의 상태"로 이끈다.[9]

나는 신비주의자가 아니다. 신비주의자가 되기엔 마르가리타 칵테일과 퀘소 치즈와 늦잠을 너무 좋아한다. 그러나 나는 내 힘이 소진될 때, 일차적으로 지성이나 감정이 주도하지 않는, 보다 수동적이고 수용적인 종류의 기도에 마음이 열리는 것을 알게 되었다. 이런 방식의 기도는 이해할 수 없는 하나님의 임재 안에서 쉬는 법을 가르쳐 준다.

2017년에 나는 침묵을 강렬히 열망했다. 그러면서 그것을 피하기도 했다. 나는 침묵 기도가 매력적이지만 위협적이기도 하다는 것을 알게 되었다.

침묵 속에 그저 앉아 있는 것, 즉 아무것도 하지 않는 것보다

> 침묵 가운데 앉아 있는 것은 신비를 견디는 연습이다.

우리에게 더 적게 요구하는 것은 거의 없다. 그것은 믿음의 언어를 잊어버린 난파당한 사람을 위한 기도다. 어떤 면에서 그런 기도는 쉽다.

그러나 침묵 가운데 앉아 있는 것은 신비를 견디는 연습이다. 그것은 심지어 말과 논쟁을 사랑하는 어떤 여자에게조차, 말의 힘과 인간의 이성에는 한계가 있음을 상기시켜 준다.

침묵은 나의 긴급한 영적 질문이 반드시 오래 지속될 필요는 없음을 기억하는 여유를 주었다. 그리스도인이 된다는 것은 아무리 불편할지라도 신비 안에, 우리가 단정하거나 명명할 수 없는 어떤 것 안에 자리를 잡는 것이다. 결국 우리가 여기서 말하고 있는 대상은 하나님, 게성운과 블랙홀과 양자와 바다오리의 창조주다.

또한 침묵은 하나님의 침묵에 인내하는 법을, 즉 하나님이 답이나 징표 혹은 재빠른 해결책을 주시지 않을 때도 그분을 신뢰하기 위해 계속 분투하는 법을 가르쳐 주었다.

그리고 우리가 너무 지쳐 아예 기도할 수 없을 때, 우리 마음을 우리보다 훨씬 더 잘 아시는 분이 우리를 위해 기도하신다. 바울은 "성령께서도 우리의 약함을 도와주십니다"라고 쓴다. "내게로 오너라"라고 말씀하시는 분의 영이 우리에게 오신다. 바울은 이

어서 말한다. "우리는 어떻게 기도해야 할지도 알지 못하지만, 성령께서 친히 이루 다 말할 수 없는 탄식으로, 우리를 대신하여 간구하여 주십니다. 사람의 마음을 꿰뚫어 보시는 하나님께서는, 성령의 생각이 어떠한지를 아십니다. 성령께서, 하나님의 뜻을 따라, 성도를 대신하여 간구하시기 때문입니다"롬 8:26-27. 우리가 약할 때, 성령은 우리를 완전히 유능하거나 모든 것이 충족되도록 만들어 주시지 않으며, 인생의 복권에 당첨되게 해 주시지도 않는다. 하나님은 말없이 우리를 대신하여 간구하신다. 길고 어두운 밤, 우리는 어떻게 기도해야 할지 모른다. 그러나 우리는 하나님을, 우리를 위해 기도하시는 분을 안다. 그것으로 충분하다.

9. 죽어 가는 이에게 복을 주시고

○ ─ 재

요즘에는 많은 사람이 기도의 관습을 냉소적으로 본다. 즉 인간은 죽음과 무한한 어둠에 대한 원초적 두려움이 있고, 그래서 (도덕적 삶을 통해 우리 측의 거래상 의무를 다하기만 한다면) 우리를 돌봐줄 아버지 형상 혹은 '하늘의 요정'을 만들어 냈다는 것이다.

그러나 바로 이 지점에서 기도가 흥미로워진다. 기도란 만들어 낸 신과 거래를 하려는 시도 그 이상도 이하도 아니라는 이 시대의 인식은 한 가지 불편한 사실을 간과하기 때문이다. 그리스도인들은 하나님이 한가하게 앉아서 우리의 모든 소원을 들어주는 존재가 아님을 알고 있으며, 과거에도 늘 알았다는 것이다.[1] 우리는 치유, 행복, 보호를 구하면서도, 하나님이 이러한 요청을 들어주는 임무에서 적어도 현재로는 100퍼센트 실적과는 거리가 멀다

> 이것은 회의론자들이 수군대는 의문이 아니라,
> 우리의 집단적 신학 지침이었다.
> 기적적 치유를 위해 기도하고, 유언장을 준비하라.

는 것을 잘 안다. 지구상 모든 그리스도인은, 충분히 오래만 살았다면, 누군가의 치유나 보호를 위해 기도했는데(기도하고 또 기도했는데) 결국 그 사람이 죽은 사연 하나쯤은 다 가지고 있다. 만약 우리가 우리를 완벽하게 안전하도록 지켜 주고 매일 밤 푹신한 베개를 정리해 주는 아버지 형상이나 하늘의 요정을 만들어 내고 있는 것이라면, 그 존재는 자신의 임무를 전혀 잘 수행하고 있지 못함이 분명하다.

1549년판 성공회 기도서에 보면, 병자를 위한 방문 예배에서 사제는 예수님이 베드로의 장모와 야이로의 딸을 낫게 해 주셨던 것처럼 이 병자도 낫게 해 주시기를 기도한다. 그런 뒤 갑자기 방향을 틀어, 이 병자가 유언을 썼는지 반드시 확인한다.[2] 얼마나 실용주의적인가!

사제들은 하나님이 정말로 낫게 해 주실 수 있다는 전적 믿음으로 치유를 구했지만, 16세기에는 병에 걸린 많은 사람들이 죽었고 따라서 그들은 모든 경우에 대비했다. 이것이 교회의 공식 기도서에 들어 있다. 이것은 회의론자들이 수군대는 의문이 아니라, 우리의 집단적 신학 지침이었다. 기적적 치유를 위해 기도하고, 유언장을 준비하라. 세대를 거듭하여 우리는 하나님이 우리에게 나쁜 일이 일어나지 않게 하시리란 것을 신뢰하지 않았다. 그러나 세대를 거듭하여 우리는 하나님을 신뢰했다.

어떻게 이것이 가능한가?

우리는 사람들이 마술을 다루는 방식으로 기도하지 않는다. 기도는 주무시고 계신 하나님을 깨우는 주문이 아니다. 하나님의 선하심에 대한 소망의 행위로서 우리는 기도한다. 안전과 편안함을 약속하시지 않는 하나님이 우리를 사랑하시며 보살피심을 믿기에 우리는 기도한다. 우리의 삶이 하나님의 구속 역사라는 큰 이야기의 일부이기에 우리는 기도한다. 그리고 스스로 죽음을 맛보신 창조주에게 우리는 기도한다.

* * *

성목요일^{Maundy Thursday} 즉 고난주간의 목요일에, 성공회 교인들은 서로의 발을 씻기고 성찬을 나눔으로써 예수님의 지상에서의 마지막 밤을 기리기 위해 모인다.

예배 마지막에 사제는 자주색 천과 리넨, 초와 같이 제단을 장식한 모든 것을 치우고 예배당의 앞부분을 완전히 비운다. 나는 이 순서가 여러 다른 방식으로—엄숙하게, 무표정하게, 애조를 띠고, 서투르게—진행되는 것을 보았다. 가장 좋았던 것은 연극 경험과 극적인 것에 재능이 있던 내 전임 사제가 발을 쿵쿵 구르며 제단으로 올라와 제단 천들을 벗겨 내는 장면이었다. 그는 얼핏 10대 아이가 자기 방을 억지로 치우거나, 해고당한 직원이 책상을 정리할 때처럼 보였다.

그는 의도적으로 그렇게 했다. 요점은, 거룩한 물건들을 마치 무가치하다는 듯 다루는 것이었다. 예배의 마음이 아닌 분노로 제단에 다가가는 것이다. 제단을 벗겨 내는 것은 교회를 마지막 만찬의 아름다움에서 겟세마네와 성금요일의 끔찍한 고통으로 옮겨 놓는다. 거룩하신 하나님의 아들이 무가치한 것처럼 다루어졌다. 그분은 벗겨지고, 매를 맞고, 침 뱉음을 당하셨다. 우리는 이것을 기억하면서, 교회에서 어떤 생명의 표지도 샅샅이 뒤져 제거한다.

우리는 어둠 속에서 성목요일을 마친다. 성소의 모든 불이 꺼진다. 그런 뒤 어둠 속에서 누군가가 시편 22편을 읽는다. "내 하나님이여, 내 하나님이여, 어찌 나를 버리셨나이까. 어찌 나를 멀리하여 돕지 아니하시오며 내 신음 소리를 듣지 아니하시나이까." 이 시편은 너무나도 큰 고통에 사무쳐 있다. "나는 벌레요 사람이 아니라." "개들이 나를 에워쌌으며 악한 무리가 나를 둘러 내 수족을 찔렀나이다." 그러나 그 마지막은 신뢰로 끝난다. "후손이 그를 섬길 것이요 대대에 주를 전할 것이며, 와서 그의 공의를 태어날 백성에게 전함이여. 주께서 이를 행하셨다 할 것이로다"^{이상 개역개정}.

예수님은 십자가 위에서 이 시편을 말씀하셨다. 그리고 매년 우리는 텅 빈 제단과 완전한 어둠 가운데, 예수님의 기도이자 우리의 기도인 그 말씀 앞에 앉는다.

2017년에 나는 교회의 성목요일 예배에서 설교를 했다. 그런 뒤 본당 옆에 딸린 방에 앉아 흐느낌을 잠재우려 애쓰며 울었다. 나는 통제력을 완전히 잃고 말았다. 옆방에서 들려오는 사제의 소리 죽인 울음소리를 무시하려고 노력하며 묵상의 침묵 가운데 앉아 있는 교인들에게 방해가 될까 봐 걱정이 되었다. 우리 회중은 내가 교회에서 우는 것을 늘 보아 왔지만, 이번은 달랐다. 날것 그대로의 슬픔이 꺽꺽거리는 소리와 함께 쏟아져 나왔다.

그날 밤 내가 운 것은, 예수님이 죽음을 경험하셨음을 교회가 예식을 통해, 시편을 통해, 어둠을 통해 나에게 일깨워 주었기 때문이다. 그분은 죽는 것이 어떤 것인지 아셨다. 나는 알지 못했다.

그전 겨울, 밤마다 나는 아버지에게 죽는 것이 어떤 것이었을지 생각했다. 나는 아버지의 마지막 순간을 더 이상 원치 않을 만큼 반복해서 상상했다. 아버지는 무슨 일이 일어나고 있는지 아셨을까? 아버지는 다음 날 통화하자고 했다. 그날이 자신의 마지막 밤이라는 것을 아셨을까? 무서우셨을까? 준비되어 계셨을까? 시간이 더 주어져서 말할 수 있기를 바라셨던 것이 있었을까? 죽음은 아팠을까? 자는 것처럼 느껴지셨을까 아니면 요동치셨을까? 하나님을 보셨을까? 아버지는 죽음 이후의 지금, 무엇을 볼 수 있을까? 아버지는 무엇을 알았고 알지 못했을까?

불현듯 충격과 위안을 동시에 가져다준 깨달음은, 내가 예배하는 하나님은 죽음이 어떤 것인지 정확하게 아신다는 사실이었다. 그분은 인간에게 죽음이 무엇을 의미하는지 아신다. 그것은 황송하게도 하나님 자신이 나의 아버지 그리고 우리 모두와 공유하신 경험이다. 나는 죽는 것이 어떤 것인지 전혀 모르지만, 예수님은 아신다. 그분은 세포에 산소 공급이 중지되는 것, 심장 정지와 질식의 느낌을 아신다.

그분이 내려가 보지 않은 어둠이란 없다. 그분은 내가 가장 두려워하는 모든 것의 질감과 맛을 아신다.

그 성목요일, 교회는 나와 함께 어둠 속에 앉아 예수님의 고뇌와 버려짐을 기억했다. 그분의 죽음을 기억했다.

* * *

우리 인간이 경험하는 취약함의 시작점은 우리 모두가, 우리 자신을 비롯하여 우리가 사랑하는 모든 사람이 죽는다는 사실이다.

나는 이것이 끔찍하게 싫다.

나에게 기독교를 매력적으로 만드는 한 가지는 우리가 죽음을 싫어하는 것이 허락된다는 것이다. 나는 어둠이 마치 실제보다 조금이라도 덜 어두운 것처럼 행동하지 않아도 된다. 금욕주의적으로 그것을 인생 주기의 일부로 받아들이지 않아도 된다. 죽음은 원수다.

『바다의 문들』$^{The\ Doors\ of\ the\ Sea,\ 비아}$에서 데이비드 벤틀리 하트$^{David\ Bentley\ Hart}$는 이렇게 쓴다. "우리는 하나님께서 죄의 부조리함, 죽음의 공허와 낭비, 살아 있는 영혼을(계산적 악의로든 바보 같은 우연으로든) 파괴하는 세력에서 자신의 창조세계를 구출하러 오신다고 믿는다. 그렇기에 우리는 이런 것들을 완벽한 증오심으로 증오하는 것이 허용된다."[3]

나는 이 세상에서의 삶을 사랑한다. 라벤더 향, 스틸 기타 튕기는 소리, 비를 잔뜩 머금고 모여드는 구름. 우리의 영광스러운 몸은 이 모든 향유를 가능하게 해 준다. 이 거룩한 그릇은 우리에게 소금의 짠맛을 알고 바삭한 치킨을 씹게 해 준다. 살아 있다는 것은 더 이상 축소할 수 없는 차원에서 감각적 경험이다.

기독교 신앙은 우리에게 죽음에 대해 괜찮다고 말하라고 요구하지 않는다. 우리는 살아 있도록 만들어졌고, 몸 안에서 온전하게 이 경이롭고 감각적인 행성을 즐기도록 지어졌다.

죽음의 형이상학이 어떠하든, 우리 모두의 몸은 쇠약해지는 때가 온다. 더 이상 어떤 맛도, 냄새도, 소리도 없다. 그러나 그것은 원래 그래야 하는 상태가 아니다.

우리가 죽음을 감상적으로 다루고 그 잔혹함을 축소한다면, 결국 종종 우리도 모르게 부활의 소망을 하찮게 만드는 셈이다. 죄의 권세는 우리에게서 이 세상의 어여쁘고 밝은 모든 것을 빼앗겠다고 위협한다.

그러나 하나님은 스스로 연약함 안으로 온전히 들어오셔서, 모든 것이 고집스럽게도 마땅히 그래야 하는 방식으로 존재하지 않는 이 세상에 사셨고, 죽음의 어둠을 내려다보셨다.

죽음은 원수다. 그러나 죽음은 이제 패배한 원수다.

기독교는 역설을 개의치 않는 것처럼 보인다. 사도 바울은 죽음을 "유익"하다고 보는데[빌 1:21], 부분적으로 이것은 대문자 D 죽음Death—죽음과 죄의 저주—이 세상에서 힘을 발휘하는 한, 삶의 소멸이 고통에서 놓이는 환영할 만한 일인 경우가 많기 때문이다. 나는 떠날 준비가 된, 심지어 자신들이 낫기를 기도하지 말아 달라고 부탁하는 용감하고 신실한 영혼을 몇 명 안다. 그들은 죽음이 어떤 것인지 알지 못했지만, "몸을 떠나[는]" 것이 "주님과 함께 [사는]" 것임을 어떤 신비한 방법으로 알았다.[고후 5:8]

우리의 몸이 쇠할 때조차 우리가 "주님과 함께 살" 수 있다는 것은 좋은 소식이다. 그러나 이것이 우리의 궁극적 소망은 아니다. 매주 우리는 니케아 신경을 선포한다. "우리는 죽은 이들의 부활과 오는 세상의 생명을 고대합니다."

예수님은 죽음을 맞이한 그분의 사랑하시는 이들을 돌보시지만, 죽음은 우리의 친구도, 우리의 궁극적 운명도 아니다. 우리는 죽음을 위해 창조되지 않았다. N. T. 라이트Wright가 말하는 것처럼, "천국이 중요하기는 해도 그것이 세상의 종착점은 아니다."[4] 마지막에 우리는 순식간에 붕 떠올라 미래로 들어가지 않을 것이다. 우리는 새로워진 이 선한 옛 세상을 보고 알게 될 것이며, 심지어 감각적으로 알 것이다. 부활을 통해, 예수님은 우리가 이 세상에서 사랑하는 모든 것이 지속될 것이라고 약속하신다. 우리는 하나님이 좋다고 하신 모든 것을 맛보고 냄새 맡고 느끼고 만질 것이다.

* * *

우리가 따뜻한 침대에 편안하게 눕는 매일 밤, 누군가는 죽어 가고 있다. 그래서 밤이 내려올 때 우리는 그들을 기억한다.

기도의 이 부분은 아버지가 돌아가신 뒤 나에게 특별히 중요해졌다. 어느 밤 나는 잠자리에 들었고, 다음 날 아침 깼을 때 아버지는 더 이상 여기 계시지 않았기 때문이다. 단 한 번의 잠은 우리가 알아보지 못하는 새롭고 무서운 세상으로 우리를 데려갈 수도 있다. 아버지가 돌아가시던 그날 밤, 하나님은 그것을 아셨다. 나는 알지 못했다.

그래서 "죽어 가는 이에게 복을 주시고"라고 말할 때, 나는 내가 누구를 위해 기도하고 있는지 모른다는 것을 잘 안다. 우리 중 누구라도 될 수 있다. 우리 모두가 "죽어 가는 이"다.

그러나 이 기도와 관련해 내가 흥미로운 점은 죽음이라는 평이한 사실을 인정한다는 것이 아니다. 하나님이 죽어 가는 이에

> 내가 느끼는 혼란은, 내가 죽는 것뿐만 아니라
> 축복에 대해서도 잘 모른다는 것을 여실히 보여 준다.

게 "복을 주시[기를]" 구한다는 점이다. 나 스스로는 절대 하지 않을 기도다. 어떻게 기도할지를 결정하는 것이 오직 교회일 때만 할 수 있는 기도라는 점에서 이것은 일종의 패러다임 전환이다. 나라면 "죽어 가는 이를 구해 주시고" 혹은 "죽어 가는 이를 도우시고"라고 기도할 것이다. 분명히 "죽어 가는 이가 죽지 않게 하시고"라고 기도할 것이다. 어쩌면, 어떤 경우에는 "죽어 가는 이를 일으켜 세우시고"라고 할지도 모른다. 그런데 죽어 가는 이에게 "복을 주시고"라고? 그것이 무엇을 의미할 수 있는가? 우리는 죽어 가는 사람들에 대해 말하고 있는데 말이다! 어떤 종류의 복이 충분할 수 있겠는가? 그리고 여기서 내가 느끼는 혼란은, 내가 죽는 것뿐만 아니라 축복에 대해서도 잘 모른다는 것을 여실히 보여 준다.

요즘에는 '복된'blessed이라는 단어가 하찮아졌다. 우리는 새 차나 비싼 지갑을 두고 '#복된'이라는 해시태그를 단다. 혹은 아마도 승진, 결혼, 아기의 출생을 두고도 그렇게 말할 것이다. 이런 것들이 우리가 감사하게 느끼는 복이다. 그러나 그중 어떤 것이 우리가 죽어 갈 때 도움이 되는가? 죽음은 우리가 삶에서 좇던 많은 것의 무익함을 드러낸다. 축복에 대한 빈약한 이해를 노출시킨다.

성경에서 '복되다'라는 단어는 가난한 사람, 슬퍼하는 사람, 주린 사람, 평화를 이루는 사람, 박해를 받은 사람을 묘사할 때 사용된다^{마 5:3-12}. 이러한 인간의 취약함의 깊이는 특정한 종류의 복됨 blessedness을 낳는다. 우리 삶의 가장 어두운 순간에 복을 발견한다는 것은 무엇을 의미하는가? 하나님이 우리의 기도에 응답하셔서 죽어 가는 이에게 복을 주신다는 것은 무엇을 의미하는가?

우리는 엉망진창이다. 우리는 우리에게 무엇이 최선인지 알지 못한다. 내가 가장 무서워하는 것이 나를 자유롭게 해 주는 바로 그것인 경우가 많다. 내가 가장 피하고 싶어 하는 내 삶의 황폐한 장소들은 하나님이 나를 만나기 위해 기다리시는 곳이다. 내가 가장 원하는, 그리하여 손가락 마디가 하얘질 정도로 꼭 쥐는 것은, 하나님의 은혜로운 개입이 아니라면 나를 축소시키고 심지어 죽일 수도 있는 것일 경우가 많다. 내 생명을 구하는 길은 그것을 잃는 것이다.

우리 중 많은 이들은 이것을 듣고 또 듣지만, 이것을 믿는 것은 위아래를 뒤집어엎어서 우리의 정신을 재교육하는 것이다. 이는 자연스럽게 느껴지는 것을 완전히 역행하는데, 대부분의 경우 자기 숭배까지는 아니더라도 자기 보호야말로 가장 자연스럽게 느껴지기 때문이다.

취약함 가운데서 하나님을 신뢰하는 것은, 진정으로 복된 것에 우리를 맞추어 가는, 그리고 그것이 우리가 결코 그것을 찾지 않을 곳에서 얼마나 자주 발견되는지를 알아 가는 일생의 연습으로 기꺼이 들어가는 것이다. 예수님의 산상수훈에서 '복되다'라는 단어는 헬라어 '마카리오스'*makarios*인데, 성서학자 조너선 페닝턴 Jonathan Pennington은 이를 '번영하는'flourishing으로 번역한다.⁵ 슬퍼하는 사람은 번영한다. 마음이 가난한 사람은 번영한다. 온유한 사람은 번영한다. 수천 가지 광고와 유명인들의 보증을 통해 내게 태어나면서부터 각인된 인간의 번영에 대한 비전은 분명 슬퍼하는 것, 온유함, 가난, 혹은 핍박을 특징으로 삼지 않는다.

페닝턴은 이어서 예수님이 각각의 복을 어떻게 구현하셨는지 보여 준다.⁶ 인간의 번영이, 즉 인간의 복이 어떻게 보이는지 알고 싶다면, 질고를 아는 자 예수님보다 멀리 갈 필요가 없다. 그분은 가난 속에서 불편한 삶을 사셨고, 결혼하시거나 성생활을 하신 적도 없으며, 친구들에게서 버려진 채 비교적 무명으로 고통 가운데서 죽으셨다. 여기에 복되신 분, 기름 부음 받은 하나님의 사람이 보여 주는 시선을 사로잡는 모습이 있다. 예수님을 아는 것은 번영과 풍성한 삶으로 이끄는 낯선 그분의 길을 걸어가는 법을 배우는 것이다.

우리는 언제나 성목요일의 텅 빈 제단과 부활절 종소리의 영광 사이 어디쯤에 있다. 우리의 존재는 더 이상 축소할 수 없는 차원에서 삶이냐 죽음이냐의 상황이다. 우리는 그 전부를 맛본다. 경축과 상실, 우리가 사랑하는 이들의 친절과 배신, 달콤함과 슬픔, 아름다움과 재.

기독교의 가르침과 실천은 삶과 죽음이 걸린 이야기 안으로, 우리 스스로 쓰지 않은 이야기 안으로 우리를 부른다. 그래서 하나님이 죽어 가는 이에게 복 주시기를 구할 때, 우리는 그것이 어떻게 나타날지 결정하는 일을 하나님께 맡긴다. 물론 복은 죽어 가던 사람이 쾌유하는 것을 의미할 수도 있다. 그러나 또한 그들이 잘 죽는 것을 의미할 수도 있다. 그들의 삶처럼 그들의 죽음 역시 하나님의 아름다운 이야기의 일부가 되고, 죽어 가는 순간조차 번영하는 것이 가능하다.

* * *

야로슬라프 펠리칸Jaroslav Pelikan은 "그리스도께서는 사람에게 어떻게 죽는지…그들의 비불멸성을 어떻게 받아들이는지, 그리고 그것을 받아들임으로써 그분을 통해 어떻게 사는지 가르쳐 주시기 위해 세상에 오신다"고 말했다.[7] 우리가 어디를 향해 가고 있는지의 진리를 부정한다면, 우리는 잘 살 수 없다. 언젠가 나는 죽음을 아주 가까이에서 개인적으로 알게 될 것이다. 바다가 해변을 형성하는 것처럼 분명히 이 실재는 내가 사는 방식을 변화시킬 것이다.

우리의 죽음을 상기하는 것은 우리가 삶을 살아가는 방식에 영향을 미친다. 우리의 비불멸성을 부정하거나 감상적으로 만들거나 거기서 도망치는 대신 그것을 받아들임으로써, 우리는 그리스도를 통해 사는 법을 배운다. 우리는 그저 우리 스스로를 살아 있게 하기 위해 사는 미친 임무를 멈춘다. 우리는 부와 힘, 성취가 한 번의 호흡만큼이나 스쳐 지나가는 것임을 인식하고 살아간다. 우리는 죽음을 시야에 두고 살아가기에, 새로운 삶의 소망에 비추어 부활에 이르는 유일한 길은 죽음을 통과해 가는 길임을 인식하고 살 수 있다.

『성 베네딕투스의 규칙』*Rule of St. Benedict*에서 베네딕투스는 "선한 일을 위한 도구"를 권한다.

매일, 네가 죽으리란 것을 스스로 상기하라.
매 시간, 네가 행하는 모든 것을 조심스럽게 살피고,
네가 어디에 있든, 하나님의 시선이 네 위에 머무름을 인식하라.[8]

우리의 죽음을 기억하는 것은 그것에 열중한다는 의미가 아니다. 우리는 어둠을 경축하는 고스goth 문화로 부름받은 게 아니다. 그러나 우리가 죽으리란 것을 매일 스스로 상기하는 것은 우리에게 사는 법을 가르친다. 그것은 하나님을 찾는 날, 관계를 바로잡는 날, 다른 사람들을 돕고 우리 주변의 세상을 축복하는 날이 바로 오늘임을, 그 이유가 오늘이 우리의 마지막일 수 있기 때문임을 인식하게 해 준다. 우리의 비불멸성에 대한 묵상은 우리가 더 큰 이야기의 일부임을 알고 그 이야기에 비추어 사는 법을, 우리의 작은 기쁨과 비극을 영원의 영역 안에 위치시키는 법을 가르쳐 준다.

재의 수요일은 나의 시간 경험에서 중심이 되었다. 해마다 나에게는 나와 내 아이들에게 죽음의 실재가 선포되는 것이 필요하다. 나에게는 교회 공동체가 내게 나의 비불멸성을 상기시켜 주는 것이 필요하다. 나는 너무 쉽게 부활로 건너뛰고 슬픈 것들은 대충 훑어보려는 유혹을 받을 수 있지만, 교회력은 나로 하여금 잠시 멈추어 현재 우리의 실재에 존재하는 불협화음을 의식하도록 요구한다.

10여 년 전, 나의 첫 번째 재의 수요일 예배에서 나는 조용한 예배당에 무릎을 꿇고서 거의 억제할 수 없는 분노의 감정에 깜짝 놀랐다. 사제가 모두의 이마 위에 재로 십자가를 그릴 때, 나는 그가 우리 위에 죽음을 표시하는 것처럼 느꼈다. 나는 죽음에 대해 화가 났다. 죽음이 사제가 하는 일이라도 되는 것처럼 그에게도 화가 났다.

나는 취약함의 실재에 직면하고 싶지 않다. 특별히 내가 사랑하는 이들의 취약함이라면 더욱 그렇다. 나는 내가 삶을 통제한다는 착각을 유지할 수 있을 만큼 특권을 누렸고 건강하다. 나는 고통과 비불멸성의 광포로부터 나의 주의력을 분산시킨다. 페이스북을 확인한다. 트윗을 한다. 현재의 정치 논쟁에 열중한다. 바쁘게 지낸다. 죽음의 그림자를 알아채는 것을 피하기 위해 수천 가지 다른 일로 내 삶을 채운다.

그러나 떨쳐 낼 수 없다. 나는 매일 크고 작은 방식으로 죽음과 맞닥뜨린다. 잠, 질병, 피곤함, 그리고 밤 자체는 일상적이고 초대받지 않은, 우리 이마 위에 그어진 재다. 그런 것들은 우리에게 말한다. 네가 죽으리라는 것을 기억하라. 그런 뒤, 우리의 비불멸성을 확인하는 이러한 매일의 징표들은 하나님의 자비를 통해 선한 일을 위한 도구로 변화된다.

사제가 되자 갑자기 나는 사순절마다 다른 사람들에게 그들의 죽음을 상징하는 표식을 그리는 사람이 되었다. 어떤 면에서, 나는 재의 수요일에 사제로 섬기는 일을 사랑한다. 그것은 순전히 반문화적이다. 특권 의식에 사로잡힌 반짝거리는 우리의 미국식 낙관주의에 대고 고대 교회가 말한다. 우리로 하여금 엄연한 사실에 직면하게 만든다. 비불멸성을 거부하는 진부한 부정의 유혹 한가운데서, 나는 피할 수 없는 진리를 들고 교회의 몸 앞에 선다. "잊지 마십시오." 나는 말한다. "우리는 흙입니다. 저와 여러분, 그리고 우리 모두는 우리가 죽는다는 것을 압니다. 우리가 살면서 구하는 것들은 잠깐입니다. 진짜를 붙드십시오." 이것은 내가 매년 행하는, 펑크록 정신에 가장 가까운 일이다.

그러나 나는 가학성애자가 아니다. 나는 부분적으로 내가 재의 수요일에 사제인 것을 싫어하는데, 이는 죽음의 불가피함이 아주 나쁜 소식이며, 대문자 D 죽음과 죄의 권세는 더욱 그렇기 때문이다. 누구도 나쁜 소식을 전하기 위해 목회자가 되지는 않는다. 교회에 우리 삶을 바치겠다고 서약하는 것은 소망을 주고 싶기 때문이고, 온 세상을 새롭게 하고 계시는 예수님에 관해 우리가 받은 좋은 소식을 널리 전하고 싶기 때문이다.

처음으로 아이에게 재의 십자가를 그려야 했을 때, 나는 예배의 나머지 시간 내내 울었다. 조너선도 이 일을 잘 하지 못한다. 우리가 아는 아이들 앞에 서는 차례가 되면 그는 무너진다. 우리 아이들이나 그 친구들은 밝고 기대하는 표정으로 우리 앞에 무릎을 꿇는다. 너무 예뻐서 어떤 심장이라도 이 일을 차마 받아들일 수 없게 만드는 얼굴들이다. 그리고 우리의 임무는 그들에게 죽음의 표시를 하는 것이다. 조너선은 남은 예배 시간 내내 운다. 재의 수요일에는 우리 둘 다 일종의 꼴불견이다. 나는 우리가 항상 그러길 바란다.

나는 내가 누군가에게 죽음을 상기시키는 표지를 그릴 때마다 늘 나의 마음이 찢어지기를 바란다. 죽음의 권세는 마음을 찢어 놓기 때문이다. 그것은 우리가 익숙해져야 할 뭔가가 아니다. 울어 마땅한 일이다.

"죽어 가는 이에게 복을 주시고"라고 기도할 때, 우리는 취약함의 가장 날카로운 지점에 있는 이들을 기억한다. 우리는 인간의 연약함이 다른 모든 것을 압도해 버린 이들, 그리하여(적어도 일시적으로는) 소멸된 이들을 기억한다.

그러나 그렇게 기도할 때 우리는 우리 역시 죽고 있음을 기억한다. 죽어 가는 이에게 복 주시기를 하나님께 구할 때, 또한 우리는 우리에게 복 주시기를 구한다. 우리는 장차 올 나라를 파수하지만, 또한 죽어 가는 현재 이 세상에서 하나님이 우리를 어떻게 만나 주실지 파수한다.

우리 모두는 죽어 가고 있다. 우리에게 가장 필요한 복은 죽어 가는 이에게 주어지는 복이다. 이것은 우리가 피하면서 사는 복, 오직 어둠 속에서만 발견되는 복이기도 하다. 가장 깊은 황폐함의 자리에서 우리는 하나님 자신을 만난다.

10. 고난을 겪는 이를 위로하시고

○ ─ 위안

첫째 딸이 읽기를 배울 때, 아이는 때로 자기가 밤기도를 인도하게 해 달라고 부탁했다. 고난을 겪는 이를 위로하시기를^{soothe} 기도하는 이 부분에서, 아이는 자신 있게 하나님이 고난을 겪는 이를 '매만지시기를'^{smooth} 구했고, 우리 가족은 지금까지도 그녀를 존중하여 그렇게 기도한다.

  병들고, 피곤하고, 죽어 가고, 고난을 겪고, 고통에 시달리고, 기뻐하는 이. 인간이 드러내는 취약함의 유형은 맞춤 상자처럼 우리 각자에게 꼭 맞아떨어지지는 않는다. 이러한 유형들은 함께 섞여 들어가고 색조를 공유한다. 병든 사람, 죽어 가는 사람, 피곤한 사람, 고통에 시달리는 사람은 또한 "고난을 겪는" 사람이기도 하다. 그러나 우리는 그 각각을 하나하나 차례로 기도한다. 이것은 우연이나 장황함이 아니다. 각각을 차례로 기도하면, 잠시 멈추어 각 사람의 필요를 존중하는 것이 가능해진다. 우리는 인간의 불행이 빚은 쓴 포도주들 각각이 담아내는 서로 다른 미감을 맛본다.

공유된 고난에서 공통의 인간성이 발견된다. 우리 모두는 상실을 고통스럽게 겪는다. 우리 모두는 마음 깊이 깨져 본 적이 있다. 우리 모두는 실망을 안다. 그러나 우리가 겪는 고난의 공통성은 어려움이 균등하게만 배분되지 않는 현실과 긴장을 이룬다.

어떤 사람이 겪는 고난은 다른 사람보다 더 끔찍하다. 우리 중 어떤 사람들은 특별히 무거운 짐을 진다.

고난은 그토록 광대하고 다양한 영역의 인간 경험을 포괄하기 때문에 일반적으로 논하기는 어렵다. 신체적·정서적·영적 고난이 있으며, 우리 각자는 특정 문맥 안에서 그리고 고유하게 그것을 경험한다. 고난은 넓은 붓으로 그릴 수 없다.

그런데 여기, 하나님이 고난을 겪는 이를 위로하시기를, 혹은 어울리는 경우라면 매만지시기를 구하는 우리가 있다.

밤기도, 시편, 혹은 전해 받은 다른 기도같이 문서화된 기도들은 정적이지 않다. 그것을 기도할 때, 우리는 우리가 읽는 그 기도문 안에 우리 자신의 삶을 담아낸다. 이 기도들이 우리와 우리 자신의 이야기를 형성하는 만큼, 우리의 인생 이야기는 이 기도들에 대한 우리의 이해를 형성하기도 한다.

수년 동안 밤기도로 기도하면서, 나는 "고난을 겪는 이"를 극심한 아픔의 시간을 지나는 이들로 생각하게 되었다. 우리의 삶을 그 이전과 이후로 나누는 특정 사건이 있다. 지울 수 없는 흔적을 남기는 깊은 어둠과 실패, 상실의 계절이 있다.

2017년은 나를 이전과 다른 사람으로 만들었다. 그전에 나는 부모님이나 아이를 잃어 본 적이 없었다. 이제는 있다. 약 6개월간 나는 너무도 깊은 고난을 겪었다(그 후로도 오랫동안 슬퍼했다). 그해를 지나는 동안, 밤 시간은 모든 외로움과 상실감을 증폭시켰다. 아픔이 메아리치고 통증이 으르렁댔다. 비통함은 생생하고 날카로웠다. 인생에서 확고하던 것들이 흔들려 떨어져 나갔고, 복구 작업은 아직 시작조차 못하고 있었다.

여기서 나는 "고난을 겪는 이"와 "고통에 시달리는 이"를 구별하는데, 고난의 계절은 우리를 같은 사람으로 남겨 놓지 않고 우리가 누구인지의 지형을 형성하는 반면, 상처는 시간과 함께 옅어질 수 있기 때문이다. 고난은 쓸려 오고 쓸려 가기를 반복한다. 결코 완전히 사라지는 법은 없지만, 우리는 다시 살아가기를 배운다.

취약함의 이 장황한 목록에서 다음 순서에 나오는 고통에 시달리는 이를 위한 기도는 장기적이고 만성적인 고통을 다룬다. 그러나 먼저, 우리는 그것을 아주 짙게 겪고 있는 이들을 위해, 강렬한 위기나 상실의 시기를 지나는 이들을 위해 기도한다. 삶이 주는 고뇌와 수고가 너무 커서 하루하루를 그저 살아 내는 것조차 긴급하고 끔찍한 시절을 지나고 있는 이들을 위해, 너무 거대하고 무서운 어둠이 다른 모든 것을 삼켜 버릴 듯 위협하는 시절을 지나고 있는 이들을 위해 기도한다.

누군가의 고난은 어느 시점부터 "고통에 시달리는 이"로 분류될 만큼 충분히 지속적이고 불변하는 것이 되는가? 리트머스 시험은 없다. 우리는 우리가 견디고 있는 고난이 일시적인지 영구적인지 항상 알지는 못한다. 알지 못하는 것은 우리 취약함의 일부이자, 고난을 무섭고 어렵게 만드는 이유의 일부이기도 하다. 우리는 그것이 얼마나 오래 지속될지 알지 못한다. 치유는 언제 올지 모른다.

* * *

시몬 베유는 "기독교가 갖는 종극의 위대함은 고난을 위한 초자연적 해결책이 아니라 그것의 초자연적 사용에 있다"고 썼다.[1] 그리스도인들은 언제나 고난을 아픔의 장소만이 아니라 하나님을 만나는 장소로도 보았다. 고난은 단지 우리에게 일어나기만 하는 것이 아니다. 고난은 우리 **안에서** 일한다.

시리아의 성 이삭은 이렇게 말했다. "하나님을 사랑하는 것은 우리가 그분과 대화를 나누는 데서 비롯된다. 이 기도의 대화는 고요함을 통해 생성되고, 고요함은 자아를 벗겨 내는 것을 통해

> 우리의 영적 삶에서도 오직 밤에만 꽃을 피우는 것이 존재한다.

온다."² 순서에 주목하라. 하나님을 사랑하기를 배우는 것은 기도에서 흘러나오고, 기도는 고요함에서 흘러나오고, 고요함은 "자아를 벗겨 내는 것"에서, 즉 자기 욕망과 계획의 매우 고통스러운 포기에서 흘러나온다.³

고난은 자아를 벗겨 낸다. 이것은 끔찍하게 아프게 들리고, 실제로도 그렇다. 그러나 고난의 의미와 목적은 아픔이 아니다. 사랑을 주고받는 법을 배우는 것이다. 하나님은 우리에게 교훈을 주려고 극심한 고난을 사용하기 좋아하시는 가학성애자가 아니다. 그러나 구속의 연금술 안에서, 하나님은 오직 슬픔이기만 한 것을 취하셔서 그것을 우리가 그분을 사랑하고 또한 그분께 사랑받는 법을 배우는 길로 변화시키실 수 있다. 이는 부활이 오기 위해 죽음이 필요한 것처럼, 풍성한 삶으로 가는 낯선(그리고 보통은 원치 않는) 길이다. 스캇 케언즈는 이렇게 쓴다. "힘든 길은 우리 대부분이 겨우 무언가를 배울 수 있는 거의 유일한 길이다. 고난, 고통, 아픔은 놀랍도록 효과적이다. 그 외에는 아무것도 아닐지라도 말이다."⁴

어떤 식물 과科 전체는 밤에만 꽃을 피운다. 밤나팔꽃, 달맞이꽃, 그리고 밤에 개화하는 다른 꽃들은 어두워진 뒤 밖으로 나가는 모험을 해야만 만개의 영광을 엿볼 수 있다. 우리의 영적 삶에서도 오직 밤에만 꽃을 피우는 것이 존재한다.

나는 어둠이 두렵지만, 오직 거기에서만 발견될 수 있는 종류의 아름다움과 성장을 놓치는 것이 점점 더 두렵다.

* * *

바울과 베드로 두 사람 모두 우리의 고난이 그리스도 자신의 고난에 동참하는 것이라고 말한다 빌 3:10; 벧전 4:13. 고난을 겪을 때 우리는 괴로움의 심연으로 내려가는 길뿐만 아니라, 자주 천천히 그리고 언제나 기적적으로 그리스도의 진짜 생명으로 오르는 길을 발견한다. 예수님은 사랑하는 친구의 무덤이나 응급실의 긴급 환자 분류에서도 황송하게도 우리와 함께하시지만, 우리 역시 우리의 고난 속에서 겟세마네의 고뇌와 십자가의 극한 고통, 예수님 자신의 어두운 무덤을 공유한다.

바울은 심지어 자신이 당하는 고난으로 "그리스도의 남은 고난을…채워 가고" 있다고 말한다 골 1:24. 이 말은 많은 신학자들을 혼란스럽게 했다(또한 많은 논쟁으로 이어졌고, 이는 신학자들의 영업이 계속되도록 도와주었다). 이 말이 무엇을 의미할 수 있는가? 나는 그것이 예수님께서 충분히 고난을 받지 않으셨고 따라서 우리의 구원을 성사시키기 위해 그 남은 값을 우리의 불행으로 치러야 한다는 의미라고 생각하지 않는다. 그 의미는, 예수님 안에서 우리 자신을 발견하는 것은 아픔과 고난 속에서 그분을 아는 것을 언제나 수반한다는 뜻이다. 아우구스티누스의 표현대로, "예수님의 고난이 부족했던 것이 아니라, 그 고난은 교회 안에서 그리고 교회를 통해 늘 계속된다."[5] 하나님은 그리스도 안에서 우리에게 안락한 삶과 쉼 없는 행복으로 가는 승차권을 사 주신 게 아니다. 그 대신에 우리는 그분과 연합함으로써, 우리 자신의 이야기를 통해 그분의 이야기 안에서 자라 간다. 예수님의 전기는 우리를 통해, 교회를 통해, 심지어—아마도 특히—우리의 역경을 통해 계속된다.

마르틴 루터는 "십자가의 신학"theology of the cross 과 "영광의 신학"theology of glory 을 구분했다. 영광의 신학에서, 하나님은 의로운 자에게 주어진 고난을 쾌락, 번성, 자유로 화려하게 치장해 주심으로써 자신의 미쁘심을 보여 주신다. 반대로 십자가의 신학은 "고난 속에 숨어 계신" 하나님을 발견한다.[6] 영광의 신학은 제국의 논리를 똑같이 따른다. 권력, 돈, 쾌락이 위대함의 재료라는 것이다. 십자가의 신학은 하나님의 나라가 위아래가 뒤집어진 곳이며, 하나님은 우리 삶의 가장 어두운 순간에 가장 가까이 계신다고 가르친다.

우리는 안녕과 부, 성공을 하나님의 총애의 증거로 보고, 고통은 하나님의 부재나 죄에 대한 처벌의 장소로 보려는 유혹을 받는다. 아픔과 실망에 직면할 때 하나님이 정말로 우리를 돌보고 계시는지 의문이 든다면, 우리는 영광의 신학에 젖어 있는 것이다. 우리는 우리에게 나쁜 일이 일어나지 않게 해 주실 하나님을 구하고 있다.

고난을 통해 하나님을 사랑하는 것은, 우리가 찾는 하나님의 일하심에 대한 증거가 종종 우리가 그것을 가장 발견하고 싶지 않은 장소 즉 연약함과 아픔, 십자가에 있음을 배우는 것을 의미한다.

그렇다면 우리가 십자가를 견딜 때, 그것에 대해 무덤덤하거나 심지어 긍정적이어야 한다는 것인가? 그렇지 않다. 예수님 자신도 십자가 위에서 평온함의 표시를 보이시지 않았다. 그분은 눈물을 흘리셨고 탄식하셨고 고뇌 속에서 하나님께 부르짖으셨고 자신의 필요와 고통과 목마름을 인정하셨다. 우리는 우리의 아픔을, 혹은 다른 누구의 아픔도 가릴 필요가 없다. 우리는 눈물을 흘린다.

그러나 눈물을 흘릴 때도, 우리는 성경이 "온갖 위로를 주시는 하나님"이라고 부르는 분을 조심스레 파수한다.

* * *

하나님 자신이 위로하시는 분이다. 그것이 예수님이 성령에게, 말그대로 우리를 도와주시기 위해 우리 '곁으로 호출된' 분에게 주신 이름인 '파라클레토스'*parakletos*가 의미하는 것 중 하나다. 그리스도의 고난에 동참하는 우리에게는 "그리스도로 말미암아 우리의 위로도 또한 넘[친다는]" 약속이 함께 주어진다^{고후 1:3-7}.

바울이 고린도 교인들에게 보낸 두 번째 편지의 처음 몇 구절에서는 '위로'와 '고난'이라는 단어가 긍정적으로 약동한다. 피츠시몬스 앨리슨^{C. FitzSimons Allison}은 이 본문에서 볼 수 있는 것이 그리스도와 우리의 고난 그리고 성령 사이의 "본질적 연관성"이라고 말한다. 반복해서 말하기를 결코 꺼리지 않는 바울은 단 몇 개의 짧은 문장에서 위로를 열 번, 고난을 일곱 번 언급한다. 앨리슨은 이 구절들을 요약하면서, 고난을 피하고 싶어 하는 바람은 이해할 만하지만, 그렇게 하는 것은 "진짜 생명, 평화, 교제, 인내, 성품, 소망, 그리고 무엇보다 하나님의 위로자^{Comforter, 보혜사}를 잃게" 한다고 말한다.[7] 고난 가운데서 하나님과 함께 걷는 것은 슬픔, 혼란, 좌절, 의심을 아는 것이지만, 또한 경우에 따라서는 우리의 영혼이 가장 갈망하며 다른 어떤 곳에서도 발견할 수 없는 위로를 발견하는 것이기도 하다.

결국, 우리는 오직 위로자의 임재 안에서만 위로를 발견한다.

그러나 그것은 낯선 종류의 위로다. 어렵게 얻는 것이다. 고급 시트와 초콜릿 트러플, 또는 훌륭한 차 한 잔과 따뜻한 담요 같은 위로가 아니다. 이런 것들도 분명 하나님의 선물이긴 하지만 말이다. 우리가 고난 가운데서 발견하는 위로는 사치나 안락함의 일이 아니다.

우리에게 제공되는 것은 시리아의 성 이삭이 "영혼의 시력"^{vision of soul}이라고 부른 것이다. 고난은 우리에게 새로운 눈을 준다. 어둠 속에서 보는 법을 가르쳐 준다. 무엇을 보도록 배우는가? 빛,

소망, 기쁨, 새롭고 심오한 방식으로 보게 되는 하나님 자신.

고난 가운데서 우리는 이 "영혼의 시력"이라는 선물을 받을 수 있지만, 그 선물을 받아들이라고 강요당하지 않는다. 우리는 고난 가운데서 하나님을 찾을 수 있는 것만큼이나 그 고난에 대해 하나님을 마음껏 비난할 수도 있다. 그러나 오직 어둠 속에만 피는 꽃을 발견하고 우리 자신의 십자가에서 어떤 영광이라도 만나고자 한다면, 우리는 고통이 우리 안에 행하는 일에 협력해야만 한다.

정녕 제정신이 아닌 것처럼 보이는 부르심이다. 자신의 무덤을 파는 일에 하나님께 협력하라니.

우리가 지도록 부름받은 십자가는 우리가 선택한 것이 아니다. 그러나 기독교에서 기도의 실천은 우리가 가장 원하지 않는 길에서 오는 성장을 받아들일 수 있게 돕는다. 고난 즉 "자아를 벗겨 내는 것"은 본질적으로 선하거나 고귀하지 않다. 그것이 고요함으로, 그런 뒤 기도로, 그리고 궁극적으로는 하나님의 사랑으로 이어지지 않는다면 아무 소용이 없다.

에셔^{M. C. Escher}의 한 유명한 석판화에서, 한 손은 다른 쪽 손을 그리고, 다시 그 손은 옆으로 꺾여 그것을 그리는 손을 그리고 있다. 서로를 그리고 있는 손들의 순환이다. 고난 속에는 또 다른 신비로운 순환이 존재한다. 우리는 고난의 신비를 견디기 위해 기도하고, 그 고난의 신비는 우리에게 기도를 가르친다. 그리고 그 모든 것의 끝에 하나님의 사랑이 있다. 바로 그것이 이 순환의 중심에서 발견된다.

* * *

인간에게는 아플 때 위로받는 것이 꼭 필요하다. 음식과 물이 필요한 것처럼 위로받는 것 역시 분명 필요하다. 그래서 우리는 위로자하나님 안에서 위안을 발견하지 못하면 불가피하게 다른 곳에서 그것을 구할 것이고, 자신이 위안을 구하며 습관적으로 향하는 그것을 결국 예배하게 된다. 그것이 우리의 신이 되는 것이다. 그러나 이러한 다른 위로들은 그 자체로 아무리 선할지라도, 그것을 우리 영혼의 피난처로 삼을 때 결국 우리를 죽이는 것이 되기 쉽다.

록 밴드 아케이드파이어Arcade Fire의 "피조물 위안"Creature Comfort은 "미국의 번영에 대한 하얀 거짓말"에 관한 노래다. 자해와 자살, "자신을 미워하는" 소년들, "자신의 몸을 싫어하는" 소녀들에 관한 노래다. 고난을 겪고 있는 이 사람들은 노래 내내 뇌리를 사로잡는 기도를 한다.

> 하나님, 저를 유명하게 만들어 주세요.
> 그렇게 하실 수 없다면, 그저 통증을 느끼지 않게 해 주세요.
> 그저 통증을 느끼지 않게 해 주세요.[8]

유명하게 만들어 주거나 아니면 통증을 느끼지 않게 해 주세요.

어느 쪽이든 연약함과 상처 입는 것이 가져오는 끔찍한 느낌을 제거해 달라는 것이다.

슬픔이 너무 깊은 나머지 몸으로도 그것을 느낄 수 있을 때마다, 나는 거의 본능적으로 모르핀 대용으로 쓸 만한 어떤 것으로든—인터넷, 텔레비전, 탄수화물, 운동, 잠, 늦게까지 깨어 있기, 와인, 초콜릿, 일, 소셜 미디어—달려간다.

데니스 번Dennis Byrne은 「시카고 트리뷴」Chicago Tribune에 이렇게 쓴다. "사실에 직면할 시간: 우리는 중독의 국가"Time to face it: We are a nation of addicts. 그는 약 4천만 명의 미국인이 마약이나 술 중독에 빠져 있으며, 이는 우리가 통증을 달래기 위해 달려가는 무수한 것들 중 단 두 가지일 뿐이라고 말한다. 번은 우리 사회가 "모두 열거하기 어려울 만큼 많은 중독"을 안고 있다고 말한다. 일반적 성생활과 포르노그래피, 담배, 술뿐 아니라 음식, 비디오 게임, 인터넷, 단 것, 일, 리트윗, 그 외에도 훨씬 더 많다. 그는 묻는다. "우리는 무엇으로부터 도망치려고 그렇게 강박적으로 그토록 많은 의지할 거리들을 찾고 만들어 내고 과다 복용하는가?"[9]

토미 톰린슨Tommy Tomlinson은 그의 책 『방 안의 코끼리』The Elephant in the Room에서 자신의 음식 중독을 탐색한다. 그는 다양한 중독에 빠진 우리를 대신해 말한다. "이것은 대부분의 중독이 부리는 잔인한 속임수다. 단기적 위로에는 아주 좋다. 나는 배가 고프고 외롭고 세상의 일부를 느끼는 것이 필요하다. 다른 이들은 그러한 고통을 술병이나 주삿바늘로 달랜다. 나는 버거와 감자튀김으로 달랜다. 그것은 아픔을 약간 뒤로 미뤄 준다."[19] 고난을 겪을 때 우리는 위로가 필요하고, 그것을 어디에서 찾아야 할지 알 수 없을 때 우리는 통증을 조금 더 뒤로 미루는 법을 배운다.

고난에는 마취가 아닌 위로가 필요하다. 우리는 진짜 소망, 밤을 통과할 수 있게 해 주는 종류의 소망이 필요하다.

분명 하나님은 지상의 좋은 것들을 통해, 커피 향이나 양철 지붕에 떨어지는 빗소리를 통해 우리를 위로하신다. 그러나 고난의 부유물이 더 깊고 더 높이 쌓여 갈 때, 피조물 위안이 궁극적으로 결코 충분하지 않으리라는 것이 분명해진다. 심지어 좋은 선물조차, 우리가 통증 안에서 강박적으로 그것을 향해 고개를 돌릴 때는 우리를 축소시킨다.

반면, 하나님은 우리의 삶에서 통증을 제거해 주시지 않는다. 그러나 하나님은 진정한 위로자시다.

그리스도인으로서 고난을 통과하며 걷기 위해, 즉 그리스도의 고난에 동참하기 위해 우리는 어둠을 직면해야 한다. 우리는 우리가 느끼기 싫어하는 슬픔, 상실감, 외로움 같은 것을 느껴야 한다. 우리에게 주어진 쓴 잔을 마셔야 한다. 지름길은 없다. 무료입장도 없다. 그러나 이것은 진정한 위로로 가는 낯선 길이다. 우리 영혼의 무게를 견디기에 충분할 만큼 본질적인 위로를 발견할 수 있는 유일한 길이다.

우리 안의 모든 것은 통증을 마비시키기 원한다. 그래서 이 기도에서 우리는—우리 자신을 위해 그리고 다른 이들을 위해—위로를 구한다. 마취제 같은 쾌락이나 오락거리로 달려갈 때, 우리는 오직 취약함 안에서만 받을 수 있는 지속되는 위로를 놓치기 때문이다. 고난에 대한 위로는 언제나 그리고 오직 선물로 온다.

* * *

근래 기독교 금욕주의는 부당한 평가를 받아 왔다. 쾌락에 대해 약간이라도 부정하면 가장 나쁜 종류의 청교도적 율법주의와 연계된다. 디톡스와 최신 다이어트 요법은 대유행하는 반면, 영적 형성을 위한 자기 부인은 의심의 대상이다. 독신 생활, 순결, 절제는 몸을 수치스럽게 여기는 것과 연계되고 '성을 긍정하는 것'에 반대되는 것으로 여겨지면서, 파괴적인 것까지는 아니더라도 불합리한 것으로 무시된다. 금식은 지나친 열심이자 광신으로 여겨진다. 우리는 신앙이 우리를 기분 나쁘게 만들어서는 안 된다고 여기기 때문에 금욕주의는 무익하고 율법적이라고, 혹은 비인간적이라고 여긴다.

솔직히 인정해야겠다. 나는 금욕주의자와는 아주 거리가 멀다. 고대 교회의 거의 모든 사람의 기준에서 나는 쾌락주의자다. 이것을 특별히 자랑스럽게 생각하지는 않는다. 그렇지만 초콜릿이나 늦잠이나 미디어 소비에 관한 한, 나는 자제력 면에서 술 취한

햄스터와 대략 비슷할 것이다. 나는 금식에 아주 꽝이다. 나에게 사순절은 보통 실패로 떠나는 모험이다. 두 번이나 나는 사순절을 위해 사순절을 포기했는데, 순전히 변명이라고밖에 표현될 수 없는 일이었다. 만약 아이스크림이나 느긋하게 보내는 토요일이나 긴 낮잠에서 발견할 수 있는 창조세계의 일들, 우리를 경탄과 경배로 이끄는 즐거움, 영적 선함 속 하나님의 영광에 대해 아는 체할 사제가 필요하다면, 나야말로 적격이다. 나는 즐거움과 아름다움의 영원한 가치에 대해 여러 편의 논문을 썼고, 그 입장을 절대적으로 고수한다. 그러나 기독교의 금욕 생활, 즉 더 위대한 사랑을 위해 일시적으로 고난을 수용하는 것 역시 교회의 증언과 기독교 영성의 실천에서 어마어마하게 중요하다.

여기에 모순은 존재하지 않는다. 기독교 금욕주의는 물질성이나 체현의 선함을 부정하는 게 아니다. 기독교는 땅의 신앙이며, 즐거움을 긍정하는 신앙이다. 그러나 기독교는 또한 좋은 것들을 합당한 곳에서 즐기는 법을 배우기 위해 종종 자기 부인을 실천해 오기도 했다.

우리는 고난을 겪는 법을 배우기 위해 금욕의 실천을 받아들인다. 우리 모두는 고난을 겪는 것을 피할 수 없음을 알기에 미리 그것을 연습한다. 불편함을 연습하는 것이다. 강아지에게 배변 훈련을 시키는 사람들처럼 우리는 편안함에 대한 필요를 훈련시킨다. 그렇게 함으로써 우리는 우리가 선택한 약물이 제공하는 것보다

> **기독교 금욕주의는 동종요법과 약간 비슷하다.
> 즉, 소량의 통증을 사용하여 우리 삶에서
> 상실, 죄, 영적 질병의 더 큰 부위를 치료하는 것이다.**

더 깊은 위안 속으로 들어가는 법을 느리게 배운다. 우리는 우리가 피하고 있는 통증에 직면하는 법을 배운다. 기독교 금욕주의는 동종요법과 약간 비슷하다. 즉, 소량의 통증을 사용하여 우리 삶에서 상실, 죄, 영적 질병의 더 큰 부위를 치료하는 것이다.

금욕의 실천들은, 피조물 위안들이 아무리 그 자체로 선하다 해도 우리가 그것들을 얼마나 강박적으로 사용하는지를 드러낸다. 작은 즐거움이나 인지된 필요를 스스로 거부함으로써, 우리는 자신을 위로하기 위해 사용하는 것들에 우리가 얼마나 예속되어 있는지 발견한다.

깊은 고난의 시기가 자기 부인을 연습하기에 적절한 시기라고 제안하는 것은 아니다. 이러한 계절에는 그저 하루를 살아서 버티는 것 자체가 금욕의 경험처럼 느껴질 수 있다. (그리고 깊은 통증 속에서 계속 살아가기 위해 당신이 할 수 있는 전부가 그저 하나님 앞에 앉아 아이스크림을 먹거나 담배를 태우거나 기름진 감자튀김을 먹으며 영화를 보는 것이라면, 하나님에 대한 있는 그대로의 사랑을 위해 그렇게 하라.)

그러나 어떤 종류든 "자아를 벗겨 내는 것"에 저항하는 우리의 문화는 삶이 우리 모두에게 불가피하게 나누어 주는 고난과 정신적 외상에 우리를 무방비 상태로 노출시킨다. 그리스도인들조차도 다른 모든 위안이 말라 갈 때 우리를 지탱해 줄 만큼 충분히 두터운 영성을 배우지 못한 경우가 많다. 태어나면서부터 우리는 충분한 소비를 통해 통증을 지울 수 있거나 아니면 최소한 무뎌질 수 있다는 소비주의 논리 위에서 양육되었다. 충분히 구매할 수 있다면, 충분히 성공할 수 있다면, 충분히 유명해질 수 있다면, 충분히 마실 수 있다면, 그 여자나 그 남자를 얻을 수 있다면, 그 집이나 그 직업을 가질 수 있다면, 우리의 고통은 달래질 수 있다. 우리는 심지어 영성도 똑같은 방식으로 이용하여, 하나님이나 영적 생활을 십자가의 길이 아닌 자기 성취와 승리의 경로로 마케팅할 수 있다. 우리는 매일 먹는 비타민 같은 이런 거짓말의 토대 위에서 자랐고, 이는 대중으로서, 문화로서, 교회로서 우리에게 해를 입혔다.

한때 인기 블로거였던 저널리스트 앤드루 설리번$^{\text{Andrew Sullivan}}$은 "나는 원래 사람이었다"$^{\text{I Used to Be a Human Being}}$라는 글에서, 그가 테크놀로지와 소셜 미디어에 대한 '중독'이라고 부르는 것을 어떻게 끊었는지 기술한다. 그는 침묵의 실천을 배우고 싶었다. 그는 휴대폰도, 인터넷도, GPS도, 심지어 대화도 없이 밤낮으로 내내 침묵해야 하는 피정을 떠났다.

피정을 시작한 지 며칠이 지나자, 갑자기 그는 어린 시절의 고통스러운 기억, 특히 어머니의 정신 질환 때문에 자신이 견뎌야 했던 고난에 대한 기억에 완전히 압도되었다. 그는 이렇게 썼다. "그것은 마치 나의 주의력을 산만하게 하던 모든 것이 내 삶에서 천천히 그리고 점진적으로 제거되면서, 그동안 스스로 집중하지 못하게 했던 대상을 갑자기 마주하는 것과 같았다. 나무둥치에 기대서 잠깐 휴식을 취하다가 나는 멈춰 버렸고, 갑자기 내가 몸을 구부린 채로 막 존재하기 시작한 통증에 경련을 일으키며 흐느끼고 있음을 깨달았다." 그가 습관적으로 고개를 돌렸던 모든 목발이 사라졌다. 친구에게 전화를 하거나 문자를 할 수도 없었다. 트위터나 이메일을 확인할 수도 없었다. 그는 오랫동안 묻어 두었던 어린 시절 트라우마의 고통 속에 앉아 있어야 했다. 그리고 그가 알게 된 것은, 자신이 그 경험을 겪고도 살아남았을 뿐 아니라, 그것을 통해 치유를 발견했다는 것이었다.

오직 자기 부인 안에서만, 오직 우리의 다른 모든 소품과 장치, 마취제가 사라졌을 때만 정련되는 지혜가 있다. 설리번은 이렇게 쓴다. "슬픔은 일종의 고요함과 쉼으로 바뀌었다. 나는 내 어린 시절의 다른 것들 곧 숲의 아름다움, 친구들이 주는 기쁨, 누나의 도움, 외할머니의 사랑을 느꼈다."[11] 그는 고통을 회피하면서 평생을 보냈지만, 그 반대편으로 가는 유일한 길은 그것을 통과해 지나가는 것이었다. 치유를 발견할 수 있는 유일한 길은 자신에게 정체성과 경력을 가져다준 것, 그가 위안을 얻으려고 가장 강박적으로 달려가던 것을 스스로 부인하는 일이었다.

    기독교 금욕주의, 침묵, 금식, 순결, 독신, 고독의 실천이나 다른 어떤 형태의 자기 부인도 자기 파괴나 자기 비난이 아닌 치유를 위한 것이다. 크고 작은 방식으로 고통을 받아들일 때, 우리는 우리에게 특별히 자연스럽게 느껴지지는 않지만 아주 필요한 방식으로 위안을 구하는 법을 배운다. 우리는 하나님 자신 안에서 지속되는 위안을 구하도록 우리 마음을 훈련한다. 우리가 가장 깊숙이 열망하는 위안을 받아들이는 법을 배우기 위해, 우리는 영광스러울 만큼 선하지만 부적절한 피조물 위안을 우리 자신에게서 제거하는 법을 연습한다.

* * *

우리는 하나님께 "고난을 겪는 이를 위로하시고"라고 기도한다. 우리는 그분이 고난을 겪는 이를 진부한 것들로 달래 주시기를 구하지 않는다. 고난을 겪는 사람이 그저 평정을 되찾고 그것을 극복할 수 있기를 구하지 않는다. 우리는 우는 소리는 그만두고 통증을 참고 경기를 계속하라고 요구하는 무뚝뚝한 코치가 아닌, 온유한 양육자이며 위로자이며 치유자이신 하나님을 바라본다.

    회중 가운데 한 여성이 남편의 죽음을 슬퍼하며 힘든 시간을 보낸 지 약 10개월이 지났을 때, 어떤 사람이 그분에게 이제 충분히 오래 슬퍼했다고 말했다는 이야기를 전해 들었다. 이제는 힘을 내서 떨쳐 내야 할 시간이라고 말이다.

이것은 고난을 겪는 이를 위로하는 게 아니라 재촉하는 것이다.

그 이야기를 들었을 때, 곧바로 내 안에 부글부글 일어난 것은 고난 가운데 있는 내 회중의 일원을 보호하려는 일종의 모성애적 충동이었다. 나는 격분을 느꼈고, 그에 대한 약간의 자기 의를 느꼈다. 그러나 그런 다음, 나는 나 역시 고난을 겪는 이들을 인내하지 못했던 때를 떠올렸다. 나는 나 자신에 대해서든 다른 이들에 대해서든, 힘들어하는 기간이 얼마쯤이 되어야 하는지에 대해 내 안의 무의식적 시간표를 세울 수 있다. 그러나 치유는 종종 우리 생각보다 더 오래 걸린다. 빠르게 수리하고자 하는 유혹은 언제나 있지만, 고난에 대한 빠른 수리는 부정직과 중독, 인간성에 대한 부인으로 이어진다. 교회 안에서도 우리는 자주 사람들이 스스로 힘을 내서 스스로 고치고 스스로를 구하기를, 그리고 이미 서둘러 그렇게 하고 있기를 바란다.

그러나 하나님이 우리와 다른 이들을 위로하시기를 열망하는 법을 배울 때, 우리는 그분이 그렇게 하시는 느린 과정을 기다리는 법도 함께 배운다.

하나님이 감정적, 영적, 심지어 신체적 치유를 즉각 가져다주실 때가 있는가? 때로는 그렇게 하신다. 분명 그렇게 하실 수 있다. 그러나 위로는 많은 경우 소량씩만 배급되는 식량이나 긴 등산길에서 만나는 은혜의 울퉁불퉁한 바위처럼 보인다. 그리스도인의 삶에는 치유가 있다. 위로가 있다. 나는 그것을 맛보았고 목격했다. 그러나 그것이 언제 어떻게 오는지는 우리가 선택할 수 없다.

피에르 테야르 드 샤르댕^{Pierre Teilhard de Chardin}은 "무엇보다 하나님의 느린 행하심을 신뢰하십시오"라고 상기시킨다. 우리는 주님에게 고난을 겪는 이를 위로하시기를 구한 뒤, 드 샤르댕의 일깨움을 기억한다.

> 그분의 손이 너를 이끌고 계시다는
> 믿음의 유익을 우리 주님께 드려라.
> 그리고 초조하며 불완전하다고
> 스스로 느끼는 불안을 받아들여라.[12]

* * *

오래된 격언이 있다. "너를 죽이지는 않는 것은 너를 더 강하게 만든다." 그러나 이 말은 나에게 공허하게 들리며, 고난을 겪어 본 적이 있는 거의 누구라도 그럴 것이다.

나의 아버지를 결국 갑작스러운 죽음에 이르게 한 상태는 처음에 느린 쇠퇴의 과정으로 시작되었다. 길어진 입원 기간 동안, 나는 여러 날을 아버지의 손을 잡은 채 보냈다. 그런 다음 두 딸이 모두 장염에 걸렸고, 아이들이 토할 때마다 머리카락을 뒤로 잡아 주면서 또 여러 밤을 보냈다. 너무도 지치는 그 몇 주를 보내면서, 나는 이렇게 썼다. "나는 이 힘든 날들이, 이 스트레스와 슬픔과 도전이 나를 더 강하게 만든다고 느끼지 않는다. 그 끝에서… 나는 너무도 힘이 없고 취약하게 느낀다."

지금은 유명해진 '우리를 죽이지는 않는 것'에 관한 이 진부한 문구를 처음 말한 사람은 프리드리히 니체Friedrich Nietzsche였다. 이 표현은 그의 책 『우상의 황혼』Twilight of the Idols 에 나온다. "삶의 사관학교로부터: 나를 죽이지 않는 것은 나를 더욱 강하게 만든다."[13]

힘들지만 나를 죽이지는 않는 크고 작은 일들에 나는 매일 직면한다. 그리고 나를 죽이지 않는 것이 사실은 나를 더 약하게 만듦을 발견하고 있는데, 어쩌면 바로 그것이 핵심인지도 모르겠다. 영광의 길은 십자가의 길을 통해서, 그리고 오직 그 길을 통해서만 발견된다는 것 말이다. 인생의 사랑의 학교에서, 우리를 죽이지는 않는 고난은 우리가 우리의 필요와 무력함에 더 살아 있게 만들고, 따라서 더욱 사랑을 주고받을 수 있게 해 준다.

분명 고난은 회복 탄력성을 길러 준다. 부러진 뼈가 나으면서 더 튼튼해지는 것처럼 말이다. 아마도 역설적인 것은, 우리가 아픔이나 분투를 전혀 모를 때 더 유약할 수 있다는 점이다. 극심한 괴로움 저편에서 발견되는 일종의 단단한 신실함과 투지가 있다. 그러나 이런 종류의 회복 탄력성은 뚫리지 않는 강인함이라는 니체의 비전에 맞게 우리를 형성하지 않는다. 즉 우리를 더 단단하게 만들지 않는다. 그 대신 우리가 하나님 안에서 사랑받는 존재임에 대해, 우리 자신의 취약함에 대해, 그리고 다른 이들의 취약함에 대해 더욱 열려 있게 만든다.

마르바 던^{Marva Dawn}은 "하나님을 성소에 모시기와 연약함의 신학"^{The Tabernacling of God and a Theology of Weakness}이라는 에세이에서 이렇게 말한다.

> 그리스도조차 고난과 죽음을 통해 우리를 위한 대속을 성취하셨기에, 주님은 우리의 연약함을 통해 세상에 대한 증언을 성취하신다.…하나님의 길은 우리를 환난에서 데려가시는 것이 아니라, 환난의 한복판에서 우리를 위로하시고 환난에 직면하여 우리의 힘을 '교환'하시는 것이다. 우리의 연약함 안에서 성령의 능력으로 그리스도와 연합함으로써 우리는 그리스도의 영광을 드러낸다.[14]

내가 가장 존경하는 사람들은 고난을 겪었지만 자신의 통증을 마비시키지 않았던 이들, 즉 자신의 어둠을 직면했던 이들이다. 그 과정에서 그들은 아름답게 약하고, 냉혹할 정도로 강하지 못하며, 매섭거나 엄격하지 않고, 기쁨과 신뢰와 함께 취약함을 지닌 남자와 여자가 되어 간다. 그들에게서는 거의 빛이 뿜어져 나오는 것 같다. 충분히 약해서 빛이 통과할 수 있는 종이 등^燈처럼.

11. 고통에 시달리는 이를 불쌍히 여기시고

○ ― 수그러들지 않음과 계시

"고난을 겪는 이"가 깊은 아픔의 계절을 지나는 이들이라면, "고통에 시달리는 이"는 오래도록 심지어 평생 지속되는 괴로움을 통과하는 이들이다.[1] 이 세상을 사는 동안에는 몸이 제대로 움직이지 않을 이들, 줄어들지 않을 외로움을 겪는 이들, 특별히 무거운 짐과 정신적 외상을 견디는 이들, 혹은 넘어졌을 때도 붙잡아 줄 그물이 거의 없는 이들이다.

고통에 시달리는 이들에게 밤 시간은 특히 가혹하다.

예를 들어, 치매에 걸린 부모님에게는 '황혼 증후군'sundowning으로 알려진 현상이 찾아온다. 의사들도 완전히 이해할 수 없는 이유로, 해가 질 무렵이면 혼란과 불안, 공격성이 심화된다. 만성 우울증이나 불안에 시달리는 이들도 밤이 되면 그러한 증상이 악화

되곤 한다.[2]

과거에 나는 거리에서 사는 10대들을 돕는 사역을 했다. 이 청소년들이, 특히 여자 청소년들이 밤에 맞닥뜨리는 절박한 위험은 거의 상상을 초월했다. 대다수는 길거리의 짙은 어둠 아래 성폭행을 흔히 수차례 당했다.

내 친구 스티븐과 베서니는 길거리 피정을 인도한다.[3] 그들은 사람들을 영적 피정으로 초대하지만, 수도원이나 산으로 들어가는 대신 텍사스 오스틴의 보행로와 골목의 노숙인들 사이에서 시간을 보낸다. 이 피정의 핵심은 가난을 흉내 내거나 특권 계층에게 노숙 생활을 잠시 경험하게 해 주는 것이 아니다. 길거리에서 하루나 이틀 밤을 보내는 것이 노숙인으로 살아가는 것과 전혀 같지 않음은 명백하다. 스티븐의 말을 빌리면, 이 피정의 핵심은 "예수님이 자신을 발견할 수 있을 것이라고 약속하신 곳에서 그분을 찾는" 것, 가난하고 궁핍한 사람들 즉 고통에 시달리는 이들 사이에서 그분을 찾는 것이다. 며칠 밤 동안, 참가자들은 도시의 밤에 집 밖에서 잠을 자는 것의 취약함을 경험한다. 그러나 그들은 그 어두운 거리, 고통에 시달리는 이들 사이에서 하나님을 만난다. 스티븐은 스스로 신자라고 칭하지 않는 이들도 "숭고를 만난" 경험에 대해 이야기한다고 했다.

스티븐과 베서니에게는 아주 많은 길거리 친구들이 있고, 고통에 시달리는 이들은 그들에게 환대를 베푼다. 그들은 노숙인 캠

> 그런 고뇌에 찬 삶이 존재하는 것이
> 친절하신 하나님에 대한 우리의 신뢰를 가로막는가?

프에서 환영받으며, 가장 편하게 잘 수 있는 곳이 어디인지 조언을 듣는다. 그들이 5개월 된 아기를 데리고 피정에 왔을 때는 누군가가 아기와 함께 밤을 보낼 수 있는 가장 안전한 장소를 알려 주기도 했다. 거리에서 만난 한 친구는 그들을 위해 기도하면서, 천사들이 그들을 보호해 주고 그들이 밤에 안전하기를, 그리고 아침에 좋은 식사를 만날 수 있기를 구했다. 베서니는 나에게 말한다. "고통과 은혜는 함께 다녀."

* * *

건강, 젊음, 교육, 경제적 안정, 가족, 공동체와 같이 노력 없이 얻은 선물은 우리가 깨어진 세상과 전속력으로 충돌하는 것을 막아 준다. 아무리 불완전할지라도, 내 삶은 지구상 대부분의 사람들에겐 상상할 수 없는 수준의 안정성과 안전함 가운데 있다.

나는 고난을 경험하긴 했지만, 인간이 당하는 고통의 진짜 깊이는 아직 알지 못한다. 사랑하는 사람이, 심지어 낯선 이들이 어려움이나 괴로움으로 가득 찬 삶을 살아가는 것을 보기만 해도 나는 휘청거린다. 고통 한가운데서 우리는 하나님의 선하심을 어떻게 발견하는가? 그런 고뇌에 찬 삶이 존재하는 것이 친절하신 하나님에 대한 우리의 신뢰를 가로막는가? 고난이 잦아들지 않는 공동체의 사람들에게는 어떤 소망이 있는가? 죽을 때까지 뇌전증 증세가 오직 계속 악화되기만 할 아이에게는? 성 착취를 위한 인신매매로 잡혀 오기 전의 삶을 기억조차 하지 못하는 소녀들에게는? 수십 년 동안 정신병동에서 혹은 길거리에서 사는 정신 질환자들에게는?

밤기도의 이 기도에서 우리는 하나님께 "고통에 시달리는 이를 불쌍히 여기시고"라고 기도한다. '불쌍히 여기다'[pity, 동정하다]라는 단어는 냉대를 받고 있다. 이 단어는 우리가 간절히 바라는 것에 대한, 끔찍할 정도로 부적절한 표현처럼 보인다. 때로 "네 동정 따위는 필요 없어" 같은 방어적 태도를 불러일으키기도 한다. 그러나 이 단어의 어원은 고대 프랑스어에서 긍휼을 뜻하는 단어다. 동정은 다른 누군가의 슬픔을 공유하고 다른 이의 고난을 안타깝게 여기는 것이다. 부족주의, 분노, 비정함, 판단, 혐오로 쉽게 치닫는 세상에서, 우리 모두는 하나님과 다른 사람들에게서 가능한 한 많은 동정을 받아야 한다.

여기서 다시, 이 기도는 내가 당연시하는 것에 도전한다. 우리는 하나님께 고통에 시달리는 사람의 고통의 원인을 직접 제거해 주시기를 구하지 않는다. 물론 하나님은 불쌍히 여기는 마음으로 그렇게 하실 수 있긴 하지만 말이다. 그것이야말로 내가 가장 구하고 싶은 것이다. "사랑하는 하나님, 모든 고통을 끝내 주세요."

그리고 우리의 소망은 하나님이 그렇게 하시리라는 것이다. 언젠가는.

그러나 지금 우리는 하나님이 연민을 보여 주시기를 구한다. 이 특정한 기도에서, 우리는 영구적 해결책이 아닌, 하나님이 우리와 함께 고통받으시기를 구한다. 바로 그것이 긍휼의 문자적 의미다. 우리는 하나님이 우리가 느끼는 것을 느끼시기를, 우리 자신이 들어와 있는 어두운 방으로 들어오셔서 우리의 아픔과 취약함 안에서 우리와 함께 앉아 계시기를 구한다. 대담한 요청이다. 하나님 자신이 알코올 중독자, 가출 청소년, 치매 환자, 조증 시기의 조울증 여성과 함께 고통당하시기를, 거룩하신 분께서 어떤 식으로든 그들이 느끼는 것을 정확하고 또렷하게 느끼시기를 구하는 것이다. 우리는 하나님이 이런 종류의 아픔을 아시고 그 심연으로 들어오시기를, 엿보는 사람이 아니라 우리와 함께 그것을 겪어 내는 이로서 그렇게 하시기를 구하고 있다.

* * *

그리스도인들은 하나님 자신이 고통에 시달리는 이와 함께 걸으실 뿐만 아니라, 우리 역시 똑같이 하도록 부름받았다고 믿는다.

이것은 어려운 소명일 수 있다. 지역 교회 목회자로서 일을 시작한 지 얼마 안 되어, 나는 우리 교회가 위기를 겪는 이들의 길을 함께 걸어 주는 일을 자주 매우 잘하고 있음을 분명히 알 수 있었다. 누군가가 입원을 하면, 누군가가 수술을 받으면, 직장을 잃으면, 가족 중 누가 죽으면, 우리는 캐서롤 요리와 기도, 눈물, 그리고 도움의 손길을 들고 나타났다. 그렇지만 그보다 하기 어려운 일은 장기적 필요에 처한 이들과 함께 걷는 것이다.

고관절 수술 후 다섯 끼의 식사가 필요한가? 문제없다. 앞으로 10년 동안 매주 세 끼의 식사가 필요하다고? 그런 일을 어떻게 할 수 있을지 어떤 아이디어도 떠오르지 않는다. 남은 인생 동안 매주 혹은 격주로 목회자의 방문이 필요하다고? 아마도 그것은 우리가 할 수 있는 이상의 일처럼 보인다. 우리 회중에게는 더 길고 지속되는 필요를 맞닥뜨릴 때 연락하는 사회복지사가 있지만, 대부분의 교회들은 사회복지단체처럼 갖추고 있지 못하다. 결국 우리는 대부분 자원봉사자에게 의존하는데, 어느 때든 보통 소수만이 극심한 위기를 겪는다.

그러나 이것은 적어도 이곳 미국의 더 광범위한 교회가 고통에 시달리는 이와 그 고통을 함께하는 것을 어렵게 만드는 더 깊은 차원의 분투를 살짝 보여 준다. 우리는 길이 너무 멀고 그 결말이 행복하지 않을 가능성이 클 때, 그런 사람들과 함께 어떻게 걸어야 하는지 모를 때가 많다.

개인적으로 위기를 겪고 있던 2017년에 나는 국내 목회 지도자로 섬기는 한 친구와 대화를 나누었다. 수년 동안 미국 교회를 관찰하고 연구한 그는 거의 무뚝뚝하게 말했다. "우리 모두는 일종의 번영 복음을 믿고 있어. 그렇지 않아? 우리는 하나님이 우리 인생을 잘 풀리게 해 주시기를 기대하지. 그리고 우리가 우리 몫을 한다면, 하나님은 우리 일들이 잘되게 해 주셔야만 하는 거고."[4] 틀림없이 미국뿐 아니라 전 세계 대부분의 그리스도인은 번영 복음, 즉 하나님이 의로운 자에게 건강과 부로 상 주신다는 생각이 참이 아니라고 인정할 것이다. 그것은 기독교 신학이 아니다. 루터가 비판한 "영광의 신학"의 현대판이다. 그러나 마음속 조용한 곳에서, 우리는 일들이 잘될 때는 하나님의 기쁨을, 실망스러운 일에서는 하나님의 명백한 부재까지는 아니더라도 그분의 반감을 감지한다. 이것은 해결책과 실적, 결과를 원하는 부류의 기독교 신앙을 낳고, 그리하여 우리는 자주 고난이 빠른 시간 안에 해결되지 않거나 사람들이 짊어진 짐이 사라지지 않을 상황을 어떻게 마주해야 할지, 그리고 다른 사람들이 그런 상황과 마주하는 것을 어떻게 도와야 할지 몰라 어려워하는 시간을 보낸다. 우리는 고난에 명확한 시작과 중간과 끝이 있길 바라며, 그것이 우리가 빠져나올 수 있는 터널이자 말끔한 해답이 있는 이야기이기를 원한다. 우리는 즉각적 결과나 분명한 결산 없는 기독교의 비전에 저항한다.

고통에 시달리는 이들의 삶은 우리에게 고난이 단순히 해결되어야 할 문제가 아님을 불편하게 상기시킨다.

심한 자폐증을 앓는 아들을 둔 친구가 있다. 친구는 자주 아들을 위해 무엇을 기도해야 할지 의문을 갖는다. 나머지 우리도 아이를 키우면서 배변 훈련부터 갈등과 질병, 부상을 다루는 것까지 모든 분투를 겪지만, 우리는 언젠가 아이들이 자립할 것이고 우리를 덜 필요로 하게 될 거라고 생각한다. 그러나 내 친구의 아들은 부모가 살아 있는 한 부모에게 의존해야 할 것이다. 그들은 한 번이라도 아들에게서 하루를 어떻게 보냈는지 직접 듣거나, 아들에게 신발 끈을 어떻게 묶는지 가르쳐 줄 기회가 없을 가능성이 크다. 내 친구는 아들을 깊고 간절히 사랑하며, 바로 이 사랑 때문에 깊이 고통스러워한다. 그리고 이 고난에는 가시적 끝이 존재하지 않는다. 그는 아들의 삶이 주는 고통의 무게를 진다.

물론 이것이 이야기의 전부는 아니다. 내 친구는 아들에게서 기쁨과 즐거움을 발견한다. 그가 웃으면서 아들에 관해 이야기할 때면 밝게 빛나는 자랑스러움이 느껴진다. 그의 아들은 지역 교회를 섬기고, 주변 사람들에게 축복이 된다. 그러나 그의 아들은 성장의 모든 이정표에 결코 이르지 못할 것이고 평범한 통과의례도 알지 못할 것이기에, 그로 인한 슬픔은 언제나 그 자리에 있다. 내 친구와 그의 아들에게 소망이란 무엇인가? 그에게 기도란 어떤 것인가? 아메리칸드림과는 전혀 비슷해 보이지 않는 삶을 사는 이들에게 예수님의 '풍성한 삶'이란 어떤 것인가?

* * *

고통과 하나님의 선하심이라는 곤란한 주제를 더 복잡하게 만드는 것은, 우리가 모든 고통을 제거하시지 않는 하나님을 섬길 뿐 아니라, 그분은 때로 우리가 그 안으로 곤두박질치도록 떠미시는 것처럼 보인다는 점이다. 종종 우리를 안락과 행복의 길에서 멀어지게 하는 것은 기독교 신앙의 윤리적 엄격함에서 나오는 우리의 신념이다. 나에게는, 심지어 의사조차 장애를 가진 아이를 낙태하라고 권유할 때도 임신을 끝까지 유지하는 친구들이 있다. 자기 수입의 대부분을 후원금으로 사용하며, 후원을 조금만 줄여도 쉽게 피할 수 있을 생활비 부담을 견디는 친구들이 있다. 수년간 계속해서 부부 상담을 받으면서도 불행한 결혼 생활을 여전히 견디고 지키는 친구들이 있다. 자신의 신념 때문에 독신으로 금욕 생활을 지키는 친구들이 있다.

세계 전역에서 박해받는 그리스도인들은 배교와 죽음 사이의 선택에 직면하고, 수천수만 명이 죽음을 선택한다. 우리 교회에는 기독교로 개종하는 것이 집이나 가족과의 단절을 의미하는 국제 학생들이 있다. 세례를 받을 때, 그들은 모국에서 행복과 부가 보장된 길을 박해를 피해 도망치는 삶과 바꾼다.

서구의 그리스도인들은 하나님이 금방 해결되지 않을 종류의 아픔을 받아들이도록 우리를 부르신다는 것을 믿기 어려워할 수 있다. 우리는 고통을 허락하거나 그보다 더욱 채찍질하는 윤리적 기준을 가진 하나님으로부터 뒤로 물러난다. 『피고석의 하나님』 God in the Dock, 홍성사에서 C. S. 루이스는 유명한 말을 했다. "나는 나를 행복하게 만들어 줄 종교로 가지 않았다. 나는 포트와인 한 병이 그렇게 해 주리란 것을 늘 알았다. 당신이 정말로 편안하게 느끼게 해 주는 종교를 원한다면, 분명 나는 기독교를 추천하지 않겠다." 그 대신 그는 단기적으로 우리를 아주 행복하게 해 줄 자기 숭배를 추천한다고 말한다. 아니면 미국에서 시판되는 특허품—우리가 원하는 모든 것은 아마도 하나님이 우리를 위해 원하시는 것이기도 할 것이라고 약속하는 영성—도 잘 통할 것이라고 말한다.[5]

기독교의 진리는 인간의 번영으로 이어진다. 그러나 아퀴나스를 인용하면, 그 번영은 언제나 "고된 선"arduous good이다.[6] 독신을 서약한 론 벨가우Ron Belgau는 이렇게 쓴다. "고된 선은 분투가 필요한 선이다. 싸울 가치가 있는 선이고, 역경 앞에서 두려움과 소망, 그리고 인내를 고취하는 선이다. 또한 '고된 선'은 할리우드에서 좀처럼 말하지 않는 문구고, 매디슨가(광고 회사들이 모여 있는 뉴욕의 거리—편집자)에서는 아예 거의 들리지 않는다." 나는 교회에서도 이 문구는 잘 들리지 않는다고 덧붙이고 싶다. 그러나 벨가우는 구원 자체가 "고된 선이며, 우리가 모든 것을 기쁘게 희생하여 얻고자 할 밭에 숨겨진 보물이자 값비싼 진주"라고 쓴다.[7]

기독교 신앙이 고난에 동기를 부여하는 것은, 신앙의 숨겨진 차원 혹은 신나고 영광스러운 삶을 약속하는 포장지 아래 감추어진 뭔가가 아니다. 미끼나 스위치가 아니다. 예수님은 사람들을 십자가로 부르신다. 죽으라고, 그들의 목숨을 잃으라고, 그럼으로써 그것을 얻으라고 하신다. 그분은 분명히 홍보에는 형편없으셨다. 그분은 판매원이 아니셨다. 그러나 다른 한편으로, 그분은 스스로 독배를 드셨다. 그분은 제자도의 대가에 대해, 쉽게 해결되지 않는 아픔에 대해 정직하셨다. 그분은 불쌍히 여기는 마음에서 그리고 그분 자신의 몸으로 그 모든 것을 껴안으셨다.

* * *

나는 하나님이 고통을 왜 허락하시는지 모르지만, 이것은 안다. 그분은 고통에 시달리는 이들 가운데서 발견되신다.

사제로 일하면서, 나는 사람들이 그들 자신의 고통스러운 상황이나 그들이 사랑하는 이들이 당하는 고통이 그리스도 안에 있는 자신들의 삶을 형성했다고 말하는 것을 들었다. 나는 하루 대부분을 중증 치매를 앓는 어머니를 돌보며 지내는 한 남자를 만났다. 그는 전에는 한 번도 어머니를 돌보는 것이 자기 삶에서 영적 형성의 실천이 될 수 있으리라고 생각하지 않았다고 했다. 그럴 수 있음을 발견한 것이 그를 변화시켰다.

나는 매우 놀랐다. 그토록 심오하게 자신을 비워 내고 하나님의 긍휼과 그토록 영광스럽게 가까운 무언가를 어떻게 한 번도 영적 실천으로 보지 못했을 수 있다는 말인가? 그는 말했다. "한

> 우리 삶에서 가장 근본적이고 형성력을 지닌 영적 실천은
> 우리가 선택하지 않은 것일 때가 많다.

번도 그것을 선택해 본 적이 없었으니까요."

우리는 영적 실천을 성경 읽기나 기도, 교회 출석처럼 우리가 택해서 받아들이는 뭔가로 생각한다. 이런 것들만 우리 인생에서 분명하게 영적인 부분이라고 생각한다. 삶의 나머지는 그저 통과해 지나가는 것이고 시간, 기회, 일생의 생기 없는 부분일 뿐이다. 그러나 우리 삶에서 가장 근본적이고 형성력을 지닌 영적 실천은 우리가 선택하지 않은 것일 때가 많다. 하나님을 마주하는 가장 심오한 방법은 자주 고통 안에서다.

앤디 크라우치$^{Andy\ Crouch}$는 『강함과 약함』$^{Strong\ and\ Weak}$에서 13번 3염색체성 유전 증후군을 가지고 태어난 조카 앤절라에 대해 쓴다. 모든 예상을 깨고 앤절라는 열한 살까지 살아 있었지만, 볼 수도 들을 수도 걸을 수도 없었다. 크라우치는 이렇게 쓴다. "그 아이는 스스로 먹거나 씻을 수 없었다. 언어도 전혀 몰랐다. 우리는 그 아이가 엄마와 아빠, 할머니와 할아버지, 형제와 자매에 대해 무엇을 아는지 오직 추측할 뿐이었다." 이것이 번영인가? 크라우치는 번영에 대해 "대중 부유층의 소비문화가 우리에게 제시하는 어떤 정의"로도 앤절라가 번영하고 있다고 말할 수 없을 것임을

인정한다. 그러나 고통 안에 있을지라도, 앤절라의 삶으로 인해 그녀 주변의 사람들은 더 큰 번영을 알아 간다고 말한다. "모든 인간 공동체에게 진짜 시험은 가장 취약한 이들, 독립성과 자율성을 흉내 내는 것조차 지속할 수 없는 앤절라 같은 이들을 어떻게 보살피는지다"라고 크라우치는 쓴다.[8] 앤절라의 심각한 취약성은 그녀의 의사, 가족, 친구들이 그녀를 위해 행동할 수 있게 해 주었고, 그녀 주변의 사람들은 그렇지 않았다면 알지 못했을 방식으로 번영하는 공동체를 이룰 수 있었다.

테레사 수녀Mother Teresa는 고통에 시달리는 이들은 가장 "고통스러운 모습으로 변장한" 그리스도라고 말했다.[9] 그리스도는 고통에 시달리는 이에게 동정을 보여 주시고, 또한 그들을 통해 우리에게도 그렇게 해 주신다. 그분은 소비문화의, 정말로는 안락함, 번영, 건강, 현재적 성취가 진짜 부요함이라고 믿는 소비신앙의 공허한 약속을 드러내신다. 고통에 시달리는 이들은, 삶을 살 만한 가치가 있게 만드는 것 그리고 하나님을 알 만한 가치가 있게 만드는 것이란 내 힘으로 인생에서 쥐어 짜내는 즐거움이라는 거짓말을 폭로한다.

삶은 고통으로 가득 차 있으며, 예수님의 길은 고되다. 그분은 한 번도 다르게 약속하시지 않았다. 그분이 약속하시는 것은 풍성한 삶이며, 그것이 어떻게 보이는지를 알아 가는 기독교 신앙의 이 기예를 연마하는 일에는 평생이 걸린다. 그러나 고통에 시달리는 이들은 풍성한 삶이 내가 생각하는 것과 같지 않음을 가르쳐 준다. 즉 그것은 완벽한 결혼 생활이나 줄기차게 성공하는 인생이 아니다. 그것은 언제나 십자가와 부활이다.

* * *

우리가 고통에 시달리는 이들의 존재 자체를 하나님이 멀리 계심에 대한 증거로 삼는다면, 고통에 시달리는 이들 자신은 그분의 가까이 계심에 대해 자주 말한다. 나는 고통에 시달리는 이들이 종종 나머지 우리들은 발견하기 힘든 방식으로 하나님을 신뢰하는 것에 언제나 놀라곤 한다.

철학자 조지프 미니치Joseph Minich는 그의 책 『신의 부재 견디기』 Enduring Divine Absence에서 부와 안락, 특권 사이에서 회의론이 어떻게 자라나는지 논한다. 그는 하나님에 대한 믿음을 거부하는 것이 "부유한 백인의 현상"일 때가 아주 많다고 말한다.[10]

코미디언 닐 브레넌Neal Brennan은 이렇게 농담한다. "우습게도, 나는 백인 무신론자들은 많이 아는데 흑인 무신론자는 많이 알지 못한다. 나는 그 이유에 대해 나름의 이론이 있는데, 무신론은 사실 백인 특권의 절정이기 때문이다.…생각해 보라. 종교가 기본적으로 말하는 것은 이것이다. '이봐, 사후의 삶에 관심이 있어?' 그리고 백인들의 답은 한결같이 '고맙지만 사양할게'다. 다시 말해, '굳이 왜? 그게 좋으면 얼마나 더 좋겠어?'인 것이다."[11]

가난한 사람들 사이에서 신앙이 꽃을 피우는 현상은 미국뿐 아니라 개발도상국에서 특히 더 두드러진다. 그곳에서는 도시적 서구인 사이에서 유행하는 반질거리고 자유분방한 영성이 아니라, 보다 전통적인 다양한 정통 신앙이 발전한다. 20세기 초반에는 전체 그리스도인의 80퍼센트가 유럽과 북미에 있었고 오직 20퍼센트만 비서구권에 있었는데, 이제는 거의 정반대가 되었다. 전 세계 그리스도인의 3분의 2가 지구의 남반구에 거주한다. 이것은 일차적으로 서구에서 신앙의 쇠락이 일어났기 때문이 아니라, 세상의 나머지 부분에서 교회가 폭발적으로 성장했기 때문이다.[12]

성공회 교우들에게서도 이를 목격할 수 있는데, 이 안에서도 부유한 서구 국가들에서는 기독교 신앙이 쇠퇴하고 지구 남반구에서는 꽃을 피운다. 물론 아프리카, 라틴 아메리카, 아시아의 성공회 교인들이 전부 가난하거나 고통에 시달리는 것은 아니지만, 많은 이들이 어려움과 가난, 그리고 나로서는 상상할 수도 없는 종교 탄압을 견딘다. 그러나 그들이 하나님을 신뢰하는 방식은 나로 하여금 할 말을 잃게 만든다.

예를 들어, 벤저민 콰시Benjamin Kwashi 대주교가 있다. 2008년에 그는 이슬람 지역인 나이지리아 북부와 기독교가 우세한 나이지리아 남부를 가로지르는 국경 분쟁지역 조스Jos에서 성공회 주교가 되었다. 사역하는 동안 그는 수백 개의 교회에서 폭탄이 터지는 것을 보았다. 그의 집도 폭탄에 맞았다. 테러리스트들에 의해

아내가 구타와 강간을 당했으며, 자신도 여러 번 살해당하기 직전까지 갔다. 이러한 핍박 가운데서, 콰시 대주교는 이렇게 말할 수 있었다. "하나님이 내 생명을 살려 주신다면, 남은 그 생명이 얼마나 짧거나 길든 나에게는 살고 죽을 가치가 있는 뭔가가 있는 것입니다. 그래서 나는 그 일을 빨리 그리고 긴급하게 하려 합니다. 내가 앞으로 올 세대에게 전해 주고자 하는 것은 바로 그런 종류의 신앙입니다. 이 세상은 우리의 집이 아닙니다. 우리는 이곳에서 나그네입니다. 우리는 해야 할 일이 있습니다. 그러니 어서 가서 그 일을 합시다."[13]

통계에 따르면, 서구에서 특히 젊은이들이 부분적으로 악의 문제 때문에 점차 불신앙으로 빠져드는 것으로 보이지만, 번영이 우리 안에 낳는 의심은 고통에 시달리는 이들이 그 고통 안에서 발견하는 의심보다 훨씬 큰 것 같다.

이에 대한 일반적인 설명은, 고통에 시달리는 이들에게는 우주적 위안이라는 목발이 필요한 반면, 발달된 의술과 잘 작동하는 온수기, 수제 맥주를 가진 건강하고 부유한 사람에게는 그런 도움이 필요 없다는 것이다.

그러나 나는 남녀노소 할 것 없이 우리 모두가 목발로 걷는다고 주장하고 싶다. 우리 모두에게는 도움이 필요하다. 우리의 무게를 지탱해 줄 뭔가가 필요하다. 가장 참되고 가장 벌거벗은 상태로는 우리 모두가 심오하게 취약하다.

고통에 시달리는 이들은 우리의 참된 상태를 드러낸다. 우리는 "고통스러운 모습으로 변장한" 예수님을 만나고, 그분 안에서 진정한 인간성을 본다. 전기 설비에서 우리의 사고력까지, 삶이 작동하도록 하기 위해 우리가 의존하는 모든 것은 잃을 수 있다. 우리의 힘과 자율성으로 알려진 것은 모두 보잘것없다. 우리 가운데 가장 취약한 사람들이 그들 삶의 무게를 지탱해 주는 목발로 하나님을 필요로 한다면, 아마도 그들은 우리 모두가 필요로 하는 것에 대해 다만 좀더 정직한 것일 뿐이다. 어려움은 겸손을 자라게 할 수 있고, 이는 우리가 하나님을 좀더 분명하게 볼 수 있게 해 준다. 우리가 정말로 누구인지에 대해 좀더 정직해지기 때문이다. 우리가 억누르려 하지만 돈이나 특권이나 건강으로는 결코 채울 수 없는 영적 허기는 아마도 순진함이 아닌 현실에서 태어나는 것이리라.

우리 모두는 생명 유지를 위한 공급이 지속적으로 필요하다. 우리 모두는 하나님의 불쌍히 여기심이 필요하다.

* * *

몇 년 전 나는 해외에서 일어나는 끔찍하게 불의한 상황에 대해 알게 되었다. 아이들이 미국의 양부모에게서 돈을 뜯어내는 미끼로 사용되지만, 보육원을 운영하는 이들은 이 아이들이 영구적인 가정으로 갈 수 있는 법적 절차를 진행하려는 어떤 노력도 하지 않았다. 따라서 이 아이들은 발이 묶여 버렸다. 그들은 이익을 위해 사용되는 포로였고, 그들을 절실히 원하는 가족들에게서 의도적으로 떼어져 있었다. 그것은 불법이었지만, 법집행관들이 뇌물을 받았다. 동아프리카 외진 지역의 고아들, 가난한 자 중에서도 가장 가난한 자인 이 아이들을 위해 할 수 있는 일이 아무것도 없었다.

나는 막 엄마가 되었을 때 이런 상황을 알게 되었고, 내 아이를 볼 때마다 이 아이들의 얼굴을 떠올리지 않을 수 없었다. 나는 모성적 분노로 불타올랐다. 이 아이들을 구출하기 위해 내가 할 수 있는 일은 아무것도 없었고, 그곳에 정의는 전혀 없어 보였다. 속수무책의 상황이었다. 내가 찾을 수 있는 유일한 위안은 지금 일어나고 있는 일을 하나님이 보신다는 것, 그리고 그분이 불의에 대한 심판자시라는 사실이었다.

나는 심판자이신 예수님 이미지에는 큰 감흥이 없다. 나는 귀 뒤에 꽃을 꽂은 히피 버전 예수님에게 끌린다. 그분의 은혜, 친절함, 아름다움에 이끌린다. 그러나 철저한 불의로 인해 고통에 시달리는 이들을 대면할 때, 나는 보시는 하나님, 그리고 세상이 저버린 이들의 편에서 일하실 하나님을 열망하게 된다.

궁극적으로 우리의 소망은 그리스도가 고통에 시달리는 이들 가운데서 발견되실 뿐 아니라 고통 자체가 끝나리란 것이다. 우리는 하나님의 불쌍히 여기심이 적극적이기를, 하나님이 고통에

기도의 형태가 삶의 형태를 결정한다.

시달리는 이들을 회복하시고 고통의 모든 원인을 심판하시고 꺾으시고 멸하시기 위해 결연히 일하시기를 바라고 또 그렇게 기도한다.

고통을 대면할 때, 우리는 모든 것—우리의 몸, 자연, 관계, 사회, 정치, 경찰력, 세계 경제—에서 깨어진 것이 회복되고 바로잡힐 날을 열망한다. 고통의 '종국'end, 목적을, 이 단어의 두 가지 의미 모두에서 갈망한다. 즉, 불필요하고 무작위처럼 보이는 이 인간의 모든 고난에는 목적이나 설계가 있다는 의미에서, 그뿐 아니라 그러한 고통이 극복되고 폐기될 것이라는 의미에서 말이다. 바로 이것이 우리의 소망이다. 하늘이 땅과 충돌하며 그 안으로 들어올 것이고, 지금은 감추어진 모든 것이 예수님의 심판과 자비 앞에 드러날 것이며, 그분은 약한 사람들을 이용한 자들과 세상에 절망과 아픔을 가져온 모든 어둠의 세력을 심판하실 것이다. 이것이 지금 여기서 정의를 향한 우리의 갈망에 토대를 제공하는 미래의 비전이다.

기도의 형태가 삶의 형태를 결정한다. 매일 밤, 고통이 줄어들지 않을 이들을 위해 기도하는 것은 세상에서 우리의 사명을 형성한다.

하나님이 고통에 시달리는 이를 불쌍히 여기시기를 기도할 때, 즉 그들과 함께 고통받으시고 그들의 고통을 구속하시기를 구할 때, 우리는 그러한 불쌍히 여기시는 하나님의 일에 동참하지 않을 수 없게 된다. 우리는 고통에 시달리는 이들을 돌보고, 하나님의 이미지를 담아내는 자로서 모든 인간의 존엄성을 단언하기 위해 일한다. 우리는 가장 약하고 가장 무방비 상태인 이들을 위한 정의와 번영을 뒷받침하는 구조와 법률을 옹호한다. 우리는 하나님이 고통에 시달리는 이를 불쌍히 여기시기를 기도하고, 따라서 결과적으로 그들을 축복하기 위해 우리 자신의 돈과 건강, 시간, 교육, 특권을 사용하기도 한다. 그들이 다른 대륙에 살든 우리 집 거실에 살든 상관없다.

교회로서 우리는 하나님이 고통에 시달리는 이들과 자신을 동일시하심을 알기에, 고통에 시달리는 이를 향하여 적극적인 긍휼을 베푸는 사람들이 되기를 구한다. 우리가 모든 것을 바로잡을 수는 없다. 거의 그러지 못할 것이다. 모든 고난이 끝나지도 않을 것이다. 우리는 하늘을 땅으로 가져오지 못할 것이다. 그러나 우리는 새벽을 기다리면서도 어둠을 뒤로 밀어낼 수 있고, 밀어내야만 한다.

12. 기뻐하는 이를 보호하소서

◐ ─ 감사와 태연함

이 책을 쓰기 시작한 지 몇 달이 지났을 무렵, 조너선과 나는 너무나 놀랍게도 내가 다시 임신한 사실을 알았다. 우리에게는 두 아이가 있었고, 유산으로 잃은 또 다른 두 아이가 있었다. 2년 후, 우리는 다시 여기에 있었다. 마흔에 임신. 나는 흥분했고, 두려웠고, 흥분하는 것이 두려웠다.

타락한 이 세상에서 기쁨은 위험하다.

기쁨에는 용기가 필요하다. 취약함은 고통과 슬픔 안에서 숨김없이 그 모습을 드러내지만, 또한 우리는 모퉁이 너머를 절대로 볼 수 없는 타락한 세상에서 살고 있음을 그저 아는 것으로도 자신의 취약함을 맛본다.

그래서 나는 나 자신을 속여서, 만약 기뻐하거나 축하하지 않는다면, 어쩌면, 진짜로 어쩌면, 슬픔이 파도처럼 일어날 때 그렇게 많이 아프지 않을지도 모른다고 믿으려 했다. 모든 경우에 대비하고, 결과가 정확해지기를 기다리고, 눈앞에 있는 경이와 아름다움을 회피함으로써 스스로를 통증에서 보호한다. 기쁨을 껴안지 않음으로써, 실망에서 자신을 지켜 줄 보호막을 세우려고 노력한다.

이 기도에서 우리는 기쁨의 취약함을 인식한다. 우리는 하나님이 기뻐하는 이를 보호해 주시기를, 좋은 일들이 일어나는 것을 믿을 만큼 충분히 용기 있는 우리의 바로 그 부분을 보호해 주시기를 구한다.

왜냐하면 좋은 일들은 정말로 일어나기 때문이다. 나쁜 일이 일어나는 것을 막지 않으시는 하나님과 함께 걸을 때의 당황스러움은, 그분이 분명 좋은 일도 일어나게 하시며 그것도 자주 일어나게 하신다는 점이다. 하나님은 화가 날 정도로 예측 불가하고 자유로운 분이시다.

우리 삶의 모든 날은 수그러들지 않는 아름다움, 자비, 은혜 위의 은혜를 간직한다. 아기들이 매일 건강하게 태어난다. 결혼 생활이 깊은 경멸감에서 회복된다. 우리 중 많은 이들이—모두는 아니다—매일 제대로 작동하는 몸으로 잠에서 깬다. 우리는 선한 일을 할 수 있고, 차를 우려내고, 산책을 하고, 가을 공기를 마시고, 발아래 낙엽을 바스락거리며 밟을 수 있다. 우리는 웃는다. 춤춘다. 치유된다. 암이 완화된다. 사람들이 질병에서 회복된다. 망고가 자란다. 죽은 산호초가 천천히 살아난다. 이런 일들은 일어나고, 은혜로 일어난다. 그것은 우리가 두 손을 펼쳐서 받도록 부름받은 하나님으로부터 오는 선물이다.

우리는 하나님으로부터 심지어 좋은 것을 받기 위해서도 그분을 신뢰하는 법을 배워야 한다. 그리고 하나님으로부터 좋은 것을 받기를 배우는 일은 어렵다. 특히 상처 입은 적이 있을 때는 더욱 그렇다. 선함과 아름다움을 신뢰하는 법을 배우기란 어렵다. 그러기 위해서는 어둠의 현실에 직면하는 연습과, 동시에 반대로 빛을 구하고 소망하는 연습이 필요하다.

기쁨을 위해 위험을 감수하는 데는 소망이 필요하다. 그리고 소망은 불안의 정반대다. 나는 습관적으로 불안해한다. 더 나쁜 상황을 상상한다. 최악의 경우를 대비해 계획을 세운다. 이런 습관은 결국, 남부식으로 말하면 '문제를 빌려 오는' 것으로 귀결된다. 끔찍한 일은 일어날 수 있고, 따라서 나는 미리 그것을 한탄하기 시작한다. 점프선을 연결해서라도 불행에 시동을 거는 일에 이른 시간이란 결코 없다.

소망하는 것은 '은혜를 빌려 오는' 것이다. 그것은 순진한 낙관주의가 아니다. 소망은 우리의 취약함에 관한 진리를 인정한다. 하나님이 모든 나쁜 일을 일어나지 않게 막아 주실 거라고는 신뢰하지 않는다. 그러나 무엇이 앞에 놓여 있든 구속, 아름다움, 그리고 선함 역시 우리를 위해 거기 있을 거라고 확신한다.

다시 임신했음을 알았을 때, 우리는 딸들에게 그 소식을 말해 주려고 자리에 앉혔다. 막내딸은 팔짝팔짝 뛰고, 신이 나서 빙글빙글 돌고, 부푼 내 배에 뽀뽀하는 것으로 반응했다. 첫째 딸은 울음을 터뜨리고 아빠의 무릎에 머리를 누인 채 울부짖었다. "아기는 또 죽을 거야!" 아이는 비통함 때문에 우리 모두가 숨도 쉴 수 없었던 느낌을 아직도 기억하고 있었다. 태어나지 못한 남동생을 위해 우리가 치렀던 장례식을 기억하고 있었다. 이 새로운 소식은, 그것이 아무리 기쁜 것일지라도 이전의 아픔과 정신적 외상을 수면 위로 다시 떠오르게 했다. 사랑은 언제나 위험을 수반하며, 다시 사랑하는 것은 다시 위험을 감수하는 것을 의미한다.[1]

새로운 소식에 대한 이중의 반응을 통해, 나의 두 딸들은 나 자신의 영혼 안에서 일어나는 전쟁을 눈으로 보여 주었다. 나는 기대에 찼고 흥분했다. 이 좋은 소식의 기쁨을 끌어안고 싶었다. 그러나 임신은 상심의 가능성도 열어 놓았다. 우리는 딸들에게 이 아기는 죽지 않을 거라고 약속할 수 없었다. 우리의 축하가 애통으로 바뀔지, 애통이 축하로 바뀔지 우리는 알 수 없었다. 우리는 알지 못하는 채로 기다려야 했고, 이야기의 결말에 대한 어떤 보장도 없이 소망이 느리게 펼쳐지도록 두어야 했다.

그날 밤, 이제 막 싹을 틔우기 시작한 예술가인 첫째 딸은 몇 시간 동안이나 똑같은 주제로 대여섯 장의 그림을 그렸다. 자신의 새로운 남동생이었다. 아이는 아기와 함께 있는 우리 가족, 10대인 자신과 어린 남동생, 걸음마를 배우는 남동생을 그렸다. 이것은 소망을 향해 손을 뻗는 그녀의 방식이었다. 아이는 연필과 크레용으로 기도하고 있었다. 다시금 자신이 흥분을 느끼도록 허락하는 용감한 걸음을 내디뎠고, 그렇게 함으로써 아픔의 가능성에 자신을 열어 놓았다. 기쁨의 취약함이 주는 위험을 감수했고, 그렇게 위험을 감수하는 것이 나쁘지 않다는 것에 대해 하나님을 신뢰했다. 어떤 결과를 확신할 수 있어서가 아니라, 우리의 보호막이 되어 주시는 하나님을 확신할 수 있기 때문이었다.

나는 기쁨이 가져오는 위험을 감수하는 법을, 의도적으로 소망을 연습하는 법을 반복해서 배워야 한다. 한 친구가 우리 아들을 위해 직접 짠 아기 부츠를 주었다. 사랑스러운 가죽 밑창을 댄 녹색과 갈색의 조그마한 부츠였다. 나는 그 부츠를 벽난로 위 선반 mantle(집에서 가장 눈에 띄는 곳이기 때문에 보통 가족사진이나 아끼는 물건을 올려놓는다―옮긴이)에 올려놓기로 결정했고, 아들을 기다리며 수개월 동안 계속 거기에 두었다. 그것은 소망의 징표로서 그 부츠를 그런 의미 있는 장소에 두는 것을 허락하는, 기쁨 안에 머무는 나의 연습이었다. 그러나 또한 그것은 하나님이 무엇을 가져오시든 받아들일 것을 기다리며 그것을 제단 위에 올려놓는 행위와도 같았다.

* * *

돌아가신 나의 조부모님의(이제는 내 어머니의) 집 뒤에는 그 땅을 가로질러 잔잔하고 차가운 강물이 흐른다. 내가 가장 좋아하는 장소다. 텍사스 중부에 위치한 곳인데, 가뭄으로 땅이 바짝 마르고 작물이 죽는 해에도 그 강은 계속 흘렀다. 그 근원은 아주 깊은 지하 대수층이고, 그곳에서는 약 200개의 샘이 표면 아래 깊숙이 위치한 암반의 갈라진 틈에서 솟아오른다. 그 샘들은 시간의 여명부터 거기 있었고, 그래서 나는 그 강이 지구 자체가 존재하는 한 계속 흐를 것이라 생각한다.

이것이 기쁨에 대한 나의 그림이다. 이 아름다움의 장소, 이 꾸준한 현존. 나는 찰랑거리는 물에 손을 담그지만, 내가 만질 수 있는 것은 오직 깊고 변함없는 물길의 표면뿐이다.

그리스도인들에게는 신학자들이 실재에 대한 성례전적 시각이라고 부르는 것이 있다.[2] 우리는 땅의 물질이 그 안에 하나님의 거룩한 임재를 담고 있다고 믿는다. 더없는 행복, 경이, 영광을 발견할 때, 우리는 견고한 실재—하나님 자신의 진리, 아름다움, 선함—에 스치듯 닿는다. 우리가 이런 것들 안에서 즐거워하는 이유는 그것이 하나님께 참예하는 것이기 때문이다.

연약함과 상실에 대한 묵상 뒤, 이 기도는 상심에도 불구하고 세상에 남아 있는 숨 막히는 사랑스러움 그리고 경망스러움을 일깨워 준다.

매일 밤 아프거나 죽어 가거나 고난을 겪고 있거나 고통에 시달리는 이들이 있음을 상기시켜 주는 동시에, 이 기도는 또한 그 밤이 아름다움, 소망, 기쁨으로 반짝이는 이들도 잊지 않고 떠올린다. 어딘가에 남편과 아내로서의 첫날밤을 보내는 젊은 부부가 있다. 북극광을 바라보는 여행자들이 있다. 샴페인 잔을 부딪치는 사람들이 있다. 잠옷을 입고 행복하게 몸을 웅크린 채 좋아하는 영화를 보고 있는 가족들이 있다. 식탁에 둘러앉아 서로의 이야기를 들으며, 대화에 취해서 밤이 끝나지 않기를 바라는 친구들이 있다.

이런 순간들은 성례전적이다. 거룩하고 견고한 실재에 참예하는 것이다.

그러나 우리는 이러한 좋은 선물들을 잃을 수 있음을 안다. 그리고 언젠가 우리가 죽을 때, 잠시 동안은 모든 것을 잃게 될 것이다.

그럼에도 우리는 기쁨이 여전히 남아 있을 것을 믿는다. 따라서 기쁨은 단순히 행복한 것 이상이다.

사도들이 기쁨에 대해 말할 때, 그것은 약간 미친 소리처럼 들린다. 야고보는 한술 더 떠서, 우리가 시험을 만날 때 "그것을 더할 나위 없는 기쁨으로 생각하십시오"라고 말한다^{약 1:2}. 이것이 약간이라도 타당한 말이 될 수 있는 유일한 길은, 기쁨이 견고한 토대에 닻을 내리고 있는 경우다. 가장 깊은 고뇌 안에서 희열이 어

> 따라서 그리스도인들은 선한 땅의 선물이 기쁨을 가져오는 것을
> 당당하게 받아들이고, 더 나아가 모든 즐거움이 불타 사라졌을 때조차
> 여전히 남아 지속되는 기쁨을 선포한다.
> ─

디에서도 발견되지 않을 때도, 가장 행복한 순간에 우리가 만났던 진리, 선, 아름다움이 더 이상 진짜가 아니거나 신뢰할 수 없는 것이 되지는 않는다. 좋은 선물들이 사라질 때도, 주시는 분^{Giver}은 남는다. 그리고 주시는 분이야말로 기쁨이 시작될 수 있는 궁극적 근원이자 성례전적 실재가 가리키는 실재다.

따라서 그리스도인들은 선한 땅의 선물이 기쁨을 가져오는 것을 당당하게 받아들이고, 더 나아가 모든 즐거움이 불타 사라졌을 때조차 여전히 남아 지속되는 기쁨을 선포한다. 그렇다면 기쁨을 연습하는 것이란 사랑스럽고 빛나는 모든 것의 근원을 구하는 것이다.

우리 교회의 아홉 살짜리 꼬마가 엄마로부터 "기뻐하는 이를 보호하소서"라는 이 기도가 무엇을 의미하겠느냐는 질문을 받았다. 아이는 우리가 하나님께 "파티를 하고 있는 사람들을 지켜 주시고, 그들이 어떤 심술궂은 녀석들 때문에 방해받지 않고 평화롭게 파티를 할 수 있게 해 달라고" 구하는 것이라고 대답했다. 나는 이것이 아주 멋진 해석이라고 생각한다. 이 기도는 하나님께

우리가 축하하는 것을 지켜 달라고, 파티를 하는 사람들이 평화롭게 파티를 할 수 있게 해 달라고 부탁하는 것과 다름없다.

우리는 파티를 하도록 부름받았다. 그러나 축하하는 것을 연습하기 위해, 절망, 황폐, 악, 그리고 그렇다, 간혹 "심술궂은 녀석들"로부터 하나님이 우리를 보호해 주시는 것이 우리에게 필요하다. 경축 자체는 영원하며 지금 이곳에서도 정말 중요하고, 또한 깨지기 쉽다.

그러나 우리는 어두운 세상에서 기쁨을 껴안을 수 있다. 달콤한 부정이나 기만의 행위로서가 아니라, 기쁨이 변하지 않는 근원으로부터 흐른다는 것을 우리가 알기 때문이다. 진정한 기쁨은 특권이나 번영으로부터가 아니라, 가장 깊은 은혜의 샘으로부터 흘러나온다.

* * *

기쁨은 선물인 동시에 연습인 반면, 일차적으로 느낌은 아니다. 자기 통제나 신실함이 느낌이 아닌 것과 마찬가지다. 기쁨은 연습을 통해 강화되는 근육이다.

헨리 나우웬은 기쁨을 "조건 없이 사랑받고 있으며 어떤 것도—질병도 실패도 감정적 고통도 압제도 전쟁도, 심지어 죽음까지도—그 사랑을 빼앗을 수 없음을 아는 경험"으로 묘사한다. 그는 기쁨이 우리에게 우연히 일어나지 않는다고 설명한다. 우리는 매일 기쁨을 선택한다(혹은 선택하지 않는다). "그것은 우리가 하나님께 속해 있고 하나님 안에서 우리의 피난처와 안전을 발견했으며, 그 무엇도…우리에게서 하나님을 빼앗아 갈 수 없음을 아는 것에 근거한 선택"이라고 그는 말한다.

기쁨은 "우리를 향한 하나님의 사랑을 아는 것"에서 오기 때문에, 우리가 실망이나 슬픔을 만날 때조차 그 자리에 있다. 나우웬은 이렇게 쓴다. "우리는 슬플 때는 기뻐할 수 없다고 생각하는 경향이 있지만, 하나님이 중심이 되신 사람의 삶에서는 슬픔과 기쁨이 함께 존재할 수 있다."[3]

기쁨을 연습하는 것은 낙관주의를 구축하고 유쾌함을 가장하고 아픔을 대단치 않게 여기는 것이 아니다. 수영 선수가 발차기를 연습하거나 요가 수행자가 아래를 향한 개 자세를 훈련하는 것처럼, 우리는 의도적이고 습관적으로 하나님의 조건 없는 사랑에 우리를 열어 놓는다. 우리는 우리가 하나님께 제시할 수 있는 어떤 필요보다 그분의 사랑이 더 깊고 더 실체적으로 존재하는 실재 안에 살기를 연습한다.

모디스트마우스Modest Mouse라는 밴드는 "나쁜 소식을 사랑하는 사람들을 위한 좋은 소식"Good News for People Who Loves Bad News이라는 훌륭한 제목이 달린 아주 훌륭한 앨범을 발표했다. 어떤 그리스도인들은 영성을, 애통과 슬픔을 위한 공간은 전혀 없이 행복하게 박수만 치는 충일함으로 그리면서 의심과 낙심을 보기 좋게 포

> 기쁨을 선택하는 것은 모든 선물의 존재를 알아보는 것이고,
> 바로 이 때문에 기쁨의 연습은 감사의 연습과 분리될 수 없다.

장한다. 그런데 나쁜 소식을 사랑하는 사람들도 있다. 우리는 어둠을 즐기고, 불편한 진정성을 들먹이며 아무리 비의도적일지라도 빛을 무시할 수 있다. 우리는 소망을 무시함으로써 모든 의심을 키우고 모든 후회를 곱씹고 통증을 가로막는다. 우리는 좋은 소식을(그것이 나쁜 소식을 사랑하는 사람들을 위한 것일 때조차) 껴안는 사람이 되는 법을 연습을 통해 배워야만 한다.

어둠 한복판에서 기쁨을 흉내 내거나 연기해서는 안 되지만, 선택할 수는 있다. 그리고 그것은 취약하고 용기 있는 선택이다.

기쁨을 선택하는 것은 모든 선물의 존재를 알아보는 것이고, 바로 이 때문에 기쁨의 연습은 감사의 연습과 분리될 수 없다. 감사는 기쁨을 낳는데, 앞에 무엇이 놓여 있든 우리가 서 있는 그 순간의 삶을 선물로 받는 법을 가르치기 때문이다. "그것이 하나님이 모든 것의 중심이 되시는, 진정으로 회심한 삶이다"라고 나우웬은 말한다. "그러한 삶에서 감사는 기쁨이고 기쁨은 감사며, 모든 것이 하나님의 임재를 드러내는 놀라운 표지가 된다."[4]

* * *

새로운 임신의 불확실성 가운데서, 우리 교회의 영성 지도자는 나에게 '태연함의 기도'를 드리도록 권했다. 이런 형식의 기도를 연습하는 것은 우리 자신의 통제력, 계획, 심지어 갈망을 움켜쥔 손을 푸는 행위고, 어디로 이끌어 가시든 우리 자신을 하나님의 미지의 뜻에 내맡기는 행위다.

수천 년 전, 또 다른 초보 엄마도 태연함의 기도를 드렸다. 자신이 아들을 낳을 것이라고 말해 주는 천사를 만났을 때, 마리아는 곧바로 기쁨에 겨워 춤추지 않았다. 그녀는 "몹시 놀[랐다]." 어리고 아마도 무서웠을 마리아는 위험한 신비의 심연으로 곧바로 내던져졌다. 그녀는 순진하지 않았다. 기쁨이 값싸게 오지 않음을 알았다. 기쁨은 보호막이 필요함을 알았다. 마리아는 놀랐지만, 그리고 그녀의 놀란 마음은 나머지 우리보다 더욱 극심했을 가능성이 크지만(우리 중 많은 수는 천사를 본 적이 없다), 유보된 기쁨과 고통 사이에서 기다려 본 누구라도 경이와 공포, 소망과 두려움이 뒤섞인, 마리아가 그날 알았던 바로 그것을 안다. 그러나 천사에게 보인 마리아의 반응에서, 우리는 그녀가 기쁨의 자리로 선회하는 것을 본다. "나는 주님의 여종입니다. 당신의 말씀대로 나에게 이루어지기를 바랍니다"눅 1:38. 이 순간에서 우리는 기도의 표본을 본다. 마리아는 하나님을 신뢰한다. 열의와 함께든 한숨과 함께든, 그녀는 말한다. "좋습니다. 저는 주님의 종입니다. 원하시는 것을 하십시오."

이것이 영성 지도자가 나에게 도전한 기도다.

나는 싫다고 했다. 항변했다. 몇 년의 힘든 시간과 두 번의 유산을 겪은 뒤, 이 임신 역시 비극으로 끝날 수 있다고 믿기란 어렵지 않다고 말했다. 나 자신으로 하여금 소망하도록 허락하는 것, 즉 나 자신이 하나님 앞에서 정직하게 뭔가를 갈망하도록 허락하는 것은 나에게 기지개를 켜는 것처럼 느껴졌다. 나는 태연하고 싶지 않았다! 설령 그 길이 더 많은 실망을 의미할지라도, 나는 열망과 경축의 위험에 나 자신을 열어 놓고 싶었다. 우리는 불교 신자가 아니라고 나는 항의했다. 우리는 갈망의 선함을 부정할 필요가 없다. 기독교 신앙은 갈망 자체를 나쁘게나 고통의 근원으로 보지 않는다. 태연함으로의 부름은 나에게 중립성으로의 부름처럼, 혹은 단정한 경건을 위한 대가로 내가 원하는 것을 부정하라는 것처럼 들렸다. 나는 그렇게 주장했다.

영성 지도자는 인내심 있게 대답했다. 그녀는 태연함의 기도가 우리가 바라는 것을 부정하는 것이 아니라고 말했다. 하나님 앞에서 우리가 솔직하지 않아야 한다고 요구하는 게 아니다. 그 대신, 이 기도 형식에서 우리는 우리의 갈망을 하나님과 우리 자신에게 인정하도록 허락하지만, 하나님이 우리 자신의 열망을 상대화하실 수 있을 정도로 그분을 신뢰하는 것도 허락한다. 태연함의 기도는 갈망의 선함을 부정하지 않지만, 하나님을 더욱—우리가 할 수 있는 한—갈망하겠다는 결정이다. 이 기도에서 우리는

> 갈망과 신뢰, 열망과 거룩한 태연함을 함께 붙드는 것은
> 도달 불가능한 영적 통달의 경지처럼 보인다.

하나님이 원하시는 무엇이든 원하기를 구한다. 마리아의 반응은 우리가 받아들이는 표본이다. 이 낯선 방식의 기도와 삶은 기쁨을 낳는다. "당신의 말씀대로 나에게 이루어지기를 바랍니다."

솔직히 나는 이런 종류의 기도가 여전히 영성의 검은 띠처럼 보인다. 갈망과 신뢰, 열망과 거룩한 태연함을 함께 붙드는 것은 도달 불가능한 영적 통달의 경지처럼 보인다. 그러나 나에게는 기도할 기도문과 따를 수 있는 표본이 있다.

플래너리 오코너가 지녔던 갈망과 고통에 대한 겸손은 나에게 희망을 준다. 30대밖에 되지 않은 나이에 루푸스 병으로 죽어 가면서, 그녀는 친구에게 이렇게 썼다. "한쪽 눈을 가늘게 뜨고 보면, 나에게 이 모든 것이 축복으로 다가와."[5] 바로 이것이 기쁨으로 이끄는 종류의 포기다. 하나님은 신뢰할 만한 분이시고, 그분이 주시는 것은 복이다. 설령 그것을 보기 위해서는 실눈을 떠야 할지라도.

* * *

천국의 이쪽 편에서는 사랑과 상실이 이중 나선을 이룬다. 하나

가 없으면 다른 하나도 가질 수 없다. 우리 삶을 향한 하나님의 부르심은 우리로 하여금 양쪽 모두에서 불가피하게 위험을 감수하도록 만들 것이다. 우리는 우리 삶의 가장 의미 있는 부분에서, 즉 결혼 생활이나 독신 또는 성적 금욕 생활의 끊임없는 분투에서, 자녀를 사랑하고 양육하는 것에서, 직장에서, 교회를 섬기는 것에서 이 얼룩진 현실을 경험한다.

"기뻐하는 이를 보호하소서"라고 기도할 때마다 나는 나의 막내딸을 생각한다. 그녀의 갈색 눈은 내가 보았던 어떤 눈 가운데서도 가장 반짝인다. 이 아이는 명랑하고 빛을 내뿜으며, 마치 웃음의 자궁에서 태어난 사람 같다. 내 안의 모든 모성의 충동은 기쁨으로 가득한 아이의 순수함이 계속 살아 있도록 해 주고 싶다. 나는 그 눈이 슬픔으로 흐려지는 것을 원치 않는다. 이 아이가 삶의 힘겨움을 알지 않았으면 좋겠다. 그러나 그녀를 모든 아픔에서 지켜 주시기를 구하는 나의 기도는 자주 믿음이 아닌 두려움과 불신에 근거한다.

마리아의 아들, 모든 기쁨을 주신 분이 괴로움을 알았다면, 나의 딸 역시 그럴 것이다. 따라서 하나님께 "기뻐하는 이를 보호하소서"라고 기도할 때, 나는 모든 환경이 나의 딸에게 우호적으로 바뀌게 해 달라거나 내 아이의 기쁨이 슬픔과 결코 섞이지 않게 해 달라고 기도하는 것이 아니다.

그 대신, 우리는 하나님 자신이 우리의 방패가 되어 주시기를,

고통 앞에서 즐거움이 용해되어 점점 사라져 갈 때라도 우리가 지속되는 기쁨이 있는 곳을 천천히 발견할 수 있기를 기도한다. 그리고 우리의 삶이 얼마나 쉽고 어려운지에 상관없이, 그 표면 아래의 깊은 곳에서 결코 마르지 않을 기쁨의 근원, 사랑의 변함없는 물줄기가 언제나 흐르고 있기를 기도한다.

4부 | 완성

●

우리가 그리스도에게서 들어서 여러분에게 전하는 소식은
이것이니, 곧 하나님은 빛이시요,
하나님 안에는 어둠이 전혀 없다는 것입니다.
– 요한1서 1:5

●

그림자 속에 펼쳐지는 이 장면에서
밤이 여기 머무르는 것처럼
우리를 둘러싼 악의 배역이 있네.
그러나 극본을 쓴 것은 사랑이었으니.
– 데이비드 윌콕스, "길을 보여 주다"(Show the Way)

13. 주님의 사랑에 의지하여 기도합니다

● — 새벽녘

그리스도인의 삶은 백과사전보다 시에 가깝다.

시인 스캇 케언즈는 이렇게 쓴다. "내가 시를 즐기는 이유 중 하나는…좋은 시는 독자가 모호함을 존중하는 법을 배우고 시의 암시적 가능성과 협력하는 법을 배우도록 고집하기 때문이다.… 다시 말해, 위대한 시는—상당히 좋은 시 정도만 되어도—말해야 하는 것을 전부 말하는 법이 없다."[1] 시에 관해 참인 것은 그리스도인의 삶에 관해서도 참이다. 당혹감은 기독교 신앙의 기본 사양이다. 기독교 신앙은 본질상 당혹스럽다. 우리의 신앙은 일차적으로 설명의 신앙이 아닌, 구원의 신앙이다.

이것은 기독교가 완전히 수수께끼라거나 우리에게 좋은 대로 이리저리 뜯어고칠 수 있다는 말이 아니다. 그리스도인의 삶은 백과사전이 아니지만, 자유시도 아니다. 거기에는 시처럼 제한 사항들이 있을뿐더러 심지어 소네트처럼 규칙이 있다. 기독교 교리는 우리의 문법이고 통사론이다. 즉, 그리스도인의 삶에 일관성을 부여한다. 스스로 만들어 낸 자유 형식의 신앙을 선택하고자 교리적 진리를 거부하는 것은, 시인이 알파벳이나 단어 자체를 거부하는 것만큼이나 말이 안 된다. 교회를 통해 우리에게 전해진, 성경으로부터 온 이러한 진리들은 시 자체로 들어가는 유일한 길이다. 그것을 포기하면 우리는 시를 놓친다. 그러나 시처럼, 편지나 단어들은 그 자체로 목적이 아니라 우리를 더 큰 무엇으로 이끄는 도구다. 목적은 알파벳이나 소네트의 구조가 아니라 그 안에서 드러나는 신비와 의미이며, 기독교의 경우 그것은 바로 삼위일체 하나님 자신이다. 그러나 그리스도인의 삶이라는 시에는, 그리고 그 신조, 예배, 윤리에는 언제나 여분 즉 우리가 말끔하게 고정할 수 없는 공간이 있다. 하나님에 대해 우리가 알 수 없는 많은 것이 있다.

따라서 그리스도인이 되는 것은 모호함을 존중하는 것이다. 기꺼이 신비를 견디고, 인간의 지식에는 한계가 있음을 인정하는 것이 필요하다. 하나님은 우리에게 "알 필요가 있는 것에 한하는 기본 규정"을 적용하신다. 그리고 우리가 알 필요 없어 보이는 많은 것들이 있다.

그러나 그런 당혹감 가운데서도 하나님을 신뢰하기 위해서, 우리는 만약 그리스도인의 삶을 시라고 한다면 그것은 사랑에 관한 시임을 배워야 한다(그리고 반복해서 계속 배워야 한다). 거기에 있는 것이 전부는 아니다. 또한 그 시는 탄식, 분노, 심지어 저주를 포괄한다. 이야기를 들려주고 목록을 만든다. 그러나 그 시의 고동치는 심장 그리고 그것을 조금이라도 이해하기 위한 핵심은 사시고 죽으시고 부활하신 사랑의 하나님이다.

하나님은 우리가 헤아릴 수 있는 것보다 더 광대하시고 더 신비로우시지만, 스스로를 계시하셨다. 그분은 모습을 드러내셨고 자신이 누구인지 우리에게 알려 주셨다. 하나님은 말씀하셨다. 그리고 그분이 그리스도 안에서 하신 말씀은 우리를 사랑하시고 우리를 위하신다는 것이다. 이것이 우리 삶 전부를 좌우하는 근본적인 시다.

내가 가장 좋아하는 노래 중 하나는 포크송 예술가 줄리 밀러 Julie Miller의 것으로, "빛의 속도"The Speed of Light라는 제목이다.[2] 이 노래가 수록된 앨범은 밀러가 어두운 시기를 보낼 때 쓴 것이다. 그녀는 섬유근육통으로 쇠약해졌고, 사랑하는 남동생의 갑작스러운 죽음을 슬퍼하고 있었다.[3] 그러한 시기에 그녀는 이런 가사를 썼다. "변하지 않는 유일한 것, 다른 모든 것이 재조정되게 만드는 것은 빛의 속도, 빛의 속도. 나를 위한 당신의 사랑은 빛의 속도임에 틀림없네."

진공 상태에서 빛의 속도는 보다 일반적으로 간단히 c라고도

표기되는 초속 299,792,458미터이며, 이는 보편적 물리상수다. 물리적 우주의 고정된 실재인 것이다. 신학자 스트랫포드 콜더컷Stratford Caldecott은 신학과 빛의 과학에 대한 원대한 논의에서, 전자기장의 복합성을 통해 빛 자체가 어떻게 모든 것에 스며들고 모든 것의 존재를 유지시키는지 설명한다. 그는 옥스퍼드대의 물리학자 앤드루 스틴Andrew Steane의 다음과 같은 말을 인용한다. "이 에너지와 빛의 춤이 없다면, 나는 길의 표면을 관통해 지구라는 행성 내부로 떨어질 것이다. 혹은, 보다 철저하게 그리고 정확하게 말하자면, 내 몸은 먼지로 증발되어 완전히 소멸될 것이고 지구 역시 그럴 것이다."[4]

이 세상은 아름다움과 끔찍함으로 가득하지만, 그 모든 것 아래의 변하지 않는 실재는 만물을 창조하시고 지탱하시고 구속하시는 하나님의 사랑이다. 그것이 변함없이 우리를 온전히 유지시킨다. 그 사랑은 우리 자신의 숨보다 우리에게 더 가까우며, 우리를 향해 초속 299,792,458미터보다 더 빨리 움직인다. 우리의 모든 의심, 방황, 두려움, 기쁨은 하나님의 사랑이라는 고정점을 중심으로 돌아간다.

* * *

이 밤기도가 우리와 함께 길고 어두운 밤을 느리게 걷는다면, 기도의 마지막 줄인 "주님의 사랑에 의지하여 기도합니다. 아멘"은

> 밤에 드리는 이 기도는, 사실 모든 기도는
> 그 끝이 삼위일체 하나님의 사랑이라는
> 용솟음치는 바다에서 발견되는 지류들이다.

동쪽에서 떠오르는 태양의 이글거림이다. 흔들리지 않는 사랑의 실재가 취약함과 죽음의 그림자를 꿰뚫고, 그리하여 우리는 오직 우리를 사랑하시는 하나님이 존재하실 때만 이 기도가 가능함을 본다. 우리의 슬픔에 관심을 갖는 분을 향해 탄식할 수 있기 때문에 우리는 눈물을 흘린다. 사랑이 우리를 포기하지 않으리란 것을 믿기 때문에 우리는 파수한다. 하나님이 사랑 안에서 세상을 회복하고 계시기 때문에 우리는 일한다. 하나님이 사랑으로 우주를 다스리고 계시기 때문에 우리는 잠을 잘 수 있다. 모든 질병은 사랑에 의해 변화될 수 있다. 사랑받고 있기 때문에, 우리는 피곤할 때 쉼을 받아들인다. 사랑은 죽음에서조차 축복을 품고 우리를 만난다. 고난 속에서 우리는 사랑으로 위로받는다. 고통에 시달릴 때, 하나님은 사랑 안에서 우리와 함께 계신다. 그리고 삶의 모든 기쁨이 하나님의 사랑이라는 깊은 원천에서 자유롭게 흘러나온다. 우리가 하나님께 구한 모든 것 곧 그분의 돌보심, 주심, 복 주심, 위로하심, 불쌍히 여기심, 보호하심은 그분의 사랑을 위한 것이다.

밤에 드리는 이 기도는, 사실 모든 기도는 그 끝이 삼위일체 하나님의 사랑이라는 용솟음치는 바다에서 발견되는 지류들이다. 따라서 평범한 하루의 끝에 피곤한 상태로 앉아 밤기도로 기도할 때, 그런 우리를 가장 잘 포착하는 진리는 우리가 사랑받는 자들이라는 것이다.

정말로 기도에는 틀린 방식이 없다. 완전히 포기해 버리는 것을 제외하면 기도는 실패할 수 없다. 그러나 만약 하나님이 우리를 거의 참을 수 없어 하시고, 악의적이고 화가 나 있고 우리를 잡으려 애쓰시고, 우리가 부르면 눈을 부라리시고, 우리의 말을 들어 달라고 설득해야 하는 분이 아닌지 우리가 의심하면서 기도한다면, 그런 기도는 우리를 잘못 형성할 수도 있다. 우리가 기도하는 것은 영적인 할 일 목록을 완료하기 위해, 착한 아이가 되어서 하나님께 상을 받기 위해, 멈춰 있는 기계가 잘 작동하기를 바라며 동전 하나를 넣어 보기 위해, 우리를 좀 살살 대해 달라고 성난 신을 달래기 위해서가 아니다. 우리의 필요를 보아 달라고 하나님을 설득하기 위해서도 아니다. 그분은 우리를 깊고도 통렬하게 사랑하시기 때문에, 우리에게 기도하라고, 우리가 가장 열망하는 것을 그분께 말하라고 요청하신다.

우리는 우리가 이미 사랑받는 존재라는 변함없는 사실에 대한 반응으로 믿음의 오랜 기예와 기도의 실천으로 들어간다. 그분에 대한 우리의 사랑과 헌신이 아닌, 우리에 대한 하나님의 사랑과 헌신이 기도의 원천이다. 그분은 기도의 선도자이며 우리가 그분을 부를 수 있기도 전에 우리를 부르고 계셨던 분이다. 그리고 밤이 아무리 어두워져도 그분은 부르기를 멈추지 않으실 것이다. 어둠이 아니라 빛이 상수다.

따라서 기도 자체는 모호함과 취약함 안으로 기꺼이 들어가는 것이지만, 그때의 모호함과 취약함이란 우리 자신이 사랑받고 있음을 발견하는 것이자, 동시에 그 사랑을 받아들이고 그것이 계속 참임을 신뢰하는 법을 반복해서 배워야 하는 것이기도 하다.

우리 중 누군가는 자신이 사랑받기에 합당하지 않다고 생각하기 때문에(혹은 그렇게 들었기 때문에) 사랑받고 있음을 믿는 것이 어려울 수도 있다.

다른 누군가는 하나님이 우리를 사랑하신다는 말을 너무 많이 들어서 그것이 시시해져 버렸을 수도 있다. 그것은 케케묵은 소식이다. 내 할머니도 나를 사랑하신다. 좋긴 하지만, 삶의 방향을 결정할 만한 사실은 분명 아니다. 최악의 날에도 우리를 온전히 유지해 주는 뭔가는 아니다.

우리가 기도하는 한 가지 이유는, 하나님의 사랑이 더 이상 소진되고 퀴퀴한 냄새가 나는 생각이 아닌 우리의 빛이 될 수 있게 하기 위함이다. 그 빛이 비춤으로써 우리는 다른 모든 것을 볼 수 있다.

인간의 취약함의 장황한 목록이 담긴 이 밤기도를 받아들이면서, 나는 지구상 모든 고통의 범주가 생생하고 끔찍함을 상기한다. 그러나 또한 나는 그 모든 고통도 우리를 하나님의 사랑에서 떼어 놓지 못함을 기억한다. 인간의 삶에 있는 모든 것, 우리의 고통과 기쁨, 일상적인 상심과 웃음, 삶의 모든 순간에는 의미가 있다. 우리의 종착지는 우리 자신이 그리스도 안에 있음을, 영원히 하나님께 사랑받는 자임을 발견하는 것이기 때문이다.

우리의 삶에는 비통, 아픔, 의심, 절망이 있지만, 여전히 남아 있고 항상 남아 있을 것은, 제라드 맨리 홉킨스^{Gerard Manley Hopkins}가 쓴 것처럼 "변화를 넘어선 아름다움을 지니신" 분의 사랑이다.[5] 모든 신정론 그리고 기독교의 모든 기도와 관습을 고정해 주는 닻은 하나님의 애정 어린 사랑이다.

결국 이 신비를 견디는 유일한 길은 우리 삶의 모든 무게를 하나님의 사랑 위에 내려놓는 것이다. 그리고 신비를 견디는 일을 가치 있게 만드는 유일한 것은 하나님이 진정으로 우리를 사랑하신다는 가정이다.

* * *

내 첫째 딸은 아주 어렸을 때 특정 질문들에 집착하곤 했다. 같은 질문을 몇 주 동안, 어떤 때는 몇 달 동안 묻고 또 물었다. 남편과 나는 할 수 있는 한 최대한의 인내심을 가지고 수백억 번은 반복해서 대답해 주려고 노력했다.

아이가 묻고 또 물었던 두 가지 질문이 있다. 첫 번째 질문은 이제 약간 가족끼리의 농담이 되었는데, 아이가 좀더 자라자 자기가 그 질문을 얼마나 자주 했었는지 기억하지 못하기 때문이다. 두 번째 질문은 너무 민감한 것이어서 그것을 가지고는 농담을 하지 않는데, 나 역시 그 질문에 너무 깊이 공감하기 때문이다.

첫 번째, 두세 살 즈음에 딸은 "이름이 뭐예요?"라는 질문을 몇 달 동안 했다. 아이의 아빠가 "조너선"이라고 대답한다. "중간 이름이 뭐예요?" "에드워드." "헤드워드?" 딸은 마치 이것이 아빠가 그날 아침에만 벌써 세 번이나 말해 준 적이 결코 없는 새롭고 흥미로운 정보인 양 반응한다. "아니, 헤드워드가 아니라 에드워드." 아빠가 딸에게 일깨워 준다. 그러면 딸은 이어서 말한다. "성이 뭐죠?" 딸은 우리 모두에게 묻는다. 나, 조너선, 낯선 사람, 자신에게 이름 전체를 기꺼이 말해 줄 어떤 사람에게라도. 그리고 아이는 할 수 있는 한 여러 번 물을 것이다. 천만다행으로 마침내 그녀는 그 질문을 더 이상 하지 않게 되었다.

몇 년이 흐르자 다른 질문이 뭉게뭉게 피어올랐다. "엄마, 나를 사랑해요?" "아빠, 나를 사랑해요?" 이제 딸은 약간 더 컸고, 자신이 그 질문을 많이 한다는 것을 인지했다. 스스로가 그렇다고 인정하면서 아이는 말했다. "또 물어봐서 미안해요." 그러나 딸은 대답을 듣고 또 듣는 것이 필요했다. 우리가 자신을 사랑한다고 말해 주지 않아서 물어본 것이 아니었다. 너무 쉽게 그것이 의심되고, 정말인지 의문이 들고, 잊어버리고, 그 답을 신뢰할 수 있을지

헷갈렸기 때문이다. 우리 모두는 그 답을 반복해서 듣는 것이 필요하다.

나는 모든 종류의 질문을 반복적으로 들고 하나님께 나아온다. 그렇지만 그 질문들 전부는 결국 이런저런 방식으로 내 딸이 나에게 수천 번 물었던 두 개의 질문으로 압축된다. 이름이 뭐예요? 나를 사랑하나요?

성경에서 한 사람의 이름은 언제나 그들의 성품, 즉 그들이 누구이며 어떤 사람인지와 연결된다. 내가 하나님께 지속적으로 던지는 질문은 이것이다. 당신은 어떤 분이시죠? 당신을 신뢰할 수 있나요? 당신은 좋은 분이신가요?

그리고 나는 묻는다. 나를 사랑하시나요? 다시 말씀해 주시겠어요? 기억하고 믿는 것은 힘들다. 당신은 사랑의 하나님이신가요? 그리고 그것은 나를 위한 사랑인가요? 심지어 이곳에서도? 심지어 지금 이 순간도?

2017년이 마침내 끝난 지 얼마 되지 않은 어느 밤, 나는 어둡고 생생한 꿈을 꾸었다. 그 꿈에서 나에게는 가장 친한 친구가 있었다. 그녀는 거의 모든 면에서 사랑스러운 사람이었고, 우리는 떨어질 수 없을 만큼 가까웠다. 그러나 꿈의 중간쯤에 나는 그녀가 청부 살인업자라는 사실을 알게 되었다. 그녀는 대부분 친절하고 관대했지만, 경우에 따라서 직업적으로 어떤 사람들을 죽였다. 꿈에서 나는 나의 오랜 친구를 어떻게 신뢰할 수 있을지 몰라 휘청거렸다. 그런 뒤 그녀의 표적 목록에서 내가 다음 차례인 것을 보았다.

그녀는 그것에 관해 내게 솔직했다. 나를 죽이고 싶지는 않았지만, 그것이 그녀의 직업이었다. 결정을 해야 했다. 나는 목숨을 살려 달라고, 다른 종류의 일을 찾아보라고 그녀에게 간청했다. 그런 뒤 캄캄한 방에서 벌떡 잠에서 깼다.

밤의 정적 속에서, 나는 그 꿈이 내가 하나님을 바라보는 관점에 관한 것임을 알아챘다. 나는 그분을 사랑했다. 나는 오랫동안 그분을 친구라고 불러 왔지만, 신뢰하지는 않았다. 그분은 너무도 다정하실 수 있지만, 그분에게는 또한 살생부가 있었다. 나도 거기에 포함되어 있었다.

청부 살인업자 하나님에 대한 이미지는 나 자신의 믿음 없음과, 내가 하나님을 얼마나 알지 못하는지를 보여 준다.

하나님은 겉모양과는 달리 보이지 않는 악의를 감춘 암살자 같은 분이 아니시다. 만약 하나님이 어떤 방식으로든 우리를 잡고자 하신다면, 그것은 우리를 파멸시키기 위해서가 아니라 사랑하기 위해서다.

C. S. 루이스는 우리 대부분이 직면하는 가장 큰 위험이 하나님 믿기를 그만두는 것이 아니라 "그분에 관해 무시무시한 것들"을 믿게 되는 것이라고 말한다.[6] 우리의 그 무시무시한 두려움은 "그래서 하나님은 사실 이런 분이었던 거군"을 발견하게 되는 것이다. 그분을 신뢰할 수 없게 된다.

하나님의 사랑은 밤낮이 아닌 빛의 속도처럼 일정하다.

하나님이 미쁘신 이유는 그분이 사랑이시기 때문이다. 그리고 그분의 사랑은 우리의 사랑과 같지 않다. 최선과 최악을 모두 아우르면 우리의 사랑은 밤과 낮에 더 가깝다. 왔다가 가고, 솟았다가 가라앉는다. 때로 우리는 순수하고 고귀하게 사랑하며, 그 사랑은 영광스럽다. 그러나 그것은 언제나 희미해지고 불안정해진다. 해는 진다.

하나님의 사랑은 밤낮이 아닌 빛의 속도처럼 일정하다. 그분의 사랑은 만물의 중심이고, 그 안에는 어둠이 없다. 질병, 피곤함, 죽음, 고난, 고통, 기쁨이 아닌 하나님의 사랑이 우리 삶과 영원의 고정된 중심이다.

* * *

중세 교회 문헌들에 자주 반복되는 경구가 있다. '페르 크루켐 아드 루켐'*per crucem ad lucem*. 십자가를 통해 빛으로.

하나님은 우리를 열정적으로 사랑하시고 우리에게 기쁨과 번영을 가져오기를 원하시지만, 이는 십자가를 배제하지 않는다. 하나님의 사랑은 십자가를 통해 굴절되기 때문에 종종 그 사랑을 보거나 인식하는 것이 어려워진다. 그러나 신뢰하기를 배우고자 한다면, 즉 우리 삶의 무게를 하나님의 사랑 위에 올려놓고자 한다면, 우리는 오직 십자가를 통해서만 그것을 배울 수 있다.

우리는 우리 자신의 십자가 즉 우리가 계속 나아갈 수 없다고 느끼게 만드는 것들, 우리를 지치게 만드는 것들을 통해 하나님의 사랑을 더욱 깊이 알고 신뢰하게 된다. 해고, 결별, 질병, 외로움, 죄와의 긴 싸움, 친구와의 소원해진 관계, 실망, 사랑하는 사람의 죽음, 우리 자신의 죽음이 바로 그런 것들이다.

나는 좀더 쉬운 길, 하나님을 신뢰하는 법을 배우는 호화로움과 무수한 편안함으로 잘 닦인 길이 있기를 바라지만, '페르 크루쳄 아드 루쳄.' 빛으로 가는 길은 어둠을 정면으로 통과해야 한다. 혹은 보다 정확하게 말하면, 우리는 아주 어두운 이곳에서 우리를 향해 쏜살같이 오고 있는 빛을 발견한다.

그리고 하나님의 변함없는 사랑의 실재가, 우리가 하나님의 사랑이나 하나님이 가까이 계심을 언제나 **느낀다**는 의미는 분명 아니다. 고통의 계절에는 종종 하나님이 어디에도 계시지 않는 것처럼 느껴진다.

하나님의 사랑은 슬픔을 소멸시키지 않는다. 어쨌든 아직은 그렇다. 그분의 사랑은 변함없지만 측정할 수 없고, 부드럽지만 길들일 수 없다. 우리의 의견에 얽매이지 않는다. 우리를 뒤흔들면서도 자유롭게 한다. 우리를 죽이고, 또한 어떻게 사는지 가르쳐 준다. 위안을 주는 만큼 번민을 준다. 우리를 있는 그대로 받아들이지만, 우리를 온전하고 역동적으로 살아 있게 만들겠다고 고집한다. 그 과정은 길고 고통스럽다. 하나님의 맹렬하고 무한한 사랑은 우리의 모든 취약함에 가치와 목적을 부여하지만, 때로 그 하루를 지나는 것은 여전히 지옥처럼 아플 것이다.

취약함에서 우리를 구해 주시는 대신, 하나님은 종종 그 안으로 더 깊이 우리를 부르신다. 따라서 우리가 너무도 깊이 사랑받고 있음을 믿는 것은, 우리가 실망과 아픔에 직면할 때도 그것이 하나님께 버려지거나 무시당하기 때문이 아님을 아는 것이다. "하나님이 어째서 악과 고난이 계속되도록 허락하시는지…묻는다면"이라고 팀 켈러$^{\text{Tim Keller}}$는 쓴다. "그리고 우리는 예수님의 십자가를 보지만 그 답이 무엇인지는 여전히 알지 못한다. 그러나 그 답이 무엇이 아닌지는 안다. 하나님이 우리를 사랑하시지 않기 때문이 아닌 것은 확실하다."[7]

결국 '페르 크루켐 아드 루켐', 빛으로의 이 여행은 우리 자신의 십자가뿐만 아니라 예수님의 십자가를 통해 가능한 것이다.

예수님은 "사람이 자기 친구를 위하여 자기 목숨을 내놓는 것보다 더 큰 사랑은 없다"고 말씀하셨다.$^{\text{요 15:13}}$ 그리고 자신이 그렇게 하셨다. 임의로 목숨을 빼앗는 내 꿈속 친구와는 달리, 그분은 우리를 위해 자신의 생명을 내려놓으셨다. 빛을 발하는 그분의 사랑이 죽음의 어둠을 깨뜨렸다.

예수님의 사랑을 볼 때, 우리는 하나님의 충만함을 본다. 바로

결국, 어둠은 설명되지 않는다. 패배한다.

여기에, 내가 믿기 위해 천천히 팔을 뻗고 있는 것이 있다. 하나님께는 그림자가 드리운 면이 없다는 것. 예수님 안에서 계시된 하나님 뒤에는 감춰진 속임수나 어둠이 없다. 우리가 기도하는 하나님은 우리를 사랑하시는 하나님이다. 끝없이, 수그러들 줄 모르고, 인내심을 가지고, 그리고 강력하게.

* * *

이 기도의 절정이자 우리 자신의 삶을 포함한 모든 역사의 절정은 "주님의 사랑에 의지하여 기도합니다. 아멘"이다. 하나님의 사랑이 최종 발언권을 갖는다.

성경은 "하나님을 사랑하는 사람들, 곧 하나님의 뜻대로 부르심을 받은 사람들에게는, 모든 일이 서로 협력해서 선을 이룬다는 것을 우리는 압니다"라고 말한다.롬 8:28. 두름성 좋은 농장 일꾼처럼, 하나님은 모든 것을 활용하신다. 모든 것이 하나님의 구속 사역의 원재료다.

그러나 하나님은 모든 것을 사용하실지언정, 더 큰 어떤 선을 위한 수단으로 고통을 **일으키지는** 않으신다. 하나님 자신이 가장 큰 선이시며, 하나님은 그분의 선함으로부터 흘러나오지 않는 어떤 것이든 심판하신다. 그리고 궁극적으로 패배시키고 소멸시키신다.

결국, 어둠은 설명되지 않는다. 패배한다. 밤은 정당화되거나 해결되지 않는다. 견디어진다. 빛이 그것을 이기고 그리하여 그것이 더 이상 존재하지 않을 때까지.

그때까지 우리는 하나님께 계속해서 질문을 던진다. 그분은 우리를 사랑하시기 때문에 우리가 필요할 때 질문하도록 허락하신다. 그리고 우리는 자신의 당혹감을 교회의 기도와 관습 안으로 가져오고, 그럼으로써 교회의 기도와 관습이 우리의 질문을 형성하고 그 방향을 이끌어 가게 한다.

기도와 관습, 회중 예배를 통해 교회는 우리에게 반복해서 말해 준다. "하나님은 이런 분이십니다. 이것이 그분의 이름입니다. 그분이 당신을 사랑하심을 당신은 이렇게 알 수 있습니다."

우리는 함께 신비를 견딘다. 즉, 우리는 이미와 아직 안에 거한다. 그러나 우리는 신비를 **견디기만** 하는 것이 아니라, 또한 신비를 **선포한다**. 일요일에 성찬을 베풀면서 나는 회중에게 말한다. "신앙의 신비를 선포합시다." 그리고 우리는 함께 고백한다.

그리스도께서 죽으셨습니다.

그리스도께서 살아나셨습니다.

그리스도께서 다시 오실 것입니다.

그리스도는 우리의 슬픔, 질병, 괴로움, 피곤함, 고통, 죽음 안으로 완전히 들어오셨다. 그러나 그분은 살아 계시며, 모든 것을 바로잡으실 것이다.

이 동일한 성찬 전례에서 우리는 이렇게 기도한다. "시간이 다 찼을 때, 만물이 당신의 그리스도 아래 복종하게 하시고, 당신의 모든 성인과 함께 하늘에 속한 당신의 나라의 기쁨 안으로 우리를 데려가시며, 그곳에서 우리 주님과 얼굴과 얼굴을 마주하고 보게 하소서."

그사이에는, 우리는 어둠과 취약함 안에서 눈물 흘리고 파수하고 일한다. 우리에게는 성경과 교회와 신앙의 관습, 그리고 기도의 선물이 주어졌다. 그리고 나는 나에게 주어진 길, 십자가를 통해 빛을 향해 가는 그 길을 걸어가며 계속 물을 것이다. "당신은 어떤 분이시죠? 저를 사랑하세요?" 얼굴과 얼굴을 마주하고 우리 주님께 물을 수 있을 때까지 말이다.

그리고 그 순간, 우리의 덜커거리던 의심과 믿음의 의문들은 모두 침묵 속으로 사라질 것이다. 이 고대의 기도와 관습 안에서 희미하게나마 짧은 순간 맛보았던 것, 열망했던 것, 그리고 손을 뻗었던 것을 우리는 완전히 알게 될 것이다. 어둠이 이길 수 없는 빛을 보았기 때문이다. 우리는 변하지 않을 사랑의 실재를 만났다. 그리고 우리는 모든 것이 사랑으로 인한 것이었음을 알게 될 것이다.

✦   **감사의 글**

재능 있고 성실할 뿐 아니라 사랑스러운 신디 번치, 이선 매카시, 그리고 IVP 팀 전체에 감사드린다.

피츠버그의 승천교회, 특히 조너선과 앤드리아 밀러드 그리고 교회의 모든 스태프와 평신도 지도자들에게(그리고 초콜릿을 준 짐 윌슨에게) 끝없는 감사를 전한다. 교회로서 이들은 우리 가족이 지난 몇 해를 지나오는 것을 도와주었고, 이들이 없었다면 이 책의 출간은 가능하지 않았을 것이다.

내 책에 등장해 준 것과, 신뢰할 가치가 충분할 만큼 아름다우신 하나님을 내게 보여 준 것에 대해 헌터와 줄리 도커리에게 감사한다. 모니카 레이시 베넷, 케이티 헛슨, 노엘 자부어, 에이미 본맨, 젠 헴필, 그리고 스티븐과 베서니 헤바드에게, 그들의 우정에 대해 그리고 그들의 생각과 이야기를 이 책에서 공유할 수 있도록 허락해 준 것에 대해 감사드린다. 들어가는 글의 돌발적 영웅이자 내가 수건을 못 쓰게 만든 뒤에도 친구로 남아 준 해나와 앤디 해프힐에게도 감사드린다.

내가 자신들의 집에서 글을 쓰고 조용히 쉴 수 있게 해 주고, 따라서 이 책이 태어날 수 있게 해 준 알렉스와 제인 밴필드힉스에게 감사드린다. 그리고 물어보고 이야기를 들어 준 진저 스테이지에게도 감사를 전한다.

응원해 주고 내 글을 함께 읽어 주는 독자들과 친구들, 페이스북 친구들, 트위터 팔로워들에게 감사드린다. 내가 책을 쓸 수 있는 것은 이들 덕분이다.

감사를 전해야 할 깊이 사랑하는 친구들이 너무 많아서, 모두 열거하는 것은 불가능할 테니 시도는 하지 않겠다. 그렇지만 나의 집필을 위해 결성된 극비 기도팀에게는 감사의 말을 꼭 전하고 싶다(모든 사람의 이름을 적을 수는 없지만, 여러분 모두를 사랑하고 여러분의 기도에 감사드려요).

다른 작가들의 도움과 격려가 없었다면 이 일을 할 수 없었을 것이다. (그 스스로 자원한 적은 없었지만) 작가로서의 내 삶에 멘토가 되어 준 앤디 크라우치에게 특별히 감사드린다. 모든 전화 통화에 대해 이서 매컬리에게 감사드린다. 캐런 스왈로우 프라이어와 펠리컨 프로젝트 중대에게 감사드린다. 이 책의 초기 단계의 발상에 대해 충분히 생각하도록 도와준 웨스 힐에게 감사드린다. 그리고 원고의 많은 부분에 대해 피드백을 주고 집필 내내 격려해 준 앤드리아 팔팬트 딜리에게 감사드린다.

언제나 나의 제2 낭독자로서 편집과 기도와 격려로 도와주는 마샤 보셔에게 깊이 감사드린다. 나의 징징대는 소리를 들어 주고 계속 글을 쓰도록 힘을 북돋워 준 것에 대해 감사한다.

이 책이 잉태되고 태어나기까지 몇 년 동안 나에게 가족과도 같아진 메릴린과 찰리 치즐라기에게 감사를 전하며, 글을 쓸 수 있는 조용한 장소를 제공해 준 것에 대해서도 감사한다.

사랑하는 친구이자 이 원고에 대해(그리고 내 삶의 다른 모든 것에 대해) 유익한 피드백을 해 준 우디 질스에게 감사드린다.

조지아의 가족들 특히 샌드라와 제리 도버에게 감사드린다. 그리고 텍사스 대원들, 특히 로라와 제임스 메이스, 데이비드와 레이시 해리슨(그리고 그 가족들)에게 감사드린다. 내가 어둠이 무서울 때마다 침대로 기어들던 것을 한 번도 막지 않은 엄마 로레인에게 마음 깊이 감사드린다.

이 책의 모든 말은 부분적으로 나의 아버지 그리고 우리 가족이 잃은 아들들을 위한 추모다. 나는 어서 빨리 아침이 와서 다시 그들과 함께할 수 있기를 고대한다.

마지막으로 나의 딸들 레인과 플래너리에게 감사한다. 이들의 희생 덕분에 내가 글을 쓸 수 있었다. 이들에겐 어떤 감사의 말로도 충분하지 않을 것이다. 그리고 이 원고를 막 마쳤을 때 세상에 나온 거스에게도 감사한다. 이 아이들을 알 수 있고 이들이 자라는 것을 볼 수 있다는 것은 살아 있음에 대해 내가 가장 좋아하는 부분이다. 이 아이들을 사랑하고 이들로 인해 정말로 기쁘다. 그리고 그들이 다 컸을 때, 자신들이 언제나 깊이 사랑받고 있음을 기억하기를 바라는 마음으로 이 책을 아이들에게 바친다.

남편 조너선에게 가장 큰 감사를 전한다. 하나님의 은혜로 우리는 이 어두운 몇 해를 통과했고, 그 시간을 통해 다시 사랑에 빠졌다. 조너선은 나에게 힘이 되어 주는 동반자일 뿐 아니라 심오한 신학자고, 그의 에너지와 제안과 생각은 나와 이 기획을 형성했다. 모든 것에 대해 감사하다는 말을 전하고 싶다.

그리고 말씀에 영광을 돌린다. 우리의 하찮은 말에 담긴 어떤 선함도 모두 그 말씀에서 흘러나오며 우리의 모든 하찮은 말은 그 말씀으로 구속될 것이다. 당신의 빛과 당신의 진리를 보내셔서 우리를 이끌게 하소서.

토론을 위한 질문과 실천 제안

여기에 나오는 토론을 위한 질문과 실천 제안은 혼자서 혹은 그룹으로 사용할 수 있습니다. 혼자 사용하는 경우, 질문을 활용하여 일기를 써 볼 수 있습니다.

그룹에서 활용할 때는 6주 과정의 분량이 되도록 본문을 다섯 부분으로 나누었습니다. 기본 아이디어는 5주 동안 이 책을 읽고 토론한 뒤, 마지막 주에는 함께 식사를 하고 밤기도로(혹은 낮 시간에 모인다면 다른 기도문으로) 기도하는 것으로 모임을 마치는 것입니다. 더 길거나 짧은 과정으로 조정할 수도 있습니다. 또한 "이 장에서 가장 공감하는 부분은 어디이며 그 이유는 무엇입니까?"와 같은 좀더 자유로운 형식의 질문을 추가할 수도 있습니다.

실천 제안은 체크리스트보다는 일종의 초대로 기획되었습니다. 그룹으로 혹은 혼자서 각 부분의 실천 사항을 끝까지 읽고 매주 1-3가지를 시도해 보십시오. 그런 뒤 경험한 것에 대한 묵상을 그룹이나 친구와 나누거나 일기에 쓰십시오.

1주 차

🗨 토론을 위한 질문

들어가며

1. 위급 상황이나 불안하고 취약한 순간에 성경 구절, 노래, 기도, 혹은 어떤 관습이 머릿속에 떠올랐던 때를 생각할 수 있습니까? 그런 일화가 있다면 그룹과 나누거나 그에 관해 일기를 쓰십시오. 그러한 말이나 실천으로 들어갈 때 어떤 느낌을 받았습니까?

2. 저자는 이렇게 씁니다. "나는 신앙이 느낌보다 기예에 가깝다고 믿게 되었다. 기도는 그 기예에서 가장 주요한 연습이다." 신앙이 기예와 같다는 것은 무엇을 함축합니까? 그것은 우리가 예배와 기도에 접근하는 방식을 어떻게 변화시킬 수 있습니까?

1. 밤기도를 찾아서

1. 당신에게 밤은 어떤 시간입니까? 불안이나 평화, 슬픔, 산만함, 혹은 다른 무엇의 시간입니까? 어둠 속에 있을 때 어떻게 느낍니까?

2. 살면서 기도하기가 어려운 때가 있었습니까? 그 이유는 무엇이었나요?

3. 성장 과정에서 기도하는 사람들이 주위에 있었습니까? 자라면서 당신이 기도에 대해 생각하는 방식의 '기본 설정'은 어떤 것이었습니까? '다른 사람들의 기도'로 기도해 본 적이 있습니까?

4. '다른 사람들의 기도'로 기도하는 것의 장점과 단점은 무엇입니까?

2. 사랑하는 주님, 지켜 주소서

1. 저자는 이렇게 말합니다. "나는 삶에서 가장 취약하고 인간의 한계를 절감하는 순간에 교리가 반드시 필요함을 알게 되었다. 다른 모든 것이 사라질 때, 무신론자로부터 수도사에 이르기까지 우리 모두는 세상과 우리 자신에 대해, 그리고 하나님에 대해 우리가 믿는 것을 의지하게 된다." 위기와 고난의 시간에 교리나 자신이 믿는 것에 의탁한 적이 있습니까? 그때의 경험을 기술하고, 어떤 근본적인 이야기나 신념이 당신을 이끌어 주었는지 나누십시오.

2. 당신의 삶에서 여전히 하나님을 재판에 회부하고 있는 특정 지점이 있습니까? 하나님의 선하심에 대한 판결이 결과의 어떠함에 따라 조건부인 곳은 어디입니까?

3. 저자는 교리를 강조하지만, 그런 뒤 기독교의 이야기를 단지 하나의 사실로 우리 머릿속에 담아 놓을 수는 없다고 말합니다. 우리가 고난을 겪거나 취약함에 직면할 때 교리와 실천은 어떻게 함께 움직입니까?

📕 실천 제안

1. 밤에 스크린을 끄고 아무 일도 하지 말고 조용히 혼자 앉으십시오. 전체 조명은 끄고 스탠드나 초만 켜십시오. 이 시간에 떠오르는 생각과 느낌, 질문에 대해 묵상해 보십시오.

2. 전깃불 없이 하룻밤을 지내보십시오. 그 경험에서 어떤 생각을 했는지 일기로 쓰십시오.

3. 밤기도나 다른 기도문, 즉석 기도, 기도 일기 등 다른 방식의 기도를 시도해 보십시오. 평소에 하지 않는 형식의 기도를 선택하십시오. 밤기도의 특정 버전은 다음에서 찾을 수 있습니다. tishharrisonwarren.com/prayer-in-the-night.

4. 당신의 인생에서 어떤 '돌무덤'이 가장 중요했는지 일기를 써 보십시오. 당신이 길을 잃지 않게 지켜 주는, 전해 받은 실천에는 어떤 것이 있습니까?

5. 마가복음을 한 번에 처음부터 끝까지 혹은 일주일에 걸쳐 읽으십시오. 예수님이 취약함을 경험하고 인간으로서 우리의 경험 안으로 들어오시는 모든 방식에 주목해 보십시오.

2주 차

토론을 위한 질문

3. 우는 이

1. 당신의 삶에서 평범하거나 일상적인 고통을 어떤 식으로 슬퍼합니까? 그렇게 하도록 도와주는 특정한 실천이 있습니까?

2. 슬픔이나 비애를 느낄 때 어떻게 합니까? 당신의 삶에 슬픔을 가리기 위

한 여흥거리나 분노의 패턴 혹은 습관은 없습니까? 슬픔을 피하려는 이러한 전략을 어디에서 배웠다고 생각합니까?

3. 저자는 로렌 위너를 인용해서 말합니다. "교회들이 상대적으로 잘하지 못하는 것은 슬퍼하는 일이다. 우리는 슬픔과 상실의 길고 지치는 과정을 위한 예식이 부족하다." 당신이 교회에서 경험하는 것도 이와 마찬가지입니까? 교회가 잘 슬퍼하거나 아름답게 슬퍼하는 것을 본 적이 있습니까?

4. 밤은 당신에게 슬픔이 끓어오르거나 더 아우성치는 시간입니까? 그렇거나, 그렇지 않은 이유는 무엇입니까?

4。 파수하는 이

1. 모든 것이 괜찮아질 것이라는 종말론적 소망은 현재 우리가 파수하며 기다리는 방식을 어떻게 변화시킵니까? 부활의 소망은 지금 당신의 삶에서 일어나고 있는 특정한 분투에 어떤 영향을 줍니까?

2. 밤새 깨어 있던 때를 생각할 수 있습니까? 어떻게 느꼈습니까? 그 경험은 그리스도인 전체의 삶에 대한 하나의 상징으로서 기다리고 파수하는 것에 대해 무엇을 가르쳐 줍니까?

3. 당신은 하나님을 향하여 '계속 깨어 있는 것'을 어떻게 실천합니까? 어떤 종류의 경험이 당신의 삶에서 하나님의 임재 혹은 행하심에 대해 깨어 있게 합니까?

5. 일하는 이

1. 밤에 일하는 경우가 있습니까? 그 일은 당신에게 어떻게 다가옵니까?

2. 당신이 매일 하는 일은 하나님이 세상을 회복하시는 일에 크고 작은 방식으로 어떻게 참여합니까?

3. 교회나 세상 혹은 당신의 경험에서 '경쟁하는 행위 능력'을 상정하는 경우를 보았습니까? 우리 스스로 '생각과 기도'를 행동과 경쟁하게 만드는 방식들을 알고 있습니까?

실천 제안

1. 슬픔을 위한 시간을 따로 떼어 놓으십시오. 한 시간이거나 하루가 될 수도 있지만, 그 시간 동안은 자신이 불편한 감정이나 슬픔을 느끼도록 내버려 두십시오. 기도하고 일기를 쓰고 울고 침묵 속에 앉아 있으면서 슬픔을 위한 시간을 허락하십시오.

2. 한 주 동안 시편의 탄식시를 소리 내어 기도하십시오. 시편 22편, 44편, 88편이 그 예입니다. 그러한 시편 중 하나 혹은 그 일부를 암송하고, 하루 동안 여러 번 소리 내서 외워 보십시오.

3. 당신의 삶이나 일에 관한 탄식 시편을 하나 써 보십시오. 먼저 탄식 시편을 여러 편 읽고 그것을 표본으로 사용하십시오.

4. 당신의 인생에서, 교회에서, 혹은 지역 사회에서 하나님이 일하시는 여러

방법들에 대해 일기를 쓰거나 친구와 함께 떠오르는 생각을 나눠 보십시오. 그러한 목록을 만드십시오.

5. 미술관이나 아름다운 자연이 있는 곳으로 가십시오. 그 아름다움이 하나님의 아름다움을 어떻게 반영하는지 생각해 보고 일기를 써 보십시오. 만약 아름다움이 그분의 성품의 일부분을 반영한다면, 하나님은 어떤 분이셔야 할까요?

6. 세상에 어떤 방식으로든 회복을 가져오는 사역이나 비영리단체에 후원금을 보내거나 자원봉사를 해 보십시오.

7. 5장 본문에서 노엘이 한 것처럼, 당신의 일이나 소명을 위한 기도문이나 전례문을 써 보십시오. 한 주 동안 그것을 사용하고 어땠는지 묵상해 보십시오.

3주 차

토론을 위한 질문

6. 잠자는 이를 위해 당신의 천사들을 보내소서

1. 설명되지 않는 것이나 천사, 귀신, 악마 같은 영적 존재를 맞닥뜨린 적이 있습니까? 현재 당신이 속한 그룹에서는 초자연적인 것을 어떻게 여깁니까? 당신이 자랄 때 속했던 그룹에서는 어땠습니까?

2. 저자는 기도가 믿음보다 선행하는 경우가 자주 있다고 말합니다. 당신이나 당신의 자녀에게 기도나 다른 영적 실천이 믿음보다 선행한 때가 있었습니까?

3. 당신의 수면 습관은 어떻습니까? 자고 난 뒤에 어려워하던 문제를 해결하거나 생각이 분명해진 경우가 있습니까?

7. 주 그리스도여, 병든 이를 돌보소서

1. 당신이 정말로 아팠던 때를 회상해 보십시오. 중요한 것이나 필요한 것에 대한 당신의 시각이 그 경험을 통해 어떻게 변화되었습니까?

2. 당신의 몸에서 취약함의 실재를 어떻게 경험합니까? 그것이 당신의 영적 생활이나 영적 실천에 어떻게 영향을 끼쳤습니까?

3. 몸의 연약함은 언제라도 당신에게 '메멘토 모리'로 작용합니까? 그것이 당신의 죽음이나 한계를 일깨워 줍니까?

8. 피곤한 이에게 쉼을 주시고

1. 우리의 문화나 교회, 혹은 자신의 삶에서 '기획된 연약함'을 보았던 곳은 어디입니까? 이것은 진정한 취약함과 어떻게 다릅니까?

2. 지쳐 있을 때 어디에서 쉼을 찾았습니까? 갱신을 가져온 실천이나 경험이 있습니까?

9. 죽어 가는 이에게 복을 주시고

1. 당신이 누군가의 치유를 기도했지만 그럼에도 불구하고 그 사람이 죽거나 계속 아팠던 경우가 있습니까? 그 경험은 기도 생활에 어떤 영향을 주었습니까?

2. 당신이 교회 안에서 본, 죽음에 대한 감상적이거나 저항하는 방식들이 있습니까? 저자는 데이비드 벤틀리 하트를 인용해서 다음과 같이 말합니다. "우리는 하나님께서 죄의 부조리함, 죽음의 공허와 낭비, 살아 있는 영혼을(계산적 악의로든 바보 같은 우연으로든) 파괴하는 세력에서 자신의 창조세계를 구출하러 오신다고 믿는다. 그렇기에 우리는 이런 것들을 완벽한 증오심으로 증오하는 것이 허용된다." 하나님이 죽음과 고통이라는 원수에 대해 품으시는 동일한 증오로 우리 역시 그것을 미워하는 것이 허용된다는 말은 우리의 영적 생활을 어떻게 바꾸어 놓습니까?

3. 당신의 삶에서 축복을 경험한 적이 있습니까? 당신이 받은 축복을 당신이 경험한 고통이나 다른 이의 죽음과 어떤 식으로 화해시킬 수 있습니까?

📋 실천 제안

1. 수면 위생을 위해 노력해 보십시오. 일정한 취침 시간, 이완시키는 활동, 하나님께 그분의 천사들을 보내 지켜 달라고 구하는 것을 포함하는 취침 시간의 규칙적 일과를 만들고 일주일 동안(혹은 그 이상) 지켜 보십시오.

2. 몸에게 편지를 쓰십시오. 당신의 몸이 당신에게 삶과 기쁨을 가져다준 여

러 방식들에 대해 감사하십시오. 당신의 몸 안에서 경험했던 타락과 한계에 대한 좌절감을 표현하십시오. 당신이 몸으로 존재하는 것에서 배운 것을 써 보십시오.

3. 침묵 기도를 실천해 보십시오. 전화기를 끄고 산만하게 하는 모든 것을 치우십시오. 하나님의 임재 안에 앉아 계십시오. 생각들이 떠오르면 그것을 인정한 뒤 사라지게 내버려 두십시오. 계속해서 하나님 앞에서 정신적·언어적 고요함으로 반복해서 돌아오십시오. 처음 시도하는 것이라면, 알람을 5분으로 맞추십시오. 침묵의 시간 동안 촛불을 켜고 거기에 시선을 고정하는 것이 종종 도움이 될 수 있습니다.

4. 요한복음 11장에 나오는 나사로의 이야기를 읽으십시오. 예수님이 그 무덤 앞에 서서 "비통하게 여기시[던]" 것을 묵상해 보십시오. 그분의 얼굴이 어때 보였을 것이라 생각하십니까? 그분의 신체적 자세는 어땠을까요? 그분은 주변에 있던 사람들과 어떤 방식으로 소통하고 계셨습니까?

5. 자신의 죽음을 기억하는 베네딕투스 수도회의 실천을 받아들여 보십시오. 그렇게 할 수 있는 몇 가지 방법은 다음과 같습니다. (A) 재의 수요일 예배에 참석하십시오. (B) 당신의 추도문에서 사람들이 당신에 대해 말해 주기를 바라는 것, 그리고 당신이 그런 사람이 되기 위해 지금 해야 할 일에 대해 일기를 쓰십시오. (C) 질병, 잠, 슬픔과 같은 신체적 한계가 당신에게 어떻게 죽음을 상기시켜 주고 인생을 사는 내내 죽음을 소량씩 경험하게 하는지에 대해 일기를 쓰십시오.

4주 차

🗨 토론을 위한 질문

10. 고난을 겪는 이를 위로하시고

1. 저자는 밤나팔꽃이 어떻게 밤에만 자라는지 논합니다. 영적 생활에서 '오직 밤에만 자라는' 특정 부분이 있습니까? 분투하고 어려움을 겪는 시기 동안 당신의 삶에서 어떤 것이 자라는지 발견했습니까?

2. 저자는 '영광의 신학'과 '십자가의 신학'의 차이를 기술합니다. 당신의 삶에서 암묵적으로 영광의 신학이 작동하는 영역이 있습니까? 보다 넓게 우리의 문화에서는 어떻습니까?

3. 당신은 어떻게 하나님을 위로하시는 분으로 알게 되었습니까? 그 위로는 당신이 위로에 대해 자연스럽게 기대하거나 생각하는 것과 어떤 식으로 유사하거나 다릅니까?

4. 하나의 문화로 우리가 서둘러 슬픔을 극복하려 한다는 말에 동의하십니까? 고난을 통과할 때 서두르십니까? 당신의 삶 혹은 주변의 문화에서 이런 표지를 어디에서 보게 됩니까?

11. 고통에 시달리는 이를 불쌍히 여기시고

1. 저자는 이렇게 말합니다. "우리는 길이 너무 멀고 그 결말이 행복하지 않을 가능성이 클 때, 그런 사람들과 함께 어떻게 걸어야 하는지 모를 때가 많다." 고통에 시달리는 이들을 교회가 잘 돌보거나 그렇게 하는 데 실

패하는 것을 보았습니까? 당신의 교회나 공동체가 만성적이고 장기적인 고통이나 필요가 있는 사람들을 어떻게 잘 돌볼 수 있을까요?

2. 저자는 친구 스티븐이 자신은 사람들이 "예수님이 자신을 발견할 수 있을 것이라고 약속하신 곳에서 그분을 찾[기를]" 바란다고 말한 것을 인용하고, 이는 종종 가난하고 궁핍한 사람들, 즉 고통에 시달리는 이들이 있는 곳이라고 덧붙입니다. 당신의 고통 가운데서 혹은 고통에 시달리는 다른 이들 사이에서 예수님을 어떤 식으로 만난 적이 있습니까? 그런 경험이 당신에게 어땠는지 나누어 줄 수 있습니까?

3. 저자는 복음 자체가 어떻게 우리에게 고통을 가져오는지 논합니다. 당신의 삶이나 당신에게 가까운 누군가에게서 직접적으로 이것을 본 적이 있습니까? 당신이나 당신이 사랑하는 그 사람은 고통 가운데서 어떻게 하나님을 신뢰하거나 신뢰하기 위해 분투합니까?

4. 저자는 말합니다. "우리 삶에서 가장 근본적이고 형성력을 지닌 영적 실천은 우리가 선택하지 않은 것일 때가 많다." 삶에서 당신이 선택하지 않은 부분 가운데서 일종의 영적 형성을 발견한 적이 있습니까? 이 선택하지 않은 것들은 당신과 당신의 공동체 혹은 하나님을 보는 당신의 시각을 어떻게 빚어내고 형성했습니까?

📋 실천 제안

1. 어떤 종류든 금욕적 실천을 선택하십시오. 어떤 식으로든 위로나 즐거움을 포기하는 실천이어야 합니다. 금식, 부분 금식(고기처럼 한 종류만 포

기하는 것), 약간 일찍 일어나기 등을 시도해 볼 수 있습니다. 이것을 하루나 며칠 혹은 한 주 동안 시도해 보십시오. 이 시간과 관련해 당신이 발견한 것은 무엇이든 일기를 쓰거나 그룹과 나누십시오. 영적인 일들에 좀 더 민감해집니까? 더 투덜거리거나 쉽게 화를 내고, 더 피곤하거나 배가 고프고, 혹은 더 슬프거나 불안해집니까?

2. 스스로 힘을 북돋우거나 통증을 완화하기 위해 습관적으로 무엇으로 달려가는지 한 주 혹은 한 달 동안 잘 살펴보십시오. 그것을 종이에 써 보고, 그런 것들이나 경험에서 당신이 무엇을 즐기거나 얻는지 스스로에게 물어보십시오. 한동안(하루 동안만이라도) 그중 하나를 끊어 본 뒤 다시 그것으로 돌아가는 것을 고려해 보십시오. 당신의 피조물 위안에서 잠시 벗어나는 것은 그것에 대해 생각하거나 그것과 상호 작용하는 방식을 어떻게 변화시켰습니까?

3. 현재 고난이나 고통에 직면해 있는 개인과 시간을 보내거나 그런 공동체에 자원봉사를 가십시오. 그 사람이나 사람들 안에서 예수님을 어떻게 마주하게 됩니까?

4. 괴로움을 겪는 특정 공동체를 위한 기도에 보통보다 긴 기간ㅡ한 달, 한 분기, 혹은 한 해ㅡ헌신해 보십시오. 하나님이 그들을 불쌍히 여기시기를 기도하고, 당신이 그들을 어떻게 돕기를 원하시는지 하나님께 물으십시오.

5주 차

토론을 위한 질문

12. 기뻐하는 이를 보호하소서

1. 기쁨이 '위험하게' 느껴진 적이 있습니까? 저자는 자기방어를 위해 종종 스스로 기쁨을 느끼는 것을 허락하지 않는다고 말합니다. 이 말에 공감하십니까? 그런 이유나 그렇지 않은 이유는 무엇입니까? 기쁨과 연계된 위험성에도 불구하고, 혹은 바로 그것 때문에 기쁨을 선택할 수 있겠습니까?

2. 저자는 그리스도인들에게 실재에 대한 성례전적 이해가 있다고 말하면서, 이에 대해 "땅의 물질이 그 안에 하나님의 거룩한 임재를 담고 있다고" 설명합니다. 이러한 시각은 우리가 창조세계와 아름다움이나 즐거움의 순간을 경험하는 방식을 어떻게 변화시킵니까?

3. 저자는 기쁨이 느낌이라기보다 단련이 필요한 근육이라고 말합니다. 이번 한 주 동안 하나의 헌신이자 단련으로써 기쁨을 '옷 입거나' '참여하기' 위해 무엇을 할 수 있습니까?

4. 저자는 모디스트마우스의 "나쁜 소식을 사랑하는 사람들을 위한 좋은 소식"이라는 앨범을 언급합니다. 어떤 사람들은 보다 우울하고 비관적인 경향이 있고, 다른 사람들은 본성적으로 보다 낙관적입니다. 그러나 비관주의와 낙관주의는 둘 다 실재와의 접촉에서 벗어날 수 있는 반면, 기쁨은 실재의 가장 심오한 부분이 하나님의 사랑이라는 소망과 연결되어 있습니다. 당신은 성격상 어느 쪽에 자연스럽게 끌립니까? 우리는 기독교

의 소망의 실재를 향해 어떻게 자라 갈 수 있습니까?

13. 주님의 사랑에 의지하여 기도합니다

1. 저자는 기독교 신앙이 참이지만, 모호함과 당혹감이 기본 사양으로 들어가 있기 때문에 우리가 경험하는 신앙은 어떤 면에서 백과사전식 조항보다는 시에 더 가깝다고 말합니다. 당신은 성경을 그리고 그리스도 안에 있는 당신의 삶을 이런 식으로 읽고 바라봅니까? 기독교의 진리를 이런 식으로 보는 것은 당신의 상황을 어떻게 변화시킵니까?

2. 저자는 하나님의 사랑이 빛의 속도와 같다고 말합니다. 다른 모든 것을 재배열시키는 단 하나의 상수이며, 따라서 삶을 걸 만한 가치가 있는 유일한 것이라고 말입니다. 하나님의 사랑에 당신의 삶을 거는 것은 어떤 모습으로 나타날까요? 그렇게 했던 사람을 알고 있습니까? 그들의 삶에서 구별되는 점은 무엇입니까?

3. 저자는 우리가 사랑받을 만하지 못하다고 들어 왔기 때문에 혹은 우리 일상의 삶과 무관한 것처럼 보이기 때문에 하나님의 사랑이 비현실적으로도 보일 수 있음을 지적합니다. 저자는 기도가 우리 삶의 '모든 무게'를 하나님의 사랑 위에 내려놓는 일을 어떻게 돕는지 기술합니다. 이번 한 주(또는 한 달, 혹은 한 해) 동안 하나님의 사랑에 더 많은 신뢰를 두기 위해 무엇을 할 수 있습니까?

4. 저자는 고통과 취약함의 세상으로부터 나오는 하나님에 대한 우리의 모든 질문이 다음 두 질문으로 압축된다고 말합니다. "당신은 어떤 분이시죠?" 그리고 "당신을 신뢰할 수 있나요?" 예수님의 성육신과 죽음, 부활

은 우리가 하나님에 대한 이러한 의문에 답하는 것을 어떻게 도와줍니까? 고난을 겪고 있을 때나 혹은 그저 평범한 하루에 이러한 진리가 당신의 정신과 마음 맨 앞에 계속 자리 잡을 수 있도록 도와주는 것은 무엇입니까?

5. 책 전체에서 저자는 관습들이 인간의 취약함의 실재와 하나님의 미쁘심을 역동적 긴장 관계 안에서 어떻게 함께 붙드는지에 대해 말합니다. 당신이 동참하는 기독교적 관습은 무엇이 있는지 밝히고, 그러한 실천들이 당신의 삶에 존재하는 이 두 실재를 어떻게 붙드는지 토론하십시오.

실천 제안

1. 저자는 자신의 딸이 어떻게 "연필과 크레용으로 기도하고" 있었는지 묘사합니다. 조용히 기도하는 시간을 가진 뒤, 당신이 소망하거나 열망하는 어떤 것을 그림으로 그리십시오. 그 그림을 소망에 손을 뻗는 하나의 방법으로 하나님 앞에 보여 드린 뒤, 할 수 있는 만큼 그것을 하나님께 내어 드리고 그것에 대해 "당신의 말씀대로 나에게 이루어지기를 바랍니다"라는 태연함의 기도를 드리십시오.

2. '감사' 산책을 가십시오. 산책이나 하이킹을 하면서 당신의 삶에 존재하는 아름다움과 선물들 그리고 모든 선함을 의도적으로 지각하는 시간을 가지십시오.

3. 경축을 구체적 방식으로 실천하십시오. 교회력의 축제일 혹은 당신이나 다른 이의 삶에서 중요한 사건이 있었던 날 중 하나를 고르십시오(혹은

그저 퇴근해서 집에 온 평범한 수요일을 축하할 수도 있습니다!). 친구나 가족들과 함께 모여(다른 한 사람일 수도 있고 그룹일 수도 있습니다) 좋아하는 음악을 틀고 훌륭한 음식을 드십시오. 시편을 기도하고(몇 가지 예로는 112편, 136편, 145편이 있습니다) 하나님이 주신 선물에 대해 감사하는 경축의 전례문을 쓰십시오.

4. 저자는 우리가 삶의 무게와 결정을 하나님의 사랑 위에 올려놓음으로써 그 사랑을 더욱 믿게 된다고 씁니다. 하나님이 당신을 깊이 또한 전적으로 사랑하신다는 것을 절대적으로 믿는다면 할 수 있을 한 가지 일을 생각해 보십시오. 이번 한 주에 그 일을 향해 신뢰의 작은 한 걸음을 떼어 보십시오.

로마서 8장을 여러 번 읽고 그 장의 한 단어나 구절을 묵상하십시오. 그 단어나 구절에 대한 반응으로 당신이 무엇을 하기를 바라시는지 하나님께 물으십시오. [렉티오 디비나(lectio divina)에 친숙하다면, 로마서 8장으로 렉티오 디비나를 실천하십시오.] 묵상한 그 시간에 대해 일기를 쓰십시오.

5. 교회에 가서, 세례 받은 교인이라면 성찬식에 참여하십시오. 대안으로는, 세례식을 참관하십시오(혹은 아직 받지 않았다면 세례를 받으십시오). 이 성례전에서 죽음과 사랑, 어둠과 빛이 어떻게 들려지고 다루어지는지에 특별히 주목하십시오.

○ 주

들어가며

1 성경의 본을 따라 나는 하나님을 지칭할 때 남성 대명사를 사용한다. 나는 일부 독자들이 하나님에게 남성형 언어를 사용하는 것을 불편하게 여길 수 있음을 인지하고 있다. 나는 하나님이 남성이 아니며, 남자와 여자 양쪽이 모두 똑같이 하나님의 형상으로 지어졌음을 안다. 그러나 영어라는 언어의 한계를 감안할 때, 우리가 선택할 수 있는 것은 오직 성별을 반영하는 대명사(그 혹은 그녀)를 사용하거나 아니면 대명사 자체를 아예 피하는 것이다. 대명사를 피하는 것은 하나님에 대한 문장에 냉정하고 비인격적인 어조를 만들어 낼 수 있다. 따라서 나는 남성형 대명사를 사용하는 전통과 성경을 따르겠지만, 이 때문에 어려움을 느낄 수 있는 독자들에게 은혜를 구하는 바이다.
2 Richard Dawkins, *The God Delusion* (New York: Houghton Mifflin, 2008), p. 161. 『만들어진 신』(김영사).
3 Madeleine L'Engle, *Walking on Water: Reflections on Faith and Art* (New York: North Point Press, 2001), p. 24.
4 Tish Harrison Warren, "By the Book", *Comment*, 2016년 12월 1일, www.cardus.ca/comment/article/by-the-book/.

1。밤기도를 찾아서

1 왼손이 하는 일은 하나님의 "생경한 일"(alien works)이라고 불리기도 한

다. 다음의 설명을 보라. Veli-Matti Kärkkäinen, "'Evil, Love and the Left Hand of God': The Contribution of Luther's Theology of the Cross to an Evangelical Theology of Evil", *Evangelical Quarterly* 74, no. 3 (2002): pp. 222-223.

2 예를 들면, Edwin Eland, *The Layman's Guide to the Book of Common Prayer* (London: Longmans, Green & Co., 1896), p. 17를 보라.

3 A. Roger Ekirch, *At Day's Close: Night in Times Past* (New York: W. W. Norton, 2005), p. 8. 『잃어버린 밤에 대하여』(교유서가).

4 Edmund Burke, *A Philosophical Inquiry into the Origin of Our Ideas of the Sublime and the Beautiful*, in *The Works of Edmund Burke*, vol. 1 (London, 1846), iv,xiv, pp. 155-156. 『숭고와 아름다움의 관념의 기원에 관한 철학적 탐구』(마티).

5 William Shakespeare, *The Rape of Lucrece* (New York: Thomas Y. Crowell Co., 1912), p. 34. 『루크리스의 능욕』(전예원).

6 John of the Cross, *Dark Night of the Soul*, trans. Marabai Starr (New York: Riverhead Books, 2002). 『어둔밤』(기쁜소식).

7 Robert Taft, *Liturgy of the Hours East and West* (Collegeville, MN: The Liturgical Press, 1993), p. 18에서 재인용.

8 Taft, *Liturgy of the Hours*, p. 86에서 재인용. 바실레이오스가 사용한 성경 역본이 시편에 번호를 매기는 방식은 현대의 성경과 다르며, 따라서 그가 말한 시편 90편은 오늘날 성경의 91편이다.

9 남자와 여자 양쪽 모두 밤에 대한 불안을 표현하지만, 여자가 밤의 취약함을 더 강렬하게 경험한다. 다음의 예를 보라. Emily Badger, "This Is How Women Feel About Walking Alone at Night in Their Own Neighborhoods", *Washington Post*, 2014년 5월 28일, www.washingtonpost.com/news/wonk/wp/2014/05/28/this-is-how-women-feel-about-walking-alone-at-night-in-their-own-neighborhoods; Katy Guest, "Imagine if Men Were Afraid to Walk Home Alone at Night", *The Guardian*, 2018년 10월 8일, www.theguardian.com/commentisfree/2018/oct/08/women-men-curfew-danger-fear; Elise Godfryd, "'A Girl Walks Home at Night' and Our Culture of Fear", *Michigan Daily*, 2019년 10월 10일, www.michigandaily.com/section/arts/%E2%80%9C-girl-walks-home-aline-night%E2%80%9D-and-our-culture-fear.

10 Anne Brontë, *The Poems of Anne Brontë*, ed. Edward Chitham (New

York: MacMillan, 1979), p. 110.
11. National Public Radio, "It's Four O'Clock (In the Morning) Somewhere", *All Things Considered*, 2013년 10월 19일. https://www.npr.org/templates/story/story.php?storyId=237813527.
12. 취약함의 전문가 브레네 브라운(Brené Brown)은 취약함을 "불확실성과 위험, 감정적 노출"로 정의한다. 예를 들면, Brené Brown, *Rising Strong: How the Ability to Reset Transforms the Way We Live, Love, Parent, and Lead* (New York: Random House, 2015), p. 274를 보라.『라이징 스트롱』(이마). 이 용어는 다양한 의미가 있으며, 내가 이 단어를 사용하는 방식은 브라운의 기본 틀과 겹친다. 그러나 나는 몸과 정신, 영혼이 상처를 입고 심지어 파괴될 수 있는 가능성 혹은 민감성을 강조하기 위해, 브라운과는 약간 다른 방식으로 이 용어를 사용하고 있다. 이런 의미에서, 취약하다는 것은 선택한 상태이기 이전에 인간 실존에 관한 하나의 사실이다.
13. 지리적 위치에 따라서는 밤이 항상 각 24시간마다 오지 않을 수도 있다. 북극에 가까워질수록 여름에는 몇 개월 동안 진짜 어둠을 보지 못할 수도 있지만, 그런 다음 겨울에는 어둠의 시간이 아주 길어진다. 이것 역시 취약함의 신체적 경험이다.
14. Kenneth Peterson, *Prayer as Night Falls* (Brewster, MA: Paraclete Press, 2013), 1장과 2장.
15. Vicki Black, *Welcome to the Book of Common Prayer* (New York: Church Publishing, 2005), pp. 63-64.
16. Al Mohler, "Nearing the End—A Conversation with Theologian Stanley Hauerwas", *Thinking in Public*, 2014년 4월 28일, https://albertmohler.com/2014/04/28/nearing-the-end-a-conversation-with-theologian-stanley-hauerwas.
17. Simon Chan, *Liturgical Theology* (Downers Grove, IL: IVP Academic, 2006), pp. 48-52. 에이든 캐버너(Aidan Kavanaugh)는 교부의 격언이 사실 '렉스 오란디 스타투아트 렉스 수플리칸디'(*lex orandi statuat lex supplicandi*)라고 지적하면서 이렇게 말한다. "'태그' 형식 '렉스 오란디, 렉스 크레덴디'(*lex orandi, lex credendi*)가 그런 것처럼, 술어 *statuat*는 그리스도인의 생활에서 근본적인 이 믿음과 예배의 이 두 법이 서로 떨어지거나 대립하는 것을 허락하지 않는다. 동사 *statuat*는 신실한 회중 안에서 믿는 것의 표준과 예배하는 것의 표준을 분명히 진술한다." Aidan Kavanaugh, *On Liturgical Theology* (Collegeville, MN: Pueblo Publishing, 1984), p. 46.

18 Marion Hatchett, *Commentary on the American Prayer Book* (New York: Harper Collins, 1995), p. 147.
19 기독교 문학에는 재앙과도 같은 상실을 다루는 온전한 하나의 장르가 존재한다. 이러한 책들은 종종 저자가 자녀나 배우자를 잃는 것과 같이 인생을 뒤집어 놓는 비극을 겪은 뒤 쓰였다. 나의 책은 보다 일상적 형태의 고통에 관한 것이다. 재앙 같은 상실 가운데 계시는 하나님의 임재에 관해 읽고 싶다면, 다음의 책들을 추천한다. Cameron Cole, *Therefore I Have Hope: 12 Truths that Comfort, Sustain, and Redeem in Tragedy* (Wheaton, IL: Crossway, 2018); Jerry Sittser, *A Grace Disguised: How the Soul Grows Through Loss* (Grand Rapids, MI: Zondervan, 2004). 『하나님 앞에서 울다』(좋은씨앗); Nicholas Wolterstorff, *Lament for a Son* (Grand Rapids, MI: Eerdmans, 1987). 『나는 사랑하는 사람을 잃었습니다』(좋은씨앗).

2。 사랑하는 주님, 지켜 주소서

1 Over the Rhine, "Who Will Guard the Door?", *Drunkard's Prayer* (Back Porch Records, 2005).
2 나는 이 구분을 탐 롱의 신정론에 대한 강력하고 목회적인 탐구에 빚졌다. Tom Long, *What Shall We Say? Evil, Suffering, and the Crisis of Faith* (Grand Rapids, MI: Eerdmans, 2013). 『고통과 씨름하다』(새물결플러스).
3 Barna Group, "Atheism Doubles Among Generation Z", *Barna.com*, 2018년 1월 24일, www.barna.com/research/atheism-doubles-among-generation-z.
4 신학자 위르겐 몰트만은 이런 종류의 불신앙을 묘사하는 "항의 무신론"(protest atheism)이라는 신조어를 썼다. Jürgen Moltmann, *The Crucified God*, trans. R. A. Wilson and John Bowden (Minneapolis, MN: Fortress Press, 1993), pp. 221-227. 『십자가에 달리신 하나님』(대한기독교서회).
5 Samuel Beckett, *Endgame* (New York: Grove Press, 1958), p. 55. 『막판』(동인).
6 Francis Spufford, *Unapologetic* (New York: HarperOne, 2013), p. 87.
7 Spufford, *Unapologetic*, p. 88.
8 Alan Jacobs, *Shaming the Devil* (Grand Rapids, MI: Eerdmans, 2004), pp. 77-81.
9 Alasdair MacIntyre, *After Virtue*, Third Edition (South Bend, IN: University

of Notre Dame Press, 2013), pp. 14-15. 『덕의 상실』(문예출판사).
10 Kenneth Surin, *Theology and the Problem of Evil* (Eugene, OR: Wipf & Stock, 2004), pp. 162-163를 보라.
11 Flannery O'Connor, *Mystery and Manners* (New York: Farrar, Straus, & Giroux, 1969), p. 209.
12 Avery Cardinal Dulles, *Models of the Church* (New York: Crown Publishing, 2002), p. 10. 『교회의 모델』(한국기독교연구소).
13 Cornelius Plantinga Jr., *Not the Way It's Supposed to Be* (Grand Rapids, MI: Eerdmans, 1996), pp. 29-30. 『우리의 죄 하나님의 샬롬』(복있는사람); N. T. Wright, *Paul and the Faithfulness of God* (Minneapolis, MN: Fortress Press, 2013), p. 761. 『바울과 하나님의 신실하심』(CH북스): "부활 자체는 진짜 적이 '이방인'이 아니고, 심지어 이방 제국의 끔찍한 망령도 아님을 드러냈다. 진짜 적은 궁극적인 반(反)창조 세력인 죽음(Death) 그 자체와 그것의 충실한 부하인 죄(Sin)—어느 지점이 되면 명백하게 '사탄' 자체를 섬기는 일에 의무를 다하는 의인화된 악의 힘—였다."
14 Charles Matthewes, *Evil and the Augustinian Tradition* (Cambridge: Cambridge University Press, 2001), pp. 60-75에 나오는 논의를 보라.
15 N. T. 라이트는 부활을 "죽음의 역전 혹은 소멸 혹은 패배"인 하나님의 구원으로 말한다. Wright, *The Resurrection of the Son of God* (Minneapolis, MN: Fortress Press, 2003), p. 201. 『하나님의 아들의 부활』(CH북스).
16 C. S. Lewis, *Till We Have Faces* (New York: Harcourt, 1984), p. 308. 『우리가 얼굴을 찾을 때까지』(홍성사).
17 Spufford, *Unapologetic*, p. 107.
18 *Catechism of the Catholic Church*, no. 309, www.vatican.va/archive/ccc_css/archive/catechism/p1s2c1p4.htm.
19 Merritt Tierce, "At Sea", *The Paris Review*, 2016년 11월 18일, www.theparisreview.org/blog/2016/11/18/at-sea.
20 Tierce, "At Sea."
21 Spufford, *Unapologetic*, p. 105.

3. 우는 이

1 워커 퍼시는 이렇게 쓴다. "영국의 지주 계급의 위대함과 마찬가지로, 남부의 위대함은 언제나 기독교적 풍미보다 그리스적 풍미를 더 강하게 지니고 있었

다. 그것의 기품과 은혜로움은 고대 스토아의 기품과 은혜로움이었다", Walker Percy, "Stoicism in the South", in *Signposts in a Strange Land* (New York: Picador, 2000), p. 84.

2 Sidney Mead, *The Lively Experiment: The Shaping of Christianity in America* (New York: Harper & Row, 1963), p. 4에서 재인용.

3 피터 라잇하르트(Peter Leithart)는 미국인들을 "무한히 낙관적인" 이들로 묘사한다. Peter Leithart, *Between Babel and Beast* (Eugene, OR: Cascade, 2009, p. 57. 데이먼 링커(Damon Linker)는 우리의 낙관주의가 "근절될 수 없는 삶의 비극적 차원에 대해서도 우리의 눈을 가리는 경향 역시 있다"고 주장한다. Damon Linker, "American Optimism is Becoming a Problem", *The Week*, 2020년 4월 27일, https://theweek.com/articles/911058/american-optimism-becoming-problem.

4 Henri Nouwen, *A Letter of Consolation* (New York: Harper & Row, 1989), p. 7. 『위로의 편지』(가톨릭출판사).

5 Lauren Winner, *Mudhouse Sabbath* (Brewster, MA: Paraclete Press, 2007), p. 27. 『머드하우스 안식』(복있는사람).

6 Robert Louis Wilken, *The First Thousand Years* (New Haven, CT: Yale University Press, 2012), p. 107.

7 Tish Harrison Warren, "By the Book", *Cardus*, 2016년 12월 1일, www.cardus.ca/comment/article/by-the-book.

8 John Calvin, *Writings on Pastoral Piety*, trans. Elsie Anne McKee (New York: Paulist Press, 2001), p. 56. 『칼빈의 경건』(CH북스).

9 D. C. Schindler, *Freedom from Reality: The Diabolical Character of Modern Liberty* (South Bend, IN: University of Notre Dame Press, 2017), p. 147.

10 J. Todd Billings, *Rejoicing in Lament: Wrestling with Incurable Cancer and Life in Christ* (Grand Rapids, MI: Brazos, 2015), p. 38. 『슬픔 중에 기뻐하다』(복있는사람).

11 Paul Burns, *A Model for the Christian Life: Hilary of Poitiers' Commentary on the Psalms* (Washington, DC: Catholic University of America Press, 2012), pp. 54-57를 보라.

12 Athanasius, "The Letter of St. Athanasius to Marcellinus on the Interpretation of the Psalms", in *On the Incarnation*, ed. John Behr (Crestwood, NY: St. Vladimir's Seminary Press, 1977), p. 103.

13　Billings, *Rejoicing in Lament*, p. 42.
14　N. T. 라이트는 이렇게 말한다. "따라서 성경적 전통을 이루는 기본 직조의 일부인 탄식의 요점은 단지 그것이 우리의 좌절, 슬픔, 외로움, 그리고 무슨 일이 일어나고 있으며 혹은 왜 일어나는지 이해할 수 없는 순전한 무능력을 토로하는 배출구라는 것이 아니다. 성경 이야기의 신비는 **하나님도 탄식하신다**는 것이다." N. T. Wright, "Christianity Offers No Ideas About the Coronavirus. It's Not Supposed To", *Time*, 2020년 3월 29일, https://time.com/5808495/coronavirus-christianity.
15　N. T. Wright, *The Case for the Psalms: Why They Are Essential* (New York: HarperOne, 2013), p. 136. 『땅에서 부르는 하늘의 노래, 시편』(IVP).
16　Robert Louis Wilken, *The Spirit of Early Christian Thought* (New Haven, CT: Yale University Press, 2008), pp. 315-317. 『초기 기독교 사상의 정신』(복있는사람); 또한 Dietrich Bonhoeffer, *Psalms: The Prayerbook of the Bible* (Minneapolis, MN: Augsburg Press, 1966), pp. 37-38를 보라. 『본회퍼의 시편 이해』(홍성사).
17　Thomas Long, *Accompany Them with Singing: The Christian Funeral* (Louisville, KY: Westminster John Knox, 2009), pp. 38-40. 『기독교 장례』(CLC).
18　다음에 나오는 강력한 논의를 보라. Frederick Dale Brunner, *The Gospel of John* (Grand Rapids, MI: Eerdmans, 2012), pp. 679-680.

4. 파수하는 이

1　C. S. Lewis, *A Grief Observed* (New York: HarperOne, 1994), p. 3. 『헤아려 본 슬픔』(홍성사).
2　나는 누구라도 학대를 당하는 결혼 생활을 유지하는 것을 옹호하고 있지 않음을 분명히 하고 싶다. 간음, 학대, 방기처럼 이혼이 허용되는 성경적 사유가 있다. 자신이 학대를 당하는 관계 가운데 있다고 생각한다면, 전국가정폭력상담전화(www.thehotline.org/help)에 연락하기 바란다[한국의 경우, 사단법인 한국여성의전화(hotline.or.kr)에서 도움을 받을 수 있다—편집자].
3　Julian of Norwich, *Revelations of Divine Love* (New York: Oxford, 2015), pp. 31, 78.
4　여기서 나는 '조류 관찰자'(birdwatcher)와 '탐조꾼'(birder)을 호환 가능한 단어로 사용하고 있지만, 그 둘은 같지 않으며 조류 관찰 커뮤니티에서는 그 둘

의 구분에 매우 열성적이다.
5 Jonathan Rosen, "The Difference Between Bird Watching and Birding, *New Yorker*, 2011년 10월 17일, www.newyorker.com/books/page-turner/the-difference-between-bird-watching-and-birding.
6 Bill Thompson III, "Top 10 Long-Awaited Signs of Spring", *Birdwatcher's Digest*, www.birdwatchersdigest.com/bwdsite/learn/top10/signs-of-spring.php.
7 Rowan Williams, *Being Disciples* (Grand Rapids, MI: Eerdmans, 2016), p. 5. 『제자가 된다는 것』(복있는사람).
8 Nicholas Carr, *The Shallows: What the Internet Is Doing to Our Brains* (New York: WW Norton & Co, 2011), pp. 90, 137. 『생각하지 않는 사람들』(청림출판).
9 Oliver O'Donovan, *Self, World, and Time*, vol. 1, *Ethics as Theology: An Induction* (Grand Rapids, MI: Eerdmans, 2013), p. 8.
10 Simone Weil, "Attention and Will", *Simone Weil: An Anthology*, ed. Sian Miles (New York: Grove Books, 2000), p. 212.

5。일하는 이

1 로저 에커치는 중세에 대부분의 사람들이 어두워진 뒤에 일하지 않았다고 지적한다. 사실 밤에 하는 노동은 대부분의 업종에서 금지되었다. 그러나 어떤 사람들은 밤에 일했고, 대부분은 가난한 사람들이었던 것으로 보인다. 그러나 그는 밤에 일하는 것이 좀더 일반적이 되기 시작한 것은 현대 초기에 이르러서였다고 말한다. 이에 더해, 사람들이 밤에 일을 하지는 않았더라도, 그 시간 내내 잠을 잔 것도 아니었다. 에커치는 17세기에 이르러 소멸하기 시작한 "첫 번째 잠"과 "두 번째 잠" 사이의 구분에 대해 논한다. 중간에 깨어 있는 시간은 때로 "더 워치"(the watch)라고 불렸다. 이 책의 주제에 비추어 보면 아주 흥미롭지만, 오늘날 우리와 직접적으로 관련되지는 않기 때문에 그에 대한 언급은 포함시키지 않았다. A. Roger Ekirch, *At Day's Close: Night in Times Past* (New York: W. W. Norton, 2005), pp. 155-156, 300-305.
2 이러한 통찰에 대해 커크 보툴라(Kirk Botula)에게 감사한다. 그는 몇 년 전 Jubilee Professional에서의 대담에서 이러한 주장을 펼쳤다. 그는 타락 전의 아담과 이브를 그린 이미지는 많이 있고 타락 이후 그들이 일하는 이미지도 약간 있지만, 타락 전에 일하는 이미지는 상대적으로 거의 없음을 보여 준다.

3 초기 그리스도인의 자선 활동에 대한 문헌은 방대하다. 읽기 쉬운 입문서 몇 권을 소개하면 다음과 같다. Alvin Schmidt, *How Christianity Changed the World* (Grand Rapids, MI: Zondervan, 2009); Tom Holland, *Dominion* (New York: Basic Books, 2019). 『도미니언』(책과함께); *Wealth and Poverty in Early Church and Society*, ed. Susan Holman (Grand Rapids, MI: Baker Academic, 2008); David Bentley Hart, *The Story of Christianity* (New York: Hachette, 2013). 『그리스도교, 역사와 만나다』(비아); Timothy Miller, *The Birth of the Hospital in the Byzantine Empire* (Baltimore, MD: Johns Hopkins University Press, 1997).

4 케이티의 책을 소장하고 싶다면 여기에서 주문할 수 있다. www.katyhutson.com/limited-edition-poetry-book/now-i-lay-me-down-to-fight-signed-first-edition.

5 Tracy Jan, "They Said I Was Going to Work Like a Donkey. I Was Grateful", *Washington Post*, 2017년 7월 11일, www.washingtonpost.com/news/wonk/wp/2017/07/11/they-said-i-was-going-to-work-like-a-donkey-i-was-grateful.

6 Lesslie Newbigin, *Signs Amid the Rubble* (Grand Rapids, MI: Eerdmans, 2003), p. 47.

7 학자들은 이러한 생각의 출처에 대해 논쟁을 벌이지만, 그 기원이 루이 뒤프레(Louis Dupré)가 "현대성으로 가는 길"이라 일컫는 것을 발생시켰던 르네상스 인문주의라는 데에는 보편적으로 동의하는 것처럼 보인다. Dupré, *Passage to Modernity* (New Haven, CT: Yale University Press, 1993), 특히 pp. 113, 125. 또한 Michael Allen Gillespie, *The Theological Origins of Modernity* (Chicago: University of Chicago Press, 2008), pp. 32-35를 보라.

8 Daniel Sloss, "Dark", Netflix, 2018.

9 Justin Rosolino, *Idiot, Sojourning Soul: A Post-Secular Pilgrimage* (Eugene, OR: Resource Publications, 2020), p. 124.

10 Steven Pinker, *Enlightenment Now: The Case for Reason, Science, Humanism, and Progress* (New York: Penguin, 2018), p. 63.

11 Francis Spufford, *Unapologetic* (New York: HarperOne, 2013), p. 133.

12 M. Eugene Boring, *Mark: A Commentary*, New Testament Library (Louisville, KY: Westminster John Knox, 2006), pp. 164-165.

6. 잠자는 이를 위해 당신의 천사들을 보내소서

1 이 장의 일부는 다음 글을 수정하여 사용하였다. Tish Harrison Warren, "Angels We Ignore on High", *Christianity Today*, 2013년 12월 20일, www.christianitytoday.com/women/2013/december/angels-we-ignore-on-high.html.

2 많은 학자들이 지적하듯, 세상의 탈마법화(disenchantment)와 문자 그대로 세상의 공동화(emptying)는 서로 연결되어 있다. 스티븐 보겔(Steven Vogel)은 이렇게 쓴다. "계몽의 프로젝트는 무엇보다 **자연 지배**를 겨냥한다. 계몽주의는 이제 무의미한 물질로 변장하여 나타난 탈마법화되고 대상화된 자연을 단순히 인간의 목적을 위해 극복되고 길들여져야 하는 어떤 것으로 여기며, 모방하고 달래고 혹은 종교적으로 경축되어야 할 어떤 것으로 여기지 않는다.…따라서 그러한 신화적 사고가 가능했던 토대이자 모방 행위(mimesis)로 실연되는 자연의 **일부**로서의 인간의 위치는 망각된다. 결과는 인간이 자연으로부터 근본적으로 분리되는 것이다." Steven Vogel, *Against Nature: The Concept of Nature in Critical Theory* (Albany: State University of New York Press, 1996), p. 52. 알리스터 맥그래스(Alister McGrath)는 자연에 대한 이러한 탈마법화된 생각은 때로 기독교와 연계되지만, 실제로 그것은 성경과 기독교 전통이 자연을 기술하는 방식과는 이질적이라고 말한다. McGrath, *The Reenchantment of Nature: The Denial of Religion and the Ecological Crisis* (New York: Doubleday, 2002). 또한 Richard Bauckham, *The Bible and Ecology: Rediscovering the Community of Creation* (Waco, TX: Baylor University Press, 2010)을 보라.

3 Thomas Aquinas, *Summa Theologiae*, I, q 50, a 1, www.newadvent.org/summa/1050.htm.

4 Pseudo-Dionysius, *The Celestial Hierarchy*, in *The Complete Works*, trans. Colm Luibhéid and Paul Rorem (New York: Paulist Press, 1987), pp. 321A, 181.

5 Hilary of Poitiers, Jean Danielou, *The Angels and Their Mission* (Manchester, NH: Sophia Institute Press, 2009), p. 90에서 재인용.

6 Mike Cosper, *Recapturing the Wonder: Transcendent Faith in a Disenchanted World* (Downers Grove, IL: InterVarsity Press, 2017), p. 10.

7 C. S. Lewis, *The Screwtape Letters and Screwtape Proposes a Toast* (New York: MacMillan, 1961), p. viii. 『스크루테이프의 편지』(홍성사).

8   Warren, "Angels We Ignore on High."
9   Paul Kennedy, "On Radical Orthodoxy", Ideas Podcast, 2007년 6월 4일, http://theologyphilosophycentre.co.uk/docs/mp3/ideas_20070604_2421.mp3.
10   Cosper, *Recapturing the Wonder*, p. 142.
11   Elizabeth Barrett Browning, *Aurora Leigh: A Poem* (Chicago: Academy Chicago Publishers, 1979), p. 265.
12   Roxanne Stone, "James K. A. Smith: St. Augustine Might Just Be the Therapist We Need Today", *Religion News Service*, 2020년 4월 28일, https://religionnews.com/2019/10/11/james-k-a-smith-st-augustine-might-just-be-the-therapist-we-need-today.
13   John Medina, *Brain Rules* (Seattle, WA: Pear Press, 2014), pp. 41-51를 보라. 『브레인 룰스』(프런티어).
14   James Bryan Smith, *The Good and Beautiful God: Falling in Love with the God Jesus Knows* (Downers Grove, IL: InterVarsity Press, 2009), p. 34. 『선하고 아름다운 하나님』(생명의말씀사).
15   Cosper, *Recapturing the Wonder*, p. 118.

7。주 그리스도여, 병든 이를 돌보소서

1   Markham Heid, "Here's Why You Always Feel Sicker at Night", *Time*, 2019년 2월 6일, https://time.com/5521313/why-you-feel-sicker-at-night/.
2   David Wilcox, "Cold", *East Asheville Hardware* (1996).
3   Jeremy Taylor, *Holy Living and Holy Dying Together with Prayers* (London, 1839), p. 396.
4   Robert Half, "Are Your Co-Workers Making You Sick?", 2019년 10월 24일, www.roberthalf.com/blog/management-tips/are-your-coworkers-making-you-sick.
5   Beth Mirza, "Majority of Americans Report to Work When Sick", *SHRM Blog*, 2011년 5월 13일, https://blog.shrm.org/workplace/majority-of-americans-report-to-work-when-sick.
6   코로나19 팬데믹은 미국에서 병가 정책의 약점을 드러냈다. 다음 글을 보라. Allison Inserro, "COVID-19 Exposes Cracks in Paid Sick Leave

Policies", AJMC, 2020년 3월 20일, www.ajmc.com/view/covid19-exposes-cracks-in-paid-sick-leave-policies. 수많은 필수직종 작업자들조차 고용주들에 의해 병가를 거부당했다. 다음 글을 보라. Alexia Fernández Campbell, "McDonald's, Marriot Franchises Didn't Pay COVID-19 Sick Leave. That Was Illegal", The Center for Public Integrity, 2020년 8월 3일, https://publicintegrity.org/inequality-poverty-opportunity-workers-rights/deny-paid-sick-leave-workers-coronavirus-pandemic-mcdonalds. 코로나19 팬데믹이 우리가 하나의 사회로서 신체의 한계, 질병, 혹은 병가에 대해 생각하는 방식에 어떤 영향을 주었는지, 혹은 영향을 주기는 했는지는 아직 분명하지 않다.
7 Scott Cairns, *The End of Suffering: Finding Purpose in Pain* (Brewster, MA: Paraclete Press, 2009), p. 21.
8 Taylor, *Holy Living and Holy Dying*, p. 419.
9 Cairns, *End of Suffering*, pp. 21-22.
10 이어지는 부분은 다음 글을 수정한 것이다. Tish Harrison Warren, "My Lord and Migraine", *The Well* (Blog), 2016년 1월 14일, http://thewell.intervarsity.org/blog/my-lord-and-migraine.

8。 피곤한 이에게 쉼을 주시고

1 James Bryan Smith, *Rich Mullins: An Arrow Pointing to Heaven* (Nashville: B&H, 2002), p. 30에서 재인용. 『천국으로 쏘아올린 화살』(한언출판사).
2 Cameron Crowe(감독), *Almost Famous* (Culver City, CA: Columbia Pictures, 2000).
3 Isaac the Syrian, *Mystic Treatises*, trans. A. J. Wensinck, viii, http://lesvoies.free.fr/spip/article.php?id_article=342.
4 Craig Keener, *A Commentary on the Gospel of Matthew* (Grand Rapids, MI: Eerdmans, 1999), p. 348.
5 Grant Osborne, *Matthew*, Exegetical Commentary on the New Testament (Grand Rapids, MI: Zondervan, 2010), p. 446. 『강해로 푸는 마태복음』(디모데).
6 Doug Webster, *The Easy Yoke* (Colorado Springs, CO: NavPress, 1995), pp. 8, 14.

7 Martin Laird, *Into the Silent Land* (New York: Oxford University Press, 2006), p. 27에서 재인용. 『침묵수업』(한국샬렘).

8 Bradley Holt, *Thirsty for God: A Brief History of Christian Spirituality*, 3rd ed. (Minneapolis, MN: Fortress Press, 2017), pp. 88-89. 『기독교 영성사』(은성).

9 Holt, *Thirsty for God*, pp. 88-89.

9。 죽어 가는 이에게 복을 주시고

1 이에 대한 예외는 번영 신학인데, 이것은 미국의 토양에서 만들어졌으며 고통에 대한 전 지구적이고 역사적인 교회의 관점에서 보이지 않을 만큼 낮은 비율을 차지한다. Ross Douthat, *Bad Religion: How We Became a Nation of Heretics* (New York: Free Press, 2012), pp. 182-210를 보라. 『나쁜 종교』(인간희극).

2 예배 순서는 http://justus.anglican.org/resources/bcp/1549/Visitation_Sick_1549.htm에서 볼 수 있다.

3 David Bentley Hart, *The Doors of the Sea: Where Was God in the Tsunami?* (Grand Rapids, MI: Eerdmans, 2005), p. 101. 『바다의 문들』(비아).

4 N. T. Wright, "The Road to New Creation", NT Wright Page, 2006년 9월 23일, http://ntwrightpage.com/2016/03/30/the-road-to-new-creation.

5 Jonathan Pennington, *The Sermon on the Mount and Human Flourishing: A Theological Commentary* (Grand Rapids, MI: Baker Academic, 2017), pp. 41-68. 『산상수훈 그리고 인간번영 신학적 주석서』(도서출판 에스라).

6 Pennington, *Sermon on the Mount*, p. 149.

7 Jaroslav Pelikan, *The Shape of Death: Life, Death, and Immortality in the Early Fathers* (Nashville: Abingdon, 1961), p. 55.

8 Benedict of Nursia, *The Rule of St. Benedict*, trans. Timothy Fry (New York: Vintage Books, 1998), 4.44-47, 13.

10。 고난을 겪는 이를 위로하시고

1 Simone Weil, *Gravity and Grace*, trans. Emma Crawford and Mario von der Ruhr (New York: Routledge, 2002), p. 81. 『중력과 은총』(동서문화사).

2 Scott Cairns, *The End of Suffering: Finding Purpose in Pain* (Brewster,

MA: Paraclete Press, 2009), p. 11에서 재인용.
3 Cairns, *The End of Suffering*, p. 11.
4 Cairns, *The End of Suffering*, p. 11.
5 Augustine, Sermon 341.12, *Sermons 341-400 on Various Themes*, trans. Edmund Hill, OP, The Works of St. Augustine for the 21st Century (Hyde Park, NY: New City Press, 1995), p. 27.
6 Martin Luther, *Heidelberg Disputation* (1518), http://bookofconcord.org/heidelberg.php.
7 C. FitzSimons Allison, *The Cruelty of Heresy* (New York: Morehouse Publishing, 1994), p. 31.
8 Arcade Fire, "Creature Comfort", *Everything Now* (2017).
9 Dennis Byrne, "We're a Nation of Addicts", *Chicago Tribune*, 2015년 2월 2일, www.chicagotribune.com/opinion/commentary/ct-institute-of-drug-abuse-gallup-0203-20150202-story.html.
10 Tommy Tomlinson, *The Elephant in the Room: One Fat Man's Quest to Get Smaller in a Growing America* (New York: Simon & Schuster, 2019), p. 100.
11 Andrew Sullivan, "I Used to Be a Human Being", *New York Magazine*, 2016년 9월 19일, http://nymag.com/intelligencer/2016/09/andrew-sullivan-my-distraction-sickness-and-yours.html.
12 Pierre Teilhard de Chardin, *The Making of a Mind: Letters from a Soldier-Priest, 1914-1919* (New York: Harper & Row, 1961), pp. 57-58.
13 Friedrich Nietzsche, *Twilight of the Idols*, in *The Portable Nietzsche*, trans. Walter Kaufmann (New York: Penguin, 1976), p. 467. 『우상의 황혼』(아카넷 외).
14 Marva Dawn, *Powers, Weakness, and the Tabernacling of God* (Grand Rapids, MI: Eerdmans, 2001), pp. 47-48. 『세상 권세와 하나님의 교회』(복있는사람).

11。고통에 시달리는 이를 불쌍히 여기시고

1 나는 레이저 같은 정밀도로 이러한 범주들을 분석하기 위해 많은 시간을 보내는 것을 추천하지 않는다. 이것은 기도이며 시이지, 사회학이 아니다. 어떤 경우든 기도의 핵심은 위로다.

2 Jonathan Graff-Redford, "Sundowning: Late Day Confusion", *Mayo Clinic*, 2019년 4월 23일, www.mayoclinic.org/diseases-conditions/alzheimers-disease/expert-answers/sundowning/faq-20058511.

3 내 책 『오늘이라는 예배』(*Liturgy of the Ordinary*, IVP)에 나오는 "농부 선지자" 스티븐과 동일 인물이다.

4 이런 생각을 살펴본 아름다운 탐구로 Kate Bowler, *Everything Happens for a Reason* (New York: Random House, 2018)이 있다. 『모든 일에는 이유가 있어 그리고 내가 사랑한 거짓말들』(포이에마). 저자가 살펴보는 주제 중 하나는, 우리가 명시적으로 고백하든 하지 않든 번영의 복음이 우리가 하나님을 보는 방식에 어떤 식으로 미묘하게 영향을 끼치는가다.

5 C. S. Lewis, "Answers to Questions on Christianity", in *God in the Dock* (Grand Rapids, MI: Eerdmans, 2014), p. 48. 『피고석의 하나님』(홍성사).

6 Aquinas, *Summa Theologiae*, II.II q 17 a 3, www.newadvent.org/summa/3017.htm.

7 Ron Belgau, "Arduous Goods", *First Things*, 2013년 8월 22일, www.firstthings.com/blogs/firstthoughts/2013/08/arduous-goods.

8 Andy Crouch, *Strong and Weak* (Downers Grove, IL: InterVarsity Press, 2016), p. 31.

9 Mother Teresa, *No Greater Love*, ed. Becky Benenate and Joseph Durepos (Novato, CA: New World Library, 1989), p. 166. 『이보다 더 큰 사랑은 없다』(바오로딸).

10 Joseph Minich, *Enduring Divine Absence* (Leesburg, VA: Davenant Institute, 2018), p. 54.

11 Lacey Rose, "'He Just Knows What's Funny': Hollywood's Secret Comic Whisperer Finally Gets His Own Spotlight", *The Hollywood Reporter*, 2019년 4월 15일, www.hollywoodreporter.com/features/chappelles-show-creator-neal-brennan-finally-gets-own-spotlight-1199871에서 재인용.

12 Scott Sunquist, *The Unexpected Christian Century: The Reversal and Transformation of Global Christianity, 1900-2000* (Grand Rapids, MI: Baker Academic, 2015).

13 Andrew Boyd, *Neither Bomb nor Bullet: Benjamin Kwashi: Archbishop on the Front Line* (Oxford: Lion Hudson, 2019), p. 9.

12。 기뻐하는 이를 보호하소서

1 C. S. 루이스는 이렇게 쓴다. "사랑하는 것 자체가 취약해지는 것이다. 어떤 것이든 사랑해 보라. 그러면 당신의 마음은 쥐어뜯길 것이 분명하며 산산조각 날 가능성도 크다. 상하지 않게 지키고 싶다면, 누구에게도 심지어 동물 한 마리에게라도 마음을 주어서는 안 된다. 취미와 소소한 사치품으로 조심스럽게 그것을 싸 두라. 복잡하게 연루되는 모든 것을 피하라. 이기심의 장식함이나 관에 넣고 안전하게 보관하라. 그러나 안전하고 어둡고 움직임도 공기도 없는 그 장식함 안에서, 그것은 변할 것이다. 그것은 깨지지 않게 될 것이다. 즉, 부서뜨릴 수 없고 관통할 수 없으며 구속받을 수 없는 것이 될 것이다. 비극에 대한 혹은 적어도 비극의 위험에 대한 대안은 영벌이다. 천국 바깥에서 사랑의 모든 위험과 심리적 동요로부터 완벽하게 안전할 수 있는 곳은 오직 지옥밖에 없다." C. S. Lewis, *The Four Loves* (New York: Harcourt, Brace & Co., 1960), p. 121. 『네 가지 사랑』(홍성사).

2 이에 대한 문헌은 방대하지만, 이런 생각에 대한 훌륭한 입문서는 다음에서 찾을 수 있다. Hans Boersma, *Heavenly Participation* (Grand Rapids, MI: Eerdmans, 2011). 『천상에 참여하다』(IVP); Paul Tyson, *Returning to Reality* (Eugene, OR: Cascade, 2014).

3 Henri Nouwen, *Here and Now: Living in the Spirit* (New York: Crossroad, 1994), pp. 30-31. 『여기 지금 우리와 함께 하시는 하나님』(은성).

4 Nouwen, *Here and Now*, p. 26.

5 Flannery O'Connor, *The Habit of Being*, ed. Sally Fitzgerald (New York: Farrar, Strauss, & Giroux, 1988), p. 57.

13。 주님의 사랑에 의지하여 기도합니다

1 Scott Cairns, *The End of Suffering: Finding Purpose in Pain* (Brewster, MA: Paraclete Press, 2009), p. 101.

2 Julie Miller, "Speed of Light", *Broken Things* (Hightone Records, 1999).

3 Geoffrey Himes, "Buddy and Julie Miller Walk the Line", *Paste Magazine*, 2009년 5월 28일, www.pastemagazine.com/articles/2009/05/buddy-julie-miller-walk-the-line.html.

4 Stratford Caldecott, *The Radiance of Being: Dimensions of Cosmic Christianity* (Brooklyn, NY: Angelico Press, 2013), pp. 12-14.

5 Gerard Manley Hopkins, "Pied Beauty", www.poetryfoundation.org/poems/44399/pied-beauty.
6 C. S. Lewis, *A Grief Observed* (New York: HarperCollins, 2001), p. 6.
7 Tim Keller, *The Reason for God* (New York: Penguin, 2008), p. 31. 『팀 켈러, 하나님을 말하다』(두란노).

옮긴이 **백지윤**은 이화여대 의류직물학과를 졸업하고, 서울대 미술대학원에서 미술이론을, 캐나다 리젠트 칼리지에서 기독교 문화학을 공부했다. 현재 캐나다 밴쿠버에 살면서, 다차원적이고 통합적인 복음과 하나님 나라 이해, 종말론적 긴장, 창조와 새창조, 인간의 의미, 그리고 이 모든 주제와 관련해 문화와 예술의 중요성 등에 관심을 가지고 번역 일을 하고 있다. 옮긴 책으로 『이것이 복음이다』, 『오늘이라는 예배』, 『일과 성령』, 『세상에 생명을 주는 신학』(이상 IVP) 등 다수가 있다.

밤에 드리는 기도

초판 발행_ 2021년 9월 7일
초판 3쇄_ 2024년 2월 5일

지은이_ 티시 해리슨 워런
옮긴이_ 백지윤
펴낸이_ 정모세

펴낸곳_ 한국기독학생회출판부
등록번호_ 제2001-000198호(1978.6.1)
주소_ 04031 서울시 마포구 동교로 156-10
대표 전화_ (02)337-2257 팩스_ (02)337-2258
영업 전화_ (02)338-2282 팩스_ 080-915-1515
홈페이지_ http://www.ivp.co.kr 이메일_ ivp@ivp.co.kr
ISBN 978-89-328-1862-7

ⓒ 한국기독학생회출판부 2021

책값은 뒤표지에 있습니다.
무단 전재와 복제를 금합니다.